G

发现，发声

REAL LOCATIONS IN CRIME FICTION

FOLLOWING THE DETECTIVES

世界
侦探地图

[英] 马克西姆·雅库博夫斯基 / 主编　逸青 / 译

MAXIM JAKUBOWSKI

EDITOR

上海三联书店

图书在版编目(CIP)数据

世界侦探地图/(英)马克西姆·雅库博夫斯基主编；
逸青译.—上海：上海三联书店，2024.5
ISBN 978-7-5426-8345-8

Ⅰ.①世… Ⅱ.①马… ②逸… Ⅲ.①旅游指南-世界 Ⅳ.①K919

中国国家版本馆CIP数据核字(2024)第002061号

世界侦探地图

主　　编/[英]马克西姆·雅库博夫斯基

译　　者/逸　青
特约编辑/侯瞳瞳
责任编辑/匡志宏
装帧设计/裴雷斯
监　　制/姚　军
责任校对/王凌霄

出版发行/上海三联书店
(200041)中国上海市静安区威海路755号30楼
邮　　箱/sdxsanlian@sina.com
联系电话/编辑部：021-22895517
发行部：021-22895559
印　　刷/山东新华印务有限公司

版　　次/2024年5月第1版
印　　次/2024年5月第1次印刷
开　　本/787mm×1092mm　1/16
字　　数/130千字
印　　张/15.75
书　　号/ISBN 978-7-5426-8345-8/K·755
定　　价/99.00元

敬启读者，如发现本书有印装质量问题，请与印刷厂联系 0538-6119360

献给德洛丽丝，

她总是与我一起旅行，

并愿意阅读所有我赞赏的犯罪小说！

目　录

全书地图分布

主要犯罪地点

北冰洋
冰岛
瑞典
爱丁堡
都柏林
伦敦
布赖顿
牛津
诺丁汉
什罗普郡
巴黎
威尼斯
西西里
大西洋

马克西姆·雅库博夫斯基

引言：场景意识

不少缺乏伦敦实际生活经历的读者，对这个城市的印象依旧停留在煤气灯照亮的街道和浓郁的大雾，或许，尚有较之更值得一提的四轮马车。由于柯南·道尔（Arthur Conan Doyle, 1859—1930）的小说和他笔下不朽的福尔摩斯侦探故事，如此这般的印象林林总总汇聚于读者的脑海，颇令人难忘。

我曾在意大利北部住过几年，当地人见我来自伦敦，往往会条件反射地说“啊……大雾……大雾……”，且遗憾地点着头，他们大概忘了波谷（Po Valley）每年冬季都因大雾终日关闭机场和高速公路，当然也更不会记得伦敦最后一场严重的黄色大雾实际上发生在久远的20世纪60年代之初！

这便是书本的虚构，尤其是犯罪、神秘小说的虚构所留下的场景镜像。这些镜像永远留存在读者的脑中，创造出种种新的平行的现实。而且，在唤起镜像的语言魔咒下，书迷将被吸引到现实的城市或国家，好奇地想知道它与自己在小说中读到的有何不同。他们希望追随自己喜爱的侦探的脚步，行走在同样的街道。如今，游客无论是到威尼斯追寻布鲁内蒂侦探的往来脚踪，还是到爱丁堡探查雷布斯探长的出没行迹，都会对自己在侦探小说中看到的城市实景着迷。

文学的一个功效和魅力就在于能够随着情节和人物有力地唤起时空，赋予其生命力，从而让哈代（Hardy, 1840—1928）笔下的威塞克斯跃入脑海，让托马斯·曼（Thomas Mann, 1875—1955）笔下的威尼斯，或陀思妥耶夫斯基（Dostoevsky, 1821—1881）笔下的圣彼得堡，还有查尔斯·狄更斯（Charles Dickens, 1812—1870）笔下喧嚣的伦敦，荡漾于心扉。

不过，我想说的是，犯罪小说、神秘小说完美地融合了故事叙述和场景意识。某种程度上，我们很多读者都与叙事者、主人公保持高度的统一，而且这些难忘的人物往往与他们的行动环境融为一体。福尔摩斯尽管有时会去稍远的荒郊野外探案，但大部分时间他置身于伦敦的贝克大街。菲利普·马洛则在洛杉矶四下游走，梅格雷居住在巴黎，雷布斯在爱丁堡，凡此种种。从这个意义来说，城市或区域场所是小说的又一道主要风景线。

事实上，当今所有的城市或地区似乎都拥有一个或更多的侦探小说家、犯罪小说家。

过去的十年里，我们终于有机会读到很多用其他语言创作的犯罪小说，也由此让我们接触到很多陌生的，也往往富于异国情调的，或至少是不同场景设置的作品，譬如亨宁·曼克尔（Henning Mankell, 1948—2015）、亚撒·拉森（Asa Larsson, 1966— ）、斯蒂格·拉森（Stieg Larsson, 1954—2004）、卡米拉·拉克伯格（Camilla Lackberg, 1974— ）、古纳·司道生（Gunnar Staalesen, 1947— ）、卡琳·福索姆（Karin Fossum, 1954— ）、利萨·马克兰德（Liza Marklund, 1962— ）、阿诺德·英德里达松（Arnaldur Indridason, 1961— ）、乔·内斯博（Jo Nesbø, 1960— ）之类作家的斯堪的纳维亚犯罪小说。同样的法国作家有蒂埃里·容奎（Thierry Jonquet, 1954—2009）、让-克劳德·伊佐（Jean-Claude Izzo, 1945—2000，他的富有魅力的犯罪小说把地中海城市马赛变成了一个理想的犯罪滋生地）、让-皮尔·曼塞特（Jean-Pierre Manchette, 1942—1995）、丹尼尔·佩纳克（Daniel Pennac, 1944— ）、雅克·谢塞克斯（Jacques Chessex, 1934—2009）；意大利作家有贾内罗·德·卡塔尔（Giancarlo de Cataldo, 1956— ）、吉安里科·卡洛菲格利奥（Gianrico Carofiglio, 1961— ）、马西莫·卡洛托（Massimo Carlotto, 1956— ）、芭芭拉·巴拉迪（Barbara Baraldi, 1975— ）、卡罗·卢卡雷利（Carlo Lucarelli, 1960— ），等等。此外，有眼光的书商还为我们介绍了大量更远的如西班牙、阿根廷、古巴、波兰、德国、俄罗斯，甚至瑞士的犯罪小说和神秘小说。在这方面，我们还必须添加重新发现的作家，如澳大利亚作家彼得·邓普尔（Peter Temple, 1946—2018）、塔拉·摩斯（Tara Moss, 1973— ）、彼得·科里斯（Peter Corris, 1942—2018）；加拿大作家霍沃德·恩格尔（Howard Engel, 1931—2019）、约翰·麦克凡特

里奇（John McFetridge, 1959— ）；南非作家迪翁·梅尔（Deon Meyer, 1958— ）、玛姬·奥福德（Margie Orford, 1964— ）、迈克尔·斯丹尼（Michael Stanley）。所有这些作家的作品都为当代犯罪小说带来了全新的、强烈的场景意识。

再者，鉴于在当今我们的地球，几乎没有一处不曾留下虚拟侦探活动的痕迹，本书还有许许多多的场景未曾涉及，这些迷人而无处不在的谜案调查者甚至可以在博兹瓦纳、老挝、蒙古、阿拉斯加、古代和当代的罗马、伊斯坦布尔、爱尔兰的戈尔韦、耶路撒冷的不同地方出现……

这可是一份长长的、无法穷尽的名录，还不包括一个事实，即在英国和美国，每个主要的城市和区域必然会有一名驻守侦探！

在本书中，我们尝试借助世界各地一些出色的犯罪小说、神秘小说评论，审视因这类小说场景描写而知名的城市、街道和地区，借此追踪世界各地的侦探。这可能是一个没有止境的工程，因为每天都会有新的区域出现，而我们却不得不遗憾地局限于特定资料。所以，书中没有出现乔·内斯博的奥斯陆、帕特里夏·康威尔（Patricia Cornwell, 1956— ）的弗吉尼亚、埃尔莫·伦纳德（Elmore Leonard, 1925—2013）和洛伦·埃斯特曼（Loren Estleman, 1952）的底特律、让-克劳德·伊佐的马赛和凯西·莱克斯（Kathy Reichs, 1950— ）的蒙特利尔。

这不是一本旅行书，虽说你可以很方便地加以利用，视作你的旅途伴侣；这也不是一本深度剖析经典犯罪小说及其作者的参考书。相反，本书兼有两者特点，而且我们希望它能鼓励你阅读先前可能已被忽视的小说作品，甚至激发你走出去，在旅行期间，探索故事背后的真实世界。

优秀的作家有能力唤起一种场景意识，以最独特的方式捕捉某个区域的精神与灵魂，乃至创作犯罪、神秘小说之际，再添上几具尸体、跌宕起伏的惊悚情节以及栩栩如生的人物和深度心理刻画，其结果常叫人终生难忘。

现在，不妨让我们一起来阅读犯罪小说，畅游这个世界！

如何使用本书

本书介绍了全世界二十多个在犯罪小说中出现过的城市和地区。

书中的每个单元都包含了一篇由知名业内专家撰写的文章，重点关注了一批特定的咖啡馆、餐厅、街区以及其他地方，都是小说里的人物常常光顾的，也可能是小说里提及的犯罪现场。其中有一段框栏中的文字包含相关电影、戏剧、电视剧的简介；另有一段提供了一些网址及介绍，以提升读者阅读兴趣或助其查找相关资讯。跨页彩色地图标示了对作家及其小说人物颇为重要的地点（请参阅下方框栏中的提示）。

此外，还有专门探讨有关城市或地区的作家或文学的框栏文字及跨页参考材料。

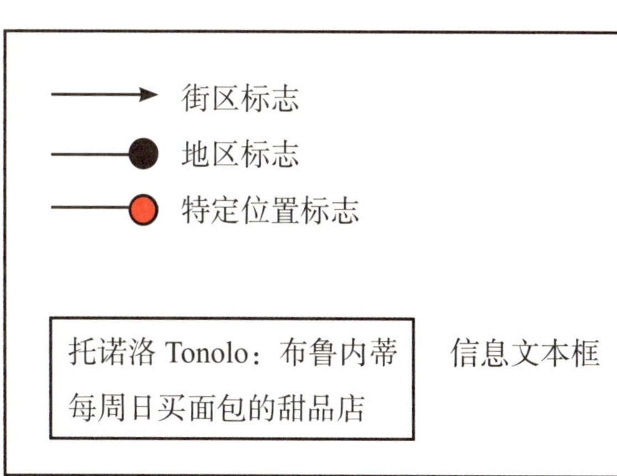

巴里·福肖

伊恩·兰金与雷布斯探长的爱丁堡

伊恩·兰金（Ian Rankin）1960 年出生于苏格兰。他是英国最成功的男性犯罪小说作家。在现代犯罪小说中（有人认为是整个西方文学领域），他对爱丁堡城市场景的描绘最为出色。

在法夫行政区的卡登登，有一幢以作家名字命名的“伊恩·兰金公寓”，这也是他塑造的雷布斯探长成长之地。

兰金的创作举重若轻，不断推出佳作，确保了未来数年他在该领域的领先地位。倘若将狄更斯视作伦敦的年代记录者，那对自己所钟爱的爱丁堡，伊恩·兰金也扮演着同样的角色。他的小说塑造了历经磨难的约翰·雷布斯探长，描绘了一幅集繁华污秽于一体的气象万千的城市画卷，其镜像如同其他任何更具文学性的小说一样丰富、隽永。雷布斯探长与其他犯罪小说的主角相比，可能并无多大差异——不堪的私人生活、同上司的冲突、酗酒——但伊恩·兰金以娴熟的创作技巧让这位主人公显得真实有力、活色生香。

伊恩·兰金曾说，他创作雷布斯系列小说的初衷是为了理解苏格兰。对于（苏格兰或其他地方的）许多读者而言，他已经初步完成了这项任务。

兰金和雷布斯的青年时代

约翰·雷布斯生长在卡登登（亦即伊恩·兰金生长的地方）。这是一条矿工居住的街道，当时有很多这样的街道，它们整齐划一、建造神速，为的就是给煤矿工人提供住处。当时煤炭是颇受青睐的商品，整个区域围绕煤炭发展。比较聪慧的矿工子弟（如同兰金和雷布斯）在奥赫特德伦中学开始自己的人生。在《死灵魂》(*Dead Souls*, 1999）里，雷布斯激发了读者对该地区的压抑、衰败的想象：

> 卡登登基于煤炭而发展，熙熙攘攘的街道建于二三十年代，

为不断增长的矿工提供住宿。这些街道甚至没有名字，只有编号。

伊恩·兰金年轻时，苏格兰蓝领的历史也许值得尊重，但当时他（作为一个一年级学生）同样感兴趣的有一家“托尼”脱衣舞酒吧，一家位于爱丁堡尼克尔森街的成人电影院，以及市郊一家肮脏的汽车旅馆。学生时代，兰金（和他的三个校友）试图在繁华的莫里森街上一座公寓大楼租一套二楼的公寓，但未成功。当然，21世纪的莫里森街要比兰金学生时代繁华得多。兰金当时已意识到，爱丁堡吸引众多游客的不独依赖富有魅力的历史联想，还有这个城市的幽暗面，这一切清楚地呈现在他后来的一系列作品中。

无疑，伊恩·兰金对苏格兰的挚爱深情是其作品的最典型特征之一。而且，他凭借自己出色而成功的犯罪小说家地位，在选择爱丁堡作为其作品经典场景的同时，还为爱丁堡带来了全新的旅游品牌。正如他本人所说：“如今——终于——连爱丁堡市议会都认为我是一份资产。我可能（在我的书中）为这个城市带来了罪犯、妓女和疯狂的政客，但是我想，人们不会认为这些会有损这座城市的名誉。”（《雷布斯的苏格兰》，*Rebus's Scotland*, 2005）

伊恩·兰金

伊恩·兰金不仅是英国最畅销的男性犯罪小说作家，而且声名卓著，在卡登登有一个名为“伊恩·兰金公寓”的高档住宅区，他曾应邀为其开工剪彩。

他赢得的第一个文学奖项（还在学生时代）是全国诗歌竞赛二等奖，诗歌题为“安乐死”（“Euthanasia”）。

他是世界上最不成功的猪倌（所养的猪寿命很短）。

在成为知名作家之前，**他和妻子及两个儿子侨居在法国一个农场。**

他也用杰克·哈维（Jack Harvey）的笔名进行创作。

伊恩·兰金拥有阿伯泰邓迪大学、圣安德鲁斯大学和爱丁堡大学的**荣誉学位**。

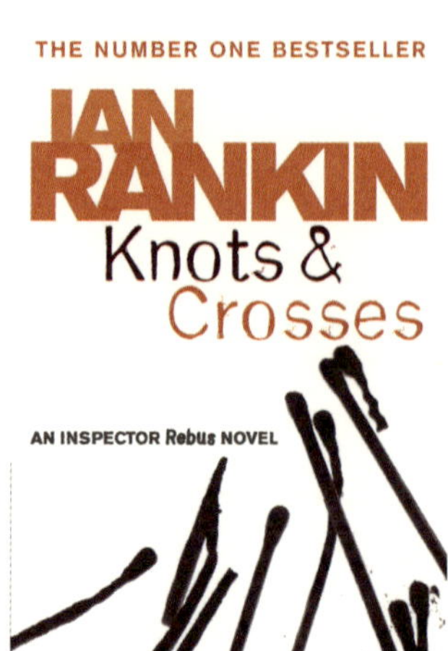

表现所有主题

在雷布斯探长系列首部小说《不可忘却的游戏》(*Knots and Crosses*, 1987)中，兰金的文学技巧展现得炉火纯青，之后的《死灵魂》等作品也延续了这一特质，这些小说涵盖了诸如恋童癖之类难以驾驭的令人伤心而严肃的主题。其中主题最复杂之作可能是《空中花园》(*The Hanging Garden*, 1998)，涉及战争罪恶和性奴役，叙事娴熟，令人信服。

《致命理由》(*Mortal Causes*, 1994)是兰金众多最具有爱丁堡地方特色的小说之一。小说的开头，爱丁堡皇家大道下方的隐秘小道出现了一具被悬吊着的尸体。在看似平静的爱丁堡社会，天主教和基督新教的教派冲突端倪已现，小说将爱丁堡两个地区虚构合并引发的尖锐矛盾刻画得栩栩如生。伊恩·兰金热衷于政治，致使笔下的叛逆警察也走着同样的政治道路。小说对考登比斯的一次示威游行颇费笔墨，该地区历史上曾出现由激进基督新教组织策划的“橙色示威”。在他看来，这里潜在的暴力和冲突从未停息。随后在同一本书中，他告诉读者，雷布斯年轻时曾在爱丁堡市中心参加过“橙色示威”，但雷布斯也意识到，苏格兰即便没有与爱尔兰的那些麻烦事，

“有些时候，读者会对某些书中雷布斯相当平庸的表现感到不满，但这个探长不能总像《黑与蓝》里那样——他并不受那帮人青睐，只能在警局外讨生活。”

——伊恩·兰金

自身本也问题多多——“两者如同连体婴儿，想分开却又徒唤奈何”。

在《黑与蓝》(*Black and Blue*, 1997)里，格拉斯哥著名的巴罗兰德舞厅是邪恶的拜布尔·约翰的光顾之地（最近该舞厅已成为一个摇滚乐演奏场所）。小说展现了兰金日益增长的自信，塑造了一个特别令人难忘（又令人厌恨）的恶棍形象——现实里确有其人的拜布尔·约翰——这是作家所使用的众多非虚构人物之一。

苏格兰政治

《黑暗中》(*Set in Darkness*, 2000)的情节背景设在了爱丁堡的重要历史时刻——该城市即将成为苏格兰首届议会所在地，但这也给雷布斯探长执勤时带来了重重困扰。作为新议会组成部分的昆士贝利大厦很快就传来死尸坠落声，其中一个受害者是前途无量的苏格兰议员罗迪·格里夫。更糟糕的是，雷布斯发现，被认定逃脱的凶恶罪犯又再次作奸犯科、卷土重来。小说文字一如既往地质朴动人，其中巧妙地夹杂着政治上的潜台词。当然，苏格兰议会是多种矛盾的渊源，不独因为建筑结构，还因为高墙之内的剑拔弩张。这些建筑本身大名远播（尤其是别具一格的现代化设计），当然也因其预算严重超支而为众人所诟病。

雷布斯及其塑造者经常光顾的青年街“牛津酒吧”

> “时光荏苒，我很可能已经变得更像他（约翰·雷布斯）了：坐在他喝酒的吧台边小酌，深夜里尽情与我的音乐独处。”
>
> ——伊恩·兰金

长期以来，兰金一直在为自己的国家辩护，劝导国民对其抱持信心，而且（无论正确与否）苏格兰议会已然成为实现该愿景的载体。不过，议会大厦的位置正对着霍里罗德豪斯宫，这无疑恰如其分地呈现了新旧两个时代的对照。借由《黑暗中》这部作品，兰金把雷布斯带入议会大厦，但同时也让自己介入了颇具挑战性质的苏格兰历史讨论（夹杂某种可怕的火药味，况且现场曾发生过涉及昆士贝利公爵家族同室操戈的不光彩行径）。

伊恩·兰金用考克伯恩街的这条小巷名作为第15部雷布斯系列小说的标题

雷布斯的嗜好

毫无疑问，雷布斯系列小说以一位酗酒侦探为主角，酒馆必然是反复出现的爱丁堡场景。《不可忘却的游戏》有如下发人深省的描写：

> 老人们端着大酒杯坐在那里，眼神空洞地凝视着大门。他们是想知道外面的变化，还是惴惴不安于终有一天这变化会强行闯入？

正如作者所悲叹的，许多曾经受欢迎的酒吧都已关闭，或被提升为“特色酒吧”——这样的改造或许能吸引新的、时尚的顾客，但也把大群老主顾拒之门外。除了“萨瑟兰酒吧”（按照真实的酒吧地址酌情虚构），作者还需要另一个卖酒处，于是决定启用王子街附近他本人常常光顾的“牛津酒吧”（兰金对这家酒吧的服务颇为中意，因为他第三次光临时，服务生便能主动奉上他喜欢的啤酒）。“牛津酒吧”首见于《致命理由》（雷布斯对其优惠举措大为嘉许），即便后来这个探长在戒酒之际（尤其在《空中花园》里），也常光顾此地。

不可避免，兰金对雷布斯探长与酒的关系持模棱两可的态度（如兰金所说，酒象征着苏格兰民族本身，这个民族喜欢“来上一杯”），但在整个雷布斯系列小说里，有关酒的话题并不多见。

当然，在伊恩·兰金笔下的爱丁堡，有某种自现实到虚拟的融合。如《肉市巷》（*Fleshmarket Close*, 2004）里“努克酒吧”中的情色描写，部分场景确实源自附近知名的“伯克与黑尔俱乐部”（以爱丁堡最著名的盗墓贼命名）。

屏幕上的雷布斯

苏格兰电视台自 2000 年至 2007 年共制作了 14 集根据雷布斯系列小说改编的电视剧。前两部 4 集由约翰·汉纳（John Hannah）主演，后三部 10 集改由肯·斯托特（Ken Stott）主演。

电视剧

第一部

《黑与蓝》(Black and Blue, 2000)

《空中花园》(The Hanging Garden, 2001)

第二部

《死灵魂》(Dead Souls, 2001)

《致命理由》(Mortal Causes, 2004)

第三部

《崩溃》(The Falls, 2006)

《肉市巷》(Fleshmarket Close, 2006)

第四部

《黑色笔记》(The Black Book, 2006)

《血疑》(A Question of Blood, 2006)

《通吃》(Strip Jack, 2006)

《任血流淌》(Let it Bleed, 2006)

第五部

《掘墓盗尸人》(Resurrection Men, 2007)

《第一块石头》(The First Stone, 2007)

《死者的名分》(The Naming of the Dead, 2007)

《不可忘却的游戏》(Knots and Crosses, 2007)

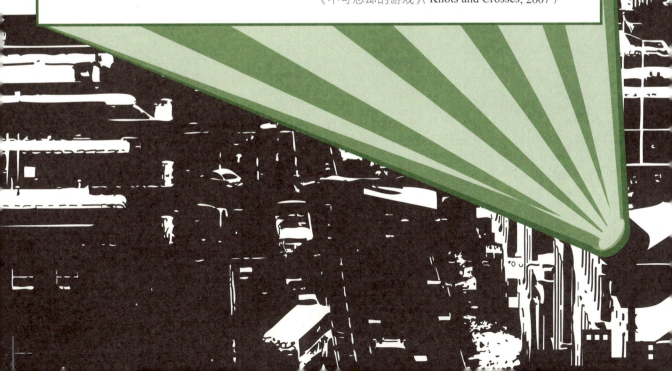

怀疑者与异见者

整个小说系列中，雷布斯去过的重要地方恐怕还要算上蒙德山顶的苏格兰教会总部。该建筑靠近雄伟的约翰·诺克斯塑像（John Knox）（兰金已注意到此人对女性和天主教徒的偏执观点），但雷布斯及其塑造者都心知肚明，类似的纪念碑象征着国家现在才开始摆脱的陈规陋章。在城市的灰衣修士墓园，有一座纪念碑纪念因信仰而受到迫害的脱离者和其他新教改革者；不过，而今随其精魄、袭其遗志者并不少见。

为了描绘整个苏格兰（同时也是爱丁堡整座城市）的社会风貌，兰金还破天荒地以工业化和后工业化为故事场景，展示了诸如《任血流淌》（*Let It Bleed*, 1996）中的新技术与《黑与蓝》中的石油开发之类的重要主题。鉴于该系列的侦探主角是基于现实空间而日臻成熟的人物，兰金可以伺机抽身审视社会或政治，当然，绝不会以牺牲故事情节为代价。几乎可以断言，伊恩·兰金在妙笔生花地创作犯罪小说的同时，也慧眼独具地批评了现实社会。整个系列的 20 部小说，借一个坏脾气的警长的嘴，让读者领略了苏格兰的社会和政治。

在《死者的名分》（*The Naming of the Dead*, 2006）里，兰金因媒体对 2005 年苏格兰八国集团首脑峰会安全问题的担忧，设置了一个颇为有趣的叙事背景。一开始，雷布斯置身于壁垒森严的安保人员外围，几乎没有引起上司

雷布斯有关“萨瑟兰酒吧”的部分创作灵感来自西雷吉斯特街的“吉尔福德阿姆斯酒吧”

的注意，他们乐于让这位难搞的警长远离公众视线。可当一位国会议员的死亡（似乎是自杀）可能会带来一系列潜在的谋杀时，他介入了此案。

退休与继任者

《落幕之光》（*Exit Music*, 2007）标志着约翰·雷布斯探长生涯的终结。但是，兰金已决定不犯当年柯南·道尔的错误，生生造出福尔摩斯和死敌莫里亚蒂在莱辛巴赫瀑布的最后一战，让这位大侦探令人遗憾地死去。虽然在雷布斯探长小说系列中，《落幕之光》给这位众口齐颂的硬汉式苏格兰侦探的生涯画上了一个句号，而且也是以雷布斯和自己的宿敌对峙为结局，但如此这般的冲突绝非终极——是的，他退休了，但未来或许还会再现。

ROYAL MILE

所有雷布斯系列小说都绘声绘色地描述了"老烟城"（爱丁堡的昵称）。2009年起，兰金又开始创作另一系列始于《控诉》的以爱丁堡为背景的小说，用一位风格不同以往的马尔科姆·福克斯探长为侦探主角，只是他的言行举止酷肖那位退休了的雷布斯。

关于现代苏格兰及其领导人，兰金说过：

> "我想让政客们知道——无论是英格兰的还是苏格兰的——我们正盯着他们呢——不会让他们弄走任何东西。"

让我们感到欣慰的或许正是：伊恩·兰金一直在捍卫苏格兰及其首府。

有用的网址

"体验伊恩·兰金的雷布斯畅销小说中的黑暗和隐秘世界，探索真实场景的历史和神秘，其中包括爱丁堡一些鲜为人知的区域特色。"

www.rebustours.com

爱丁堡晚上散步最佳区域，因1820年代盗墓贼伯克和黑尔而闻名。

www.westporttours.com/page2.htm

苏格兰政府新址导览

www.scottish.parliament.uk/vli/visitingholyrood/guidedTours.htm

肉市巷：伊恩·兰金借用了这条小巷的名字，作为雷布斯系列第 15 部小说的书名。
PILTON & MUIRHOUSE DISTRICTS
牛津酒吧：约翰·雷布斯和他的创造者伊恩·兰金都爱的一家酒吧。
皮尔顿和穆尔豪斯：爱丁堡市郊的两个住宅区，被兰金合并为皮穆尔“Pilmuir”。
Queen Street Gardens
QUEEN STREET
QUEEN STREET
THISTLE STREET
FREDERICK STREET
HANOVER STREET
E D
YOUNG STREET
CASTLE STREET
GEORGE STREET
ROSE STREET
PRINCES
The Oxford Bar
CHARLOTTE SQUARE
PRINCES STREET
Princes Street Gardens
CK PLACE
莫里森街：兰金和三个校友本打算在这里租一套公寓，以靠近爱丁堡市中心，但没有实现。
LOTHIAN ROAD
KING'S STABLES ROAD
Edinburgh Castle
JOHNSTON TERRACE
ST. GILES
伯克与黑尔俱乐部：据说是《肉市巷》中的脱衣舞酒吧 The Nook 的原型。
MORRISON STREET
Burke & Hare Club
FOUNTAINBRIDGE
HIGH RIGGS
灰衣修士墓园：这里有一座纪念碑，纪念因信仰而受到迫害的脱离者和其他新教改革者（见《通吃》，1992）。

霍里罗德豪斯宫：这座彰显英格兰统治的17世纪宫殿，与代表现代权力下放的苏格兰议会大厦相去咫尺，兰金常常点出其中的讽刺意味。
皇家大道：《致命理由》开篇，一具悬吊着的尸体在该主干道的一条支路上被发现。
CALTON
CALTON HILL
REGENT ROAD
ABBEY HILL
LEITH STREET
BURGH
Palace of Holyroodhouse
CALTON ROAD
Waverley Station
NORTH BRIDGE
EAST MARKET STREET
CANNONGATE
Scottish Parliament
THE ROYAL MILE
HOLYROOD ROAD
QUEEN'S DRIVE
HIGH STREET
John Knox Statue
SOUTH BRIDGE
COWGATE
Tony's：伊恩·兰金年少时出入的情色电影院的旧址。
HOLYROOD PARK
PLEASANCE
NICOLSON STREET
苏格兰议会大厦：《黑暗中》开篇，有望成为苏格兰议会议员的罗迪·格里夫的尸体在这里被发现。
约翰·诺克斯塑像：新教改革者的伟岸塑像，由皮滕德利·麦吉利夫雷（Pittendrigh MacGillivray）于1904年创作。

兰金与雷布斯的爱丁堡

马克西姆·雅库博夫斯基

雷蒙德·钱德勒与菲利普·马洛的洛杉矶

在雷蒙德·钱德勒（Raymond Chandler, 1888—1959）早期创作的以私人侦探为内容的小说里，侦探主角有时是马洛里，有时是泰德·卡马蒂或约翰·达尔马斯。直至《长眠不醒》（*The Big Sleep*, 1939）诞生之后，才有了菲利普·马洛。

从那时起，马洛便成了心地善良、言辞犀利，动辄诉诸暴力的美国私人侦探的代名词。几无例外，每一位追随钱德勒的探案作家都公开承认其独一无二的影响，且菲利普·马洛也成了每一个后来者视作标杆的典型侦探人物。马洛诠释了私人侦探形象的所有内涵："孤僻，敏感，愤世嫉俗的外表下面隐匿着淡淡的温情，以及对腐败无所不在的警察的爱恨交加——一切尽在其中。"（见 www.thrillingdetective.com）

雷蒙德·钱德勒其人

雷蒙德·钱德勒出生于美国，但大部分时间在英国接受教育，如此经历让他有机会以一种有趣的视角全面审视美国，尤其是洛杉矶。在创作上他称得上大器晚成——45 岁才开始在当时的通俗小说杂志刊载短篇小说，51 岁出版第一部长篇。评论界和商业界的赞誉来得更晚，那多少也是拜电影改编所赐。1959 年钱德勒去世时，他仅写了 7 部长篇和《普德尔泉庄园谜案》（*Poodle Springs*）的前四章（余下部分由罗伯特·帕克（Robert B. Parker, 1932—2010）续完，1989 年出版，此人创作了一套以波士顿为背景的斯宾塞探案系列，参阅本书相关章节），以及二十多篇短篇小说。

正如钱德勒的传记作家托姆·悉尼（Tom Hiney）所指出的，钱德勒本

人具备马洛的诸多特征：

> 马洛讲究外表、言辞犀利，一辈子酒不离身，却具有一种内在的高贵气质。这种气质，与摆弄他的命运相较，显得尤为扞格——一个孤独者，生活于20世纪40年代的洛杉矶，观察着周遭的世界，思考着一干庸众的喜怒哀乐，厌恶他们被大亨和政客耍弄于股掌之间却又麻木不仁，对充斥于四周的浊泥污水忧心不已。马洛是一位私人侦探，无儿无女、玩世不恭，他的创作者亦是。

菲利普·马洛其人

1951年，在写给英国粉丝伊伯森（D.J. Ibberson）的一封信中，钱德勒特别强调了马洛38岁，生于加州圣罗萨，受过大学教育。在成为私人侦探之前，马洛曾在一家保险公司任职，并担任过洛杉矶地方检察官。后被解雇，据本人所说，是因为同上司“顶嘴”。马洛接受他的朋友伯尼·奥斯的帮助。伯尼是地方检察机构的首席检察官，向马洛提供情报。

马洛身高逾6英尺，体重约190磅。住所毗邻北肯莫尔大街。办公室面积不大，

在钱德勒小说改编的电视剧中，由鲍沃斯·布斯扮演的菲利普·马洛

菲利普·马洛

身高： 逾6英尺
体重： 约190磅
职业： 私人侦探
最爱喝的酒： “四玫瑰”威士忌
最爱抽的烟： 骆驼牌香烟

重要说明： 钱德勒提醒马洛的研究者不要“混淆暂时的喜好和永久的嗜好”。这位私人侦探也喜欢肯塔基产“老林头”波旁威士忌；在家，他时不时也抽烟斗。

位于两英里之外的好莱坞大街卡汉加大厦6楼615室，接近北伊瓦尔大街（西面是北卡休恩加大道，东面是瓦因街）。办公室电话号码是格伦维尤7537，没雇秘书，通常拒绝受理离婚的案子。

马洛嗜好独特，喜欢下国际象棋，棋艺精湛，但几乎只独自弈棋。他抽烟，骆驼牌香烟为其首选，在家偶尔也抽抽烟斗。常喝威士忌或白兰地，酒量相当大。譬如《高窗》(*The High Window*, 1942）里曾写他拿出一瓶“四玫瑰”，然后掺上美国威士忌，为他自己、布里兹和斯潘格勒各倒了一杯混合的威士忌。但在非正式场合，他喝“老林头”，那是肯塔基出产的一种波旁威士忌：“我挂断电话，给自己倒了一杯‘老林头’，舒缓会面将至的紧张情绪。刚酌了一口酒，走廊便响起了脚步声。”(《小妹妹》*The Little Sister*, 1949）。

英式教育　加州洞见

电影导演比利·怀尔德（Billy Wilder, 1906—2002）是一个奥地利移民，曾住在加利福尼亚。他曾经说过：“必须承认，钱德勒的伟大难以用文字表述。几乎没有谁能捕捉加利福尼亚的风味。要知道，它是很独特的。唯一把加州风味写进文学作品的是一个英国人——钱德勒。”怀尔德和钱德勒曾于1944年将詹姆斯·凯因（James M. Cain, 1892—1977）的犯罪小说《双倍赔偿》(*Double Indemnity*, 1943）搬上银幕，获得巨大成功。

批评家比尔·舍勒（Bill Scheller）把钱德勒的场景设置与亚瑟·柯南·道尔爵士的相提并论：

> 我一直觉得有趣的是，两位最注重情节设置的类型小说的了不起的作者在场景描写方面都同样出色。亚瑟·柯南·道尔爵士……把后维多利亚时代的伦敦描绘得十分精致，令读者禁不住想去那里雇一辆四轮马车，一探究竟。而雷蒙德·钱德勒则是一个场景描写大师，描摹了三四十年代的洛杉矶，其详尽如同他笔下具有骑士风度的马洛一样令人叹为观止……钱德勒甚至比柯南·道尔更注重技巧……夏洛克·福尔摩斯的伦敦充满了潮湿、浓雾和无尽的昏暗，一看就觉得似乎有半数以上的人心存歹意。不过，要在阳光明媚的洛杉矶召唤那么多晦暗之物并不算易事。

> **“我是个有同情心的人，伯尼。我晚上听见有人叫喊，就会去看个究竟。你却根本不会那样做……绝无可能。”**
>
> ——《长眠不醒》(***The Big Sleep***, 1939）

HUMPHREY

BOGART

AND

LAUREN

BACALL

RNERS' "THE BIG SLEEP"

MARTHA VICKERS · DOROTHY MALONE

HOWARD HAW

PRODUCTIO

46/

但钱德勒成功做到了。黑色小说似乎就该全部发生在黑夜，有如导演白天几乎不拍夜晚的电影剧情一般。在钱德勒的小说中，即便是阳光明媚的昼日，诸多鬼魅也会自岩石下面爬出。

在《湖底女人》（*The Lady in the Lake*, 1943）里，马洛曾多次离开洛杉矶，去箭头湖及其周边山区走动。除此之外，钱德勒的所有长短篇小说的故事背景均发生在洛杉矶及其近郊的帕萨迪纳、圣莫尼卡。后者被钱德勒易名为“海湾城”。《再见，吾爱》（*Farewell My Lovely*, 1940）中的精彩纷呈的故事便是以那儿的码头为场景。

钱德勒本人对洛杉矶的态度绝非颂赞。马洛曾多次咒骂洛杉矶，如“迷失、破败，满地空虚”，是“铺满霓虹灯的贫民窟”，“只有浮夸、没有人格”。即便如此，每当他发现自己在憧憬悠闲自得的小城镇生活时，都决定要“改变这个巨大、污秽、肮脏、扭曲的城市”。具有讽刺意味的是，一旦钱德勒在好莱坞赚得盆满钵满，他便迅速离开了洛杉矶，在墨西哥边界附近的南加州圣迪亚哥郊区拉荷亚另觅住所，计划同年纪较其稍长的妻子茜茜在那里安度晚年。

马洛的洛杉矶今日

同菲利普·马洛时代的洛杉矶相比，该城已经发生了翻天覆地的变化。随着城市的无序扩张，马洛曾经去过的几个地标性建筑（或者钱德勒本人经常光顾的酒吧）都不复存在。尽管如此，倘若没有20世纪40年代钱德勒创作的硬派私人侦探小说和黑色电影闯入脑海，那就很难让人想起这座城市——小说和电影描绘了该城的腐败警察、衣着光鲜的地痞大亨、丧心病狂的街头混混以及成群结队的放浪女子。确实，以马洛的视角来看洛杉矶，再没有比《唐人街》（*Chinatown*）更能说明问题的了。罗曼·波兰斯基（Roman Polanski, 1933—　）于1974年拍摄的这部电影，并非仅仅改编自钱德勒的某部作品，相反它体现了钱德勒式的最佳小说构思。由此，在人们头脑中，洛杉矶和雷蒙德·钱德勒（还有菲利普·马洛）依然密不可分。事实是，当地有家“深度游”旅游公司，经营着该城的两条不同的雷蒙德·钱德勒巴士旅游线路（“雷蒙德·钱德勒的洛杉矶：孤独之地”与“钱德勒的海湾城”），停靠站包括菲利普·马洛探案时光顾的多个重要场所，还有钱德勒时常提及的许多建筑、名胜和酒吧。甚至还有一个停靠站是众人所喜的斯库珀斯，在那里，

屏幕上的菲利普·马洛

由于汉弗莱·波加特（Humphrey Bogart）1946 年在根据《长眠不醒》改编的同名电影中的出色表演，观众一提起菲利普·马洛就会联想到这位演员，但事实上有其他多个影视演员曾扮演过马洛。

电影

《猎鹰接手》（*The Falcon Takes Over*, 1942），又称《猎鹰》，改编自小说《再见，吾爱》，乔治·桑德斯主演

《杀戮时刻》（*Time to Kill*, 1942），改编自小说《高窗》，劳埃德·诺兰扮演（以马洛为原型的）迈克尔·谢恩

《爱人谋杀》（*Murder, My Sweet*, 1944），改编自小说《再见，吾爱》，英国影片，迪克·鲍威尔主演

《长眠不醒》（*The Big Sleep*, 1946），汉弗莱·波加特主演

《湖上艳尸》（*The Lady in the Lake*, 1947），罗伯特·蒙哥马利主演

《祸水红颜》（*The Brasher Doubloon*, 1947），改编自小说《高窗》，乔治·蒙哥马利主演

《丑闻喋血》（*Marlowe*, 1969），改编自小说《小妹妹》（*The Little Sister*），詹姆斯·加纳主演

《漫长的告别》（*The Long Goodbye*, 1973），艾略特·古尔德主演

《再见，吾爱》（*Farewell My Lovely*, 1975）和《长眠不醒》（*The Big Sleep*, 1978），罗伯特·米彻姆主演

《聪明的菲利浦》（*Mazany Filip*, 2003），捷克影片，基于钱德勒的不同小说改编，托马斯·哈纳克主演

电视剧

《菲利普·马洛》（*Philip Marlowe*, 1959—1960），ABC 电视连续剧，菲利普·凯里主演

《私人侦探菲利普·马洛》（*Philip Marlowe, Private Eye*, 1983, 1986），伦敦周末电视连续剧，鲍沃斯·布斯主演

《赤色杀意》（*Red Wind*, 1995），电视连续剧《堕落天使》（*Fallen Angels* series）的一部分，丹尼·格罗弗主演

《普德尔泉庄园谜案》（*Poodle Springs*, 1998），家庭影院电视，詹姆斯·凯恩主演

《马洛》（*Marlowe*, 2007），贾森·奥马拉主演

"我没来过，你没见过我，她整晚都没出门。"

——《长眠不醒》(*The Big Sleep*，1939)

游客可以吃上一个钱德勒标志的冰激凌！此外，还出版有标示钱德勒犯罪小说实际场景的洛杉矶地图，无数的摄影书籍通过当时和现在的城市照片，追溯了这位标志性人物的足迹。

现在读者仍然可以依据钱德勒的小说逐一追溯到马洛的踪迹(及其驾车路线)，譬如富兰克林大道上的斯特恩伍德宅邸、好莱坞大街的盖格书店和月桂谷的盖格小区(《长眠不醒》)，《小妹妹》中马洛与穆斯·马洛伊相遇的弗洛里安酒吧，如今是一家电器商店。还有《小妹妹》中冰锥谋杀之所"凡奈斯"，如今是巴克莱酒店。

作为另一种选择，游客也可以绕道圣莫尼卡，追溯马洛在海湾城经常冒险的踪迹，譬如25号街的安·赖尔登公寓或23号街和科罗拉多的桑德伯格医生的阴暗诊所。

另一个标志性建筑(尽管评论家对此有异议)是位于3号街和布罗德韦拐角的布拉德伯里大厦(钱德勒另取名"贝尔方特大厦")。里面有宽阔的中庭、铁铸的楼井和敞开式电梯。马洛曾多次造访这座大厦，有关场景后来被写入经典电影《银翼杀手》(*Blade Runner*, 1982)。即便在今天，倘若有一张详细地图，再带上一本钱德勒的小说，仍然可以追溯马洛的踪迹。若要进一步了解有价值的信息，除了翻阅各个英美作家撰写的钱德勒传记，还可以点击粉丝网站"雷蒙德·钱德勒的洛杉矶：私人侦探的小镇"(Raymond Chandler's Los Angeles：Shamus Town)。该网站收集了大量的信

3号街和布罗德韦拐角的布拉德伯里大厦

布拉德伯里大厦，起初因钱德勒出名，后因用作里德利·斯科特执导的《银翼杀手》的场景，再次声名远播

息和图片，涉及钱德勒的方方面面。

自菲利普·马洛在小说中首次粉墨登场，七十多年过去了，但是对于今天的读者，这位私人侦探的世界鲜活依旧。究其因，显然与上述具体场所有关，不管是真实的抑或虚构的。此外，这也与马洛本人固有的（因而也是矛盾、易犯错的）心性不无联系——坚韧而脆弱，洞悉一切却也天真烂漫。不过，最重要的还是留存在读者脑海里的栩栩如生的场景感，只需数行原作，往往便能将你带入故事，瞬间令你置身于加利福尼亚的往日时光：

那晚刮了一夜的沙漠大风，炎热、干燥，来自圣安娜山口，让你的头发卷曲，心慌意乱，皮肤起鸡皮疙瘩。在这样的夜晚，每个酒会都会以干架告终；温顺的小媳妇也会轻抚餐刀的利刃，看向自己丈夫的颈脖。任何意外都可能发生。你甚至可以在高级酒廊得到满满一杯啤酒。（《赤色杀意》，1938，现已收入《雷蒙德·钱德勒作品集》，*Raymond Chandler: Collected Stories*, 2002）

Hollywood Bl
6700

有用的网址

雷蒙德·钱德勒的洛杉矶：私人侦探的小镇

www.homepage.mac.com/llatker

巴士深度游：钱德勒

www.esotouric.com/chandlerpage

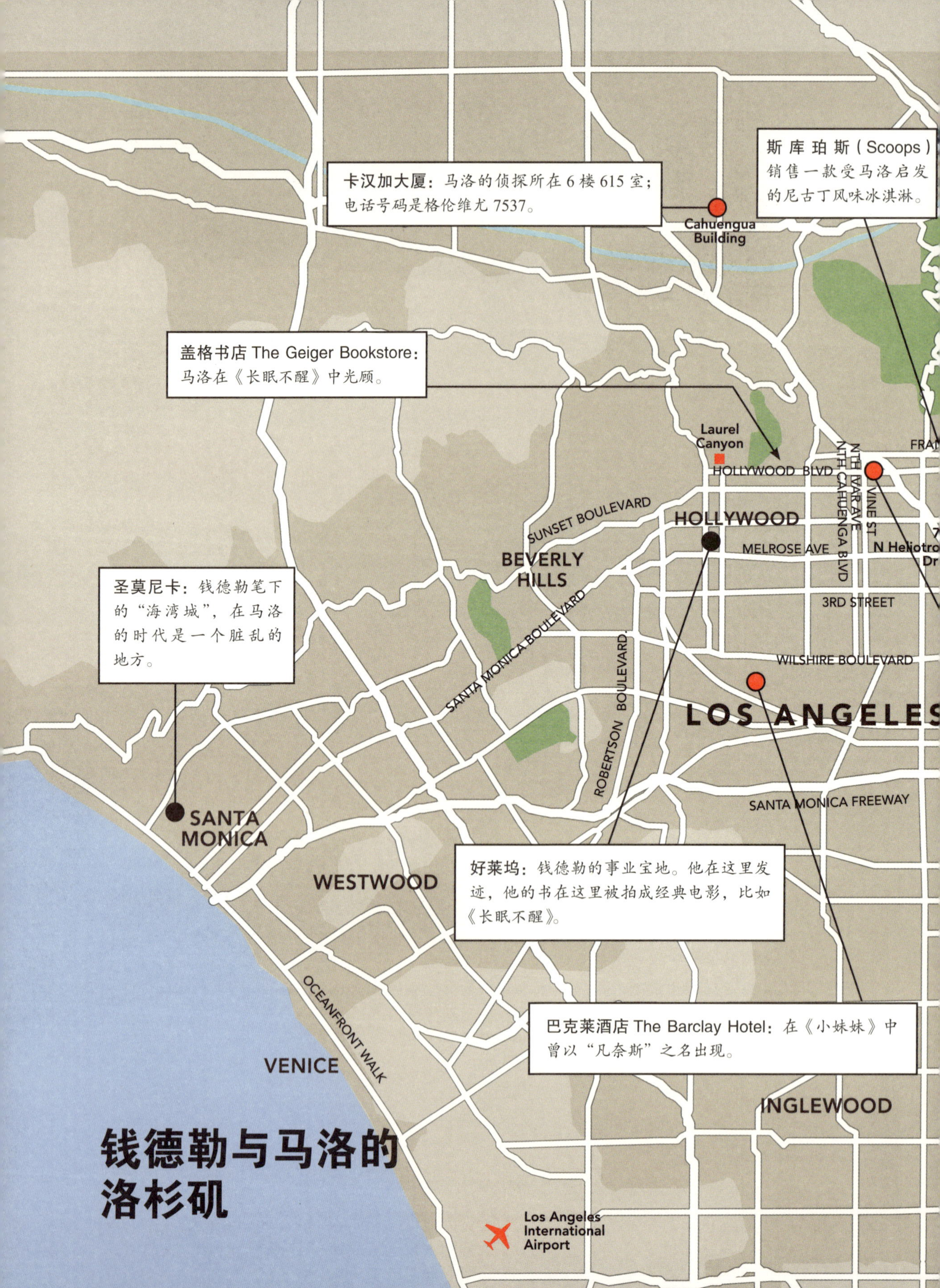

钱德勒与马洛的洛杉矶
卡汉加大厦：马洛的侦探所在6楼615室；电话号码是格伦维尤7537。
Cahuengua Building
斯库珀斯（Scoops）销售一款受马洛启发的尼古丁风味冰淇淋。
盖格书店 The Geiger Bookstore：马洛在《长眠不醒》中光顾。
Laurel Canyon
HOLLYWOOD BLVD
NTH IVAR AVE
NTH CAHUENGA BLVD
VINE ST
SUNSET BOULEVARD
HOLLYWOOD
MELROSE AVE
BEVERLY HILLS
3RD STREET
圣莫尼卡：钱德勒笔下的“海湾城”，在马洛的时代是一个脏乱的地方。
SANTA MONICA BOULEVARD
ROBERTSON BOULEVARD
WILSHIRE BOULEVARD
LOS ANGELES
SANTA MONICA FREEWAY
SANTA MONICA
WESTWOOD
好莱坞：钱德勒的事业宝地。他在这里发迹，他的书在这里被拍成经典电影，比如《长眠不醒》。
OCEANFRONT WALK
巴克莱酒店 The Barclay Hotel：在《小妹妹》中曾以“凡奈斯”之名出现。
VENICE
INGLEWOOD
Los Angeles International Airport

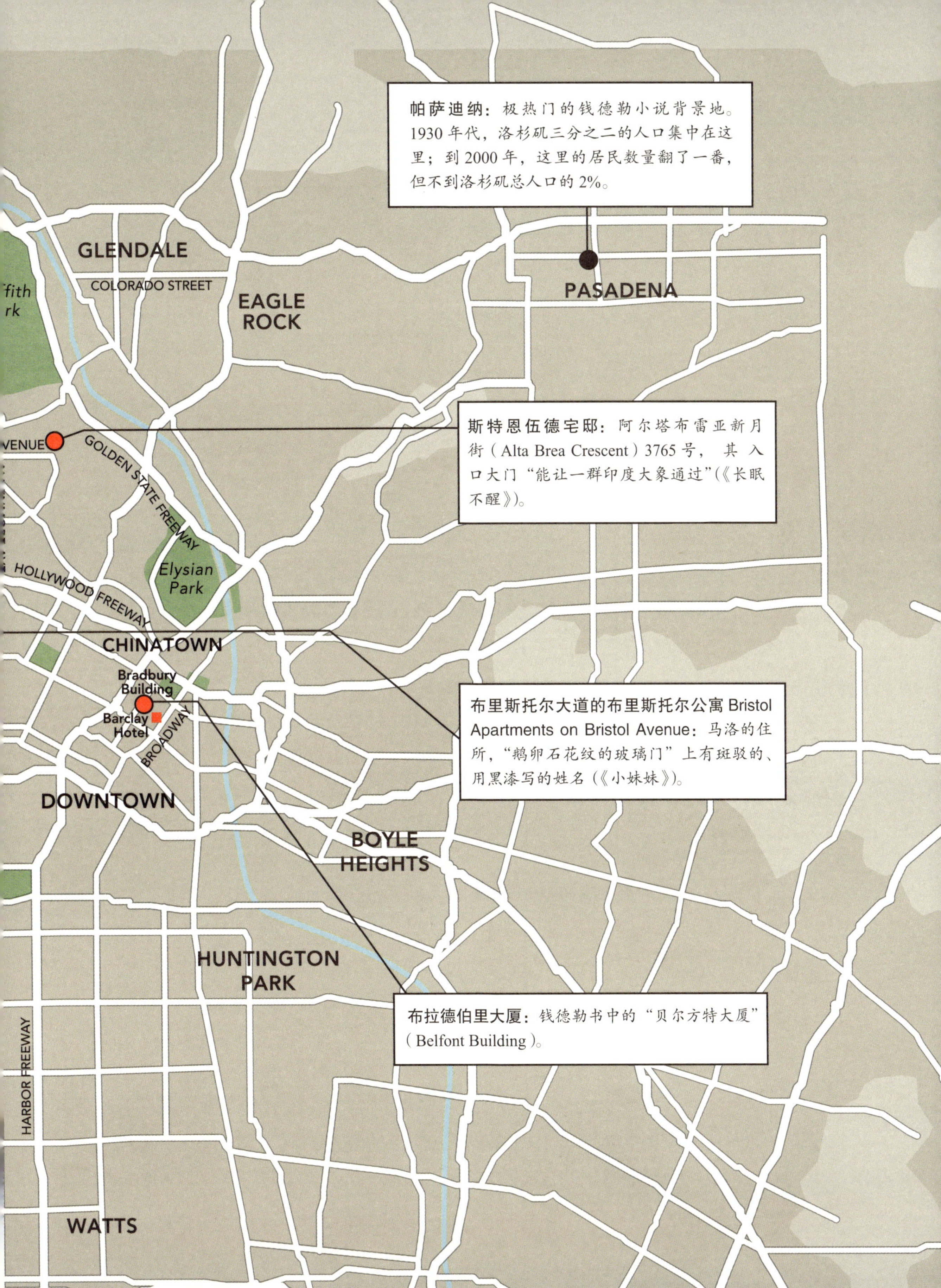
帕萨迪纳：极热门的钱德勒小说背景地。1930 年代，洛杉矶三分之二的人口集中在这里；到 2000 年，这里的居民数量翻了一番，但不到洛杉矶总人口的 2%。
GLENDALE
COLORADO STREET
EAGLE ROCK
PASADENA
fith
rk
斯特恩伍德宅邸：阿尔塔布雷亚新月街（Alta Brea Crescent）3765 号， 其入口大门“能让一群印度大象通过”（《长眠不醒》）。
VENUE
GOLDEN STATE FREEWAY
Elysian Park
HOLLYWOOD FREEWAY
CHINATOWN
Bradbury Building
Barclay Hotel
BROADWAY
布里斯托尔大道的布里斯托尔公寓 Bristol Apartments on Bristol Avenue：马洛的住所，“鹅卵石花纹的玻璃门”上有斑驳的、用黑漆写的姓名（《小妹妹》）。
DOWNTOWN
BOYLE HEIGHTS
HUNTINGTON PARK
布拉德伯里大厦：钱德勒书中的“贝尔方特大厦”（Belfont Building）。
HARBOR FREEWAY
WATTS

巴里·福肖

唐娜·莱昂与布鲁内蒂警探的威尼斯

作家要设置可信的叙事场景，不必非要生活在故事发生地。而以吉多·布鲁内蒂为主角的探案小说里，唐娜·莱昂（Donna Leon, 1942—　）对威尼斯活色生香的描述，似应归功于她对这座城市的熟稔。

如同备受困扰的警探本人一样，威尼斯城也在这些构思精巧的探案故事中占据重要地位。莱昂是个美国移民，自20世纪80年代起就生活在这座城市，这使得她亲历了"宁静之城"（威尼斯的昵称之一）的波光粼粼、妩媚多情。从卡纳莱托（Canaletto, 1697—1768）到特纳（J.M.W. Turner, 1775—1851），再到电影导演尼古拉斯·罗格（Nicolas Roeg, 1928—2018），时光荏苒中的艺术大师们无不对它的独特魅力赞赏有加，莱昂也因之着迷不已。

阅读一部莱昂小说，几乎等同于游览一次滋养她的威尼斯，虽说她对意大利观感不佳（腐败重重，与旖旎风光并不相称），这也许就是她不愿把自己的作品翻译为意大利语的原因之一吧。

从拉芬尼斯到圣保罗

歌剧主题可说最受唐娜·莱昂青睐。她是著名女高音歌唱家塞西莉亚·巴托利（Cecilia Bartoli, 1966—　）的好友，许多重要的古典音乐会她都曾参与其中。而在威尼斯，最有名的歌剧院是拉芬尼斯，不仅因该院剧目优雅动人，还因它曾遭大火焚毁，后经复建而芳容再现。在唐娜·莱昂的《拉芬尼斯之死》（*Death at La Fenice*, 1992）中，吉多·布鲁内蒂正是在这个剧院亮相登场。布鲁内蒂回想起威尼斯的许多辉煌历史。须知坎波圣凡廷城区以拉芬尼斯歌剧院为中心，其中包括声名显赫的餐馆（安

蒂科马提尼）、可供研习古典时代的一整条街（阿泰尼奥威尼托）以及文艺复兴时期的大教堂所在地（基萨迪圣凡丁）。在书中，布鲁内蒂认为昔时的荣耀与而今的陈腐泾渭分明。

在《拉芬尼斯之死》里，读者知道了这位警探的寓所位于圣保罗，与偏僻的圣克罗斯相邻。东侧是威尼斯的旧城中心，不远处还有热闹的里亚尔托市场。吉多·布鲁内蒂听惯了圣保罗教堂的钟声。小说反复描述了该地区对他的巨大吸引力。他和家人可以从寓所欣赏美丽的景色，因之陶醉不已；从厨房那儿他可以饱览山石浮云。家庭生活的慢节奏，加上他妻子宝拉的精湛厨艺，纾解了工作的劳顿。而这位警探走下麦当娜的卡莱渡口，目力所及的大运河则是书中另一个吸引人的场景。

布鲁内蒂心存疑虑，他不知此域法规将如何影响这一地区——周边在在皆是的陈年旧宅以及保存完好的历史遗迹。在莱昂的这本处女作里，布鲁内蒂暗忖着自家宅子的合法性，担心它并不在法律许可之内。是的，他的担心不无道理，几年之后（《位高权重的朋友们》，*Friends in High Places*, 2000），他发现自家的屋子已被认定为非法建筑，成了政府一手掌控的意欲重整威尼斯的目标之一。

探索整个城市

继处女作之后，唐娜·莱昂

唐娜·莱昂

唐娜·莱昂不同意将她的书译成意大利语。

莱昂对严肃音乐（尤其是对亨德尔的歌剧）有着强烈的爱好。她在这个栖身之地的国家举办了多场古典音乐会，还亲自参加了巴洛克合唱团的巡回演出。

唐娜·莱昂的书在德国非常畅销。

莱昂在瑞士、伊朗、中国、意大利和沙特阿拉伯都生活过，**其间教授英语文学。**

又写了《异国之死》(*Death in a Strange Country*, 1993)、《匿名威尼斯人》(*The Anonymous Venetian*, 1994)等畅销小说。稍后在《威尼斯清算》(*A Venetian Reckoning*, 1995)里，布鲁内蒂险些丧生于“自由桥”(故事里，一位年轻的女警在此付出了生命)，此处也是火车上发现尸体时的所经之地。

在整个布鲁内蒂探案系列中，《熠熠生辉》(*A Noble Radiance*, 1997)格外令人瞩目。小说中，划船是这位警探的喜乐之源，他从寓所溯流而上，在威尼斯生活的乐趣与问题，以及手头案件面临的挑战都是他在途中思考的内容。下班时，他更是从警察总部与河沿平行的一条僻陋小巷径直步行回家。正如在《异国之死》中所提到的，那运河令他想起威尼斯的历史，提醒自己不可罔顾这座城市的美丽，比如圣马可广场的道格宫和圣萨缪尔坎波的格拉西宫那般的哥特式和新古典式建筑。

《拉芬尼斯之死》曾经描绘过的著名的圣迈克尔岛墓园，又一次出现在《异国之死》里。那里安葬着布鲁内蒂的父亲(读者可在《拉芬尼斯之死》中读到)，这墓园也是整个探案书系的尸检场所。布鲁内蒂的同事，病理学家埃托尔·里扎迪在这书系里一再出现，他时常与布鲁内蒂一起联手反抗当局的施压。在《异国之死》里，布鲁内蒂曾乘船前往圣迈克尔岛墓园察看一具尸体。墓园里有作曲家伊戈尔·斯特拉文斯基(Igor Stravinsky, 1882—1971)的墓，几代威尼斯人也长眠于此，莱昂对墓地的独特伤感在笔端汩汩流淌。在这部小说里，布鲁内蒂还到过圣若望及保禄广场的市民医院，该院因高超的医术以及出色的尸检设备而远近闻名。

人际交往

莱昂探案书系中的第九部最引人注目，这部名为《位高权重的朋友们》的小说讲述布鲁内蒂因调查毒品走私和放高利贷而四面树敌。如书名所示，在意大利，由于制度腐败以及权力滥用，往往只需足够的人脉即可肆意妄为。在书中，布鲁内蒂与腐败官员们的纠缠斗争不断，而

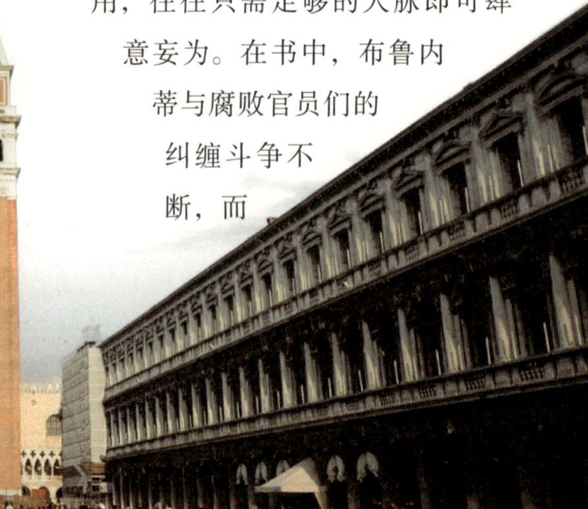

书中烹饪描写

布鲁内蒂的美食体验

在布鲁内蒂的世界里，美食是不可缺少的一部分，书中有大量的威尼斯市场和美食的描写。因应大众所需，以及她本人对意大利美食文化的重要性的认识，唐娜·莱昂已经授权出版了这位名探妻子宝拉所用的一本食谱（《品味威尼斯》，*A Taste of Venice*, 2010）。

圣保罗再度成为他“非法”住宅的所在地。

小说《麻烦不断》（*A Sea of Troubles*, 2001）则是莱昂创作技巧日臻完美的体现——在威尼斯环礁海滨浴场南部的佩莱斯特里纳岛上，两名渔民被谋杀，面对由黑手党颇为骄傲的以忠诚织就的关系网，布鲁内蒂一筹莫展。比案情侦查更为麻烦的还有半路杀出的埃莱特拉小姐，当这位警察局长秘书主动登岛施以援手时，布鲁内蒂既得为她的安全操心，更得克服对其情感上的迷思。

警察局是布鲁内蒂待得最多的所在（除了住家之外），它坐落在僻静的卡斯特罗区的塞斯蒂尔（现实中真实的警察局业已搬迁至罗马广场），那是莱昂的探案基地，在那里，他揭露了警察机关内部的重重腐败和致命交易。因年久失修而倒塌的圣洛伦佐教堂就在附近，而今正在依原样逐渐修复，布鲁内蒂从警局的窗子里望去，工程进度一览无余。

《故意之举》（*Wilful Behaviour*, 2002）是莱昂的第十一部布鲁内蒂探案书系小说，有着与之前小说不同的特征。一位奥地利老妇极不明智地将一批稀世艺术品置于其寓所，被发现死亡后，布鲁内蒂开始了调查。没过多久他便发现案情涉及二战时期对意大利犹太人的诸般罪行。取证工作困难重重，几近绝望，无人愿意讲述实情。更何况，布鲁内蒂的妻子宝拉也卷入其中。

鲜活之城

唐娜·莱昂并不仅仅满足于将威尼斯当作恐怖案情的异域场景，在《故意之举》中，她添加了不少威尼斯生动的日常画面：因安东尼奥·维瓦尔第（Antonio Vivaldi, 1678—1741）而驰名的皮埃塔教堂而今主要用来举行音乐会。正是在此，这位伟大的巴洛克作曲家（时称“红发神父”）为教会抚养的弃婴女童乐队谱写了传世的奏鸣曲。小说里有位死去的名不见经传的女孩，她的呢喃声将布鲁内蒂引到了发生命案的教会场所。

在《篡改证据》(*Doctored Evidence*, 2004）一书里，布鲁内蒂接手了一起看似简单的命案：一个威尼斯富婆在自己的寓所被残忍地杀害，而被视作主要嫌疑人的女仆（一个罗马尼亚移民）同时失踪。不久，那女仆被人盯梢，在试图逃离时被火车轧死。当然，主人公并不会为表象所惑，当证据表明在女仆身上发现的钱并非富婆所有后，布鲁内蒂暗自作了调查，发现案情并不简单，完全迥异于之前他所承办的任何案件——那些案子的动机通常只是掩盖市政建设的种种肮脏不堪。

圣斯特法诺广场在莱昂小说中反复出现，毫无疑问，布鲁内蒂对该广场及其居民了如指掌。它是大运河东侧的第二大广场（位于声名远播的圣马可广场之后），因斗牛、节日庆典和政治集会而闻名。布鲁内蒂常常现身于此——边啜饮意式浓缩咖啡，边听着广场里高音喇叭传来的阵阵政治口号。

《幽暗之镜》(*Through a Glass Darkly*, 2006）如同莱昂之前的所有小说一样，呈现出普契尼歌剧的魅力，此外，书名还语带双关。春季的威尼斯，阳光明媚，布鲁内蒂和助手维亚内洛前往救助马可。马可是他的朋友，在一次环保示威活动中被捕。获释后，马可遭到了怒气冲冲的岳父的攻击，老头是一家玻璃厂的老板（书名的双关义即源于此）。这让马可的妻子担心不已，她怕年迈的父亲会杀了主张环保的丈夫。这些情节构想尽管并不新鲜（比如老套的骗局），但也充满了某种异样的激情。莱昂（以及布鲁内蒂）对生态威胁的态度分明，这自然也表明了作家本人对威尼斯及周边地区有毒工业废物倾倒危害的高度关注。

在《幽暗之镜》中，著名的老店铺托诺洛是布鲁内蒂每周日为全家购买面包之处（自然也是他颇喜美食的妻子宝拉之所爱）。它是威尼斯最好的面包糕饼店，本埠居民和游客会时不时光顾其间。

城市的阴影

通过这些小说，读者可借由唐娜·莱昂如影随形的陪同（虽然严肃了些），沿着大运河或里亚尔托桥缓缓漫步。不过，她并不单一地展示那些浪漫游客对威尼斯的观感。在布鲁内

“在威尼斯，那种仅用眼睛就能获得的幸福感，再怎么描绘都不过分。”

——亨利·詹姆斯（Henry James, 1843—1916）《威尼斯：早期印象》（Venice: An Early Impression, 1872）

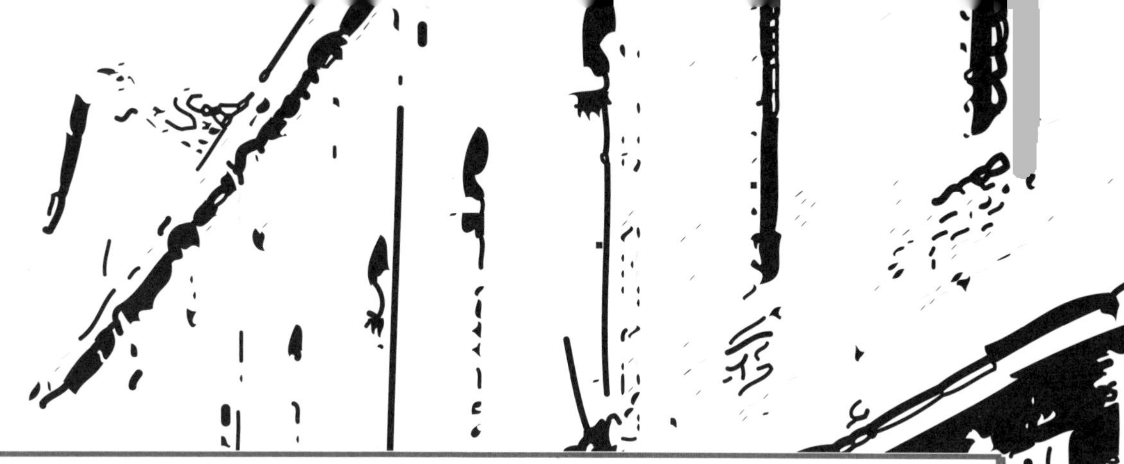

屏幕上的布鲁内蒂导览

虽说唐娜·莱昂的布鲁内蒂系列小说情节跌宕而生动，人物、场景跃然纸上，却未能迅速改编成电影上映。或许这叫人费解，但或许大体缘于莱昂本人。这位从美国新泽西来到意大利的移民，拒绝把自己的作品翻译成意大利语出版。结果不言自明，此举既消解了她在移居之地的声名，也使得当地的影视投资人望而却步。她曾被人要求对此作出解释，莱昂说："我没想过在移居地出名……我不愿引人注目。"

电影

德国系列电影，约希姆·科尔饰演布鲁内蒂：

《威尼斯轶事》(*Venezianische Scharade*, 2000)

《反转》(*Vendetta*, 2000)

《贵族》(*Nobiltà*, 2002)

《布鲁内蒂夫人的秘密》(*In Sachen Signora Brunetti*, 2002)

蒂的幽暗世界里，意大利是个充斥着腐败的国家（最近的政治动荡无疑会为作者提供更多素材）。无论周遭多么优美，总叫人感到正义几无所成，世界混沌不明。但布鲁内蒂警探就是那改变乾坤之人，只要意大利腐败尚存，他必尽力揭露。例如这个系列里情节最为复杂、极具社会意义的作品《受苦受难》（*Suffer the Little Children*, 2007），讲述了一位受人尊敬的儿科医生遇袭，这让布鲁内蒂深感疑惑。袭击者是布鲁内蒂的一名同事，此人闯进这名儿科医生的家中，劫走了他的男婴。

圣马可广场矗立着威尼斯最令人瞩目的建筑，包括总督府和圣马可大教堂，此外还有着无数名胜古迹，令游人痴迷不已。当布鲁内蒂在莱昂的诸如《悄然如梦》（*Quietly in Their Sleep*, 1997）、《威尼斯清算》等小说里穿过气势非凡的圣马可广场时，其感受自是五味杂陈，面对夏季蜂拥而至的游客尤为如此。这些游人的举手投足同以往莅临此地的杰出艺术家们相较，可谓有天壤之别。在《受苦受难》里，布鲁内蒂忆及了那些最著名的人物：诗人拜伦（Lord Byron, 1788—1824）和曾经对威尼斯听众拒绝为其作品鼓掌而耿耿于怀的作曲家理查德·瓦格纳（Richard Wagner, 1813—1883），以及小说家亨利·詹姆斯。布鲁内蒂是天主教社会中的世俗之人，圣马可大教堂令他肃然起敬，也让他不免想起这座城市的血腥过往。

水道航行

无疑，唐娜·莱昂对本地早已了然。她对水上之城中的布鲁内蒂形象塑造技巧娴

熟，并由之幻化成了惊艳、难忘的意象：那大运河和里亚尔托桥每每通往的是另一个更为黑暗的意大利。彼岸影影绰绰（以及昭然若揭）的肮脏政治及社会邪恶——正如耸人听闻的报纸标题所明示的——盘根错节，在在呈现，很大程度上已成了常态。

《梦中女孩》（*The Girl of His Dreams*, 2008）是唐娜·莱昂的第十七部布鲁内蒂小说，展示莱昂亦即布鲁内蒂在罪恶人间里的生命价值：大运河台阶附近漂浮着一具年轻女孩的尸体，但此后却没有接到任何女孩失踪的报告；为查明年轻受害人的身份，他四处探访，还走访了内陆的吉卜赛人营地，最终谜底揭开，惊天一幕终究曝光。像往常一样，他的破案过程举步维艰，挫折不仅仅来自那些穷凶极恶之人，还有制度的掣肘。

在《梦中女孩》里，布鲁内蒂的足迹涉及多尔索杜罗以及能俯瞰大运河的贵迪酒店。正如书中所述，该城的美丽景色与暗伏其间的死亡暴力构成了分明的对照。如同以往一样，莱昂是极具挑战性和刺激性的向导。

英国作家迈克尔·迪布丁（Michael Dibdin, 1947—2007）曾以不同凡响的艺术创作促发了读者对意大利城市的想象，除此之外，没有一位作家（甚至是意大利本地的犯罪小说作家）能如同莱昂那般描写自己择地而居的意大利，并且她还藉由吉多·布鲁内蒂这个人物，塑造了一位不朽的欧洲警探形象。

有用的网址和地址

唐娜·莱昂网站

www.randomhouse.co.uk/minisites/donnaleon

布鲁内蒂威尼斯之行

有几条不错的旅游线路。全程两小时，走遍唐娜·莱昂小说中布鲁内蒂经常出入的场所和著名建筑。

www.private-guides.com/guide-in-italy/fiona-giusto-venice-1-498/brunetti-venice-3474/index.php

达索杜罗街 3764 号，金枪鱼面包店

该店始建于 1953 年，系威尼斯十大旅游品牌店之一，是布鲁内蒂和其他千千万万的人钟爱之所。

圣保罗：威尼斯的历史中心，布
内蒂的公寓所在地。虽然城市中
现已转移到圣马可（San Marco），
该地区依然充满活力。
PONTE DELLA LIBERTA
自由桥：连接威尼斯和意大利半岛的公路和铁路堤道。《威尼斯清算》中，一具尸体在这里的火车上被发现。
CANNAREGIO
LISTA DI SPAGNA
Canal Grande
Railway Station
SAN POLO
SAN CROCE
VENIC
PIAZZALE ROMA
托诺洛：布鲁内蒂每周日买面包的甜品店。
CAMPO S.POLO
Tonolo
CAMPO S.MARGHERITA
DORSODURO
多尔索杜罗：《梦中女孩》里布鲁内蒂的主要调查区域。
CAMPO SAN STEFANO
Canal Gra
ZATTERE AL PONTE LUNGO
大运河：威尼斯的主要水道，长2.25英里（3.6千米），宽度为100～300英尺（30～100米），平均深度16.5英尺（5米）。布鲁内蒂一边凝视着它，一边整理思绪。
Giudecca Chan
GIUDECCA

莱昂与布鲁内蒂的威尼斯

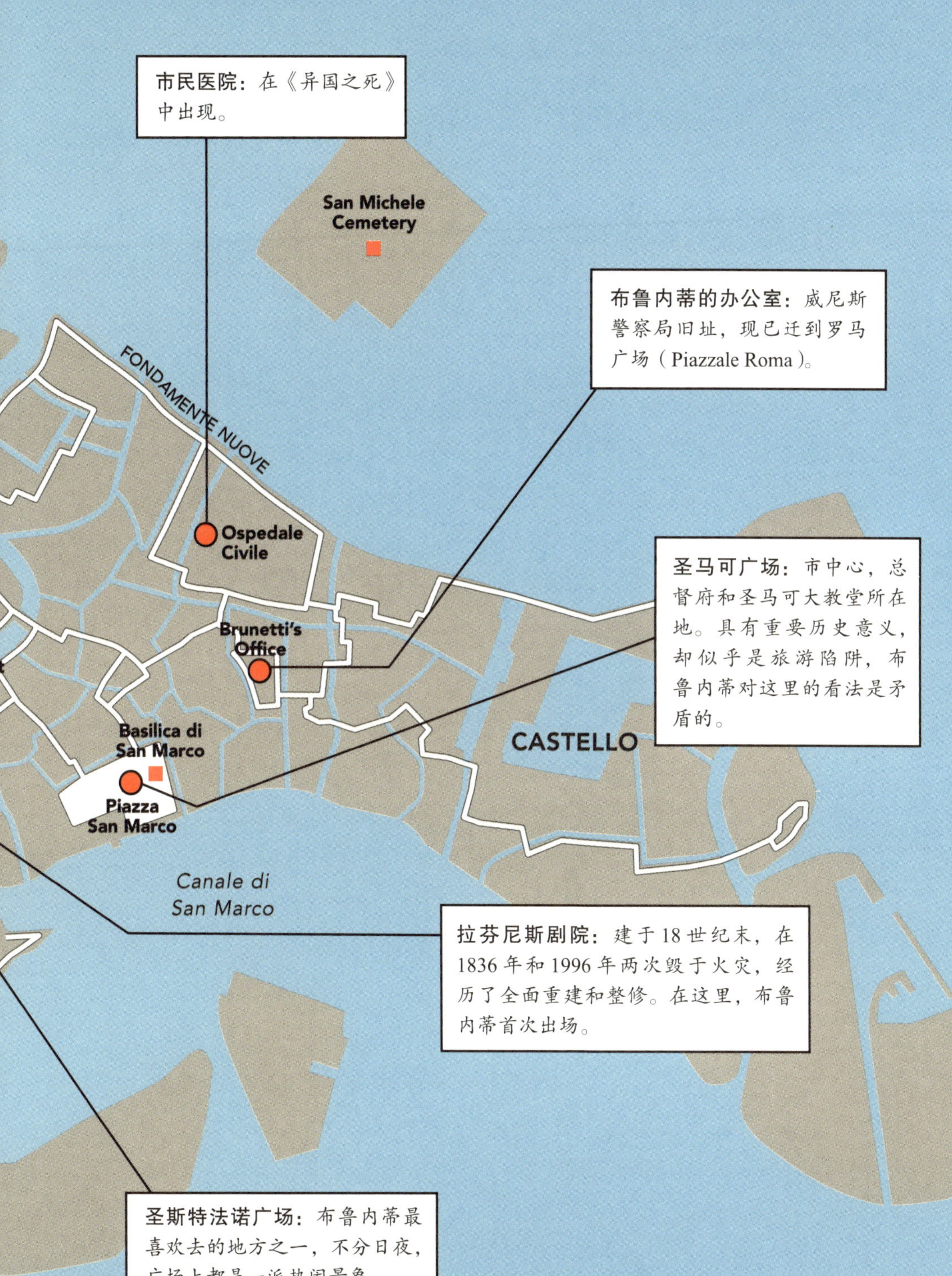

市民医院：在《异国之死》中出现。

布鲁内蒂的办公室：威尼斯警察局旧址，现已迁到罗马广场（Piazzale Roma）。

圣马可广场：市中心，总督府和圣马可大教堂所在地。具有重要历史意义，却似乎是旅游陷阱，布鲁内蒂对这里的看法是矛盾的。

拉芬尼斯剧院：建于18世纪末，在1836年和1996年两次毁于火灾，经历了全面重建和整修。在这里，布鲁内蒂首次出场。

圣斯特法诺广场：布鲁内蒂最喜欢去的地方之一，不分日夜，广场上都是一派热闹景象。

迪克·阿德勒和马克西姆·雅库博夫斯基

萨拉·帕莱斯基与V.I.沃肖斯基的芝加哥

萨拉·帕莱斯基（Sara Peretsky, 1947— ）塑造的小说人物V.I.沃肖斯基是独一无二的，浑身都烙上了芝加哥的城市印记，很难想象她能生活在其他城市。

芝加哥因铁路而兴盛，因其地理位置甚佳（位于美国的东海岸、中西部广袤之地以及加拿大之间），它由此崛起壮大，而其间的暴力、欺诈以及腐败也随之乘势而起。众所周知，这城市曾被黑帮头目艾尔·卡彭（Al Capone, 1899—1947）一手遮天，时至今日，很多人仍会忆及那光怪陆离的禁酒时代（1920—1933）和它的黑金政治，以及或可令人释怀的芝加哥爵士乐。对犯罪小说作家而言，确实没有比芝加哥更合适的创作空间了。

萨拉·帕莱斯基以芝加哥为背景，创作了一系列以坚毅彪悍的私家侦探V.I.沃肖斯基为主人公的畅销书（V. I.是Victoria和Iphigenia的首字母，该名象征着主人公的不畏艰险）。该系列的第一部作品《索命赔偿》(*Indemnity Only*）出版于1981年，第13部《硬球》(*Hardball*）2009年甫一出版便大为畅销。而今这套书系早已闻名四方，评论家们也不时将萨拉·帕莱斯基与雷蒙德·钱德勒、达希尔·哈米特（Dashiell Hammett, 1894—1961）、罗斯·麦克唐纳（Ross MacDonald, 1915—1983）相提并论。

如同钱德勒刻画了洛杉矶的穷街陋巷，哈米特展现了旧金山的灰暗之地，麦克唐纳细访了圣芭芭拉的葱翠公园一样，萨拉·帕莱斯基也让其小说铺陈于芝加哥的大地。她每天牵着公寓楼下邻居康特雷拉斯先生的两条大狗一起跑步，从位于南芝加哥92号街的童年故居（与当警察的父亲和热爱歌剧的母亲共居之所），一路跑到林肯公园拉辛大街，她现在的家。

她从未忘却在南芝加哥度过的时光。例如，在小说《低价甩卖》(*Fire Sale*, 2005）中，她回到了位于贝塞默

帕克的中学母校，执教女子篮球队，同时终结了各种麻烦：在调查一起工厂爆炸案时受了伤，最终也揭开工厂主一家的关系网。

女性犯罪形象

当问到为何要把沃肖斯基塑造成这样一个独特的智慧型、动作型人物时，萨拉·帕莱斯基如此回答：

> 我向来喜欢悬疑小说，但讨厌荡妇的故事。热衷于性关系的女性被塑造得要么很邪恶，要么很柔弱。如果是后者，凡事自然无能为力，只能等待被救，或任人宰割——直截了当的强暴和肢解女性情节依旧为读者所关注。但通过V. I.，我创造了第四个V（三个V分别是Victims，Vamps，Virgins，即受害人、荡妇、处女），身为女性，她当断则断，自行解决问题。事实上，性生活只属于她人性的一部分，绝非生活的全部。

该书系的人物塑造得颇为成功，很大程度上依赖沃肖斯基的性别。萨拉·帕莱斯基创造了犯罪小说史上最早的聪颖正直的女侦探之一。当然，与多数人的印象有别，彼时芝加哥似乎是一座全然男人味的城市：美国诗人

V.I. 沃肖斯基

全名： 维多利亚·伊菲吉尼亚·沃肖斯基（Victoria Iphigenia Warshawski）

简称： V.I.或 Vic

双亲： 父托尼·沃肖斯基（Tony Warshawski），波兰裔美国人；母加布里埃拉·塞斯特里利（Gabriella Sestrieri），意大利裔美国人；均已过世

教育： 芝加哥大学法律系

婚姻状况： 离异，前夫迪克·雅伯勒（Dick Yarborough），律师；无子嗣

职业： 私人侦探

喜爱佩戴的武器： Smith & Wesson 牌九连发半自动手枪

卡尔·桑德堡（Carl Sandburg, 1878—1967）曾称芝加哥为“身形粗壮”，“与那些柔弱的小镇相比，堪称魁梧的重量级拳击手”。看上去阳刚的芝加哥与看似柔弱的女子 V.I. 沃肖斯基的对比，以及女主人公对事态的本能反应，正是萨拉·帕莱斯基小说的核心。随着作品系列的扩展，这座城市依然如故；而她笔下的侦探形象则日益坚毅刚强，依凭着决心与一己之力排除万难。

东密歇根大学的英语教授戴维·格林曾通过萨拉·帕莱斯基《犯罪现场》（*Scene of the Crime*, 2008）一书，描绘出萨拉·帕莱斯基将芝加哥“女性化”的手法：以 V. I. 沃肖斯基的朋友与家人之间复杂交叉的关系脉络，塑造与钱德勒和哈米特笔下孤勇硬汉迥然不同的女性侦探形象。作者铺陈女主人公周遭的险境，在每次情节转折之时，搞清针对她的暴力攻击和冲突。因之，V. I. 沃肖斯基已然是这座城市的顽强守护者，循规蹈矩，日以继夜。她经常去贝尔特蒙饭店用餐，那饭店位于破败的劳工阶级居住区；她还经常去“金光”酒吧饮酒，那是家开在南环大道上的老牌沙龙。值得一提的是，V. I. 还是卡通迷，且时不时去瑞格利球场观看棒

北百老汇街的绿磨坊酒吧

球比赛。

博弈升级

萨拉·帕莱斯基在全部V.I.沃肖斯基书系中，不单描绘了这位刚毅的女侦探如何直面当代社会日渐增多的邪恶（芝加哥自然是首当其冲），并且因之而愈加自信；与此同时还提到了少数族裔地区的变迁、现代化的种种后遗症——贫困以及不平等。某些批评家已表露出对作者探案小说中日渐增多的政治性内容的不满——在她创作的几部不以V.I.沃肖斯基为主人公的小说里，如《鬼域》（*Ghost Country*, 1998）和《流血的堪萨斯》（*Bleeding Kansas*, 2008）——她的社会良知更为突出。

为了更多地反映当代社会的面目，她还让自己成了一名时代记录者，真实描摹了芝加哥和美国的风云变化。就此而言，其创作已远远超出犯罪小说和悬疑小说的传统范畴。即使在这些小说领域，萨拉·帕莱斯基和她的V.I.沃肖斯基也具有门派另开之功，为基于芝加哥场景的新型犯罪小说兴起夯实了基础。这批新型犯罪小说作家自称“重装英豪”（The Outfit），其名源自曾经的黑帮老大。他们奉萨拉·帕莱斯基为自己的“女王”。

> **“晚上，这座浩瀚之城令人震撼。昏黄的天空夹杂着红光，此外便是绵亘不断、通宵不灭的各种灯光，路灯、霓虹灯、交通灯，以及蓝光闪烁的警灯——那蓝光并非用来照明，而是用来投影，让城市的一切望去仿佛一个怪兽，置身其间者稍不留神便会被吞没殆尽。”**
>
> **——《V.I.短篇小说》（*V.I. for Short*，1995）**

> **“我与但丁、弥尔顿的区别是，他们写了地狱却从未见过地狱，而我不同，在对芝加哥经年累月的观察之后，才开始动手描绘这座城市。”**
>
> **——卡尔·桑德堡（Carl Sandburg, 1961）**

影响

斯图尔特·卡明斯基（Stuart Kaminsky, 1934—2009）也是一位根植于芝加哥犯罪情景的编年史式的作家，他曾被帕莱斯基视为导师。在卡明斯基创作的小说里有个“亚伯·利伯曼书系”（Abe Lieberman series），从一位即将退休的芝加哥警察的独特视角，讲述了该城南部最为不堪的居民区里的种种暴力罪行。“恐怖城的范围大体在74号街以南，79号街往北，东西两边以耶茨大道和艾克基奇大道为界”，卡明斯基如此写道。那里的暴力犯罪比其他地区高出11倍，“进入该区域的警察无不胆战心惊，好比海军陆战队进入巴格达”。一名单身黑人母亲被残杀，利伯曼和他的长期搭档比尔·韩拉罕来此地调查。在利伯曼的工作笔记本上，还记录了两宗罪案，水准一般的前小熊队棒球手在他时常光顾的“莱尼和艾尔”热狗店（蒙特罗斯街）被袭击；某个宗教极端分子搞了桩匪夷所思的危险敲诈案。破案过程中，利伯曼费心费力，既要遵守犹太教规则，又得尽量避免吞咽垃圾食物。居家的日子里，利伯曼堪称温良恭俭；但他的另一面也会引起知道罗杰斯公园和芝加哥上城的读者的共鸣，像飙车之类的情节造就了一种叙事节奏。在小说里，卡明斯基对少数族裔社区的情景设计也匠心独运，难能可贵。心狠手辣的黑帮心心念念于小熊队的比赛，利伯曼演讲时口若悬河，与之前以暴制暴绝不宽恕的警探判若两人，这些都让这座城市人情味满满。

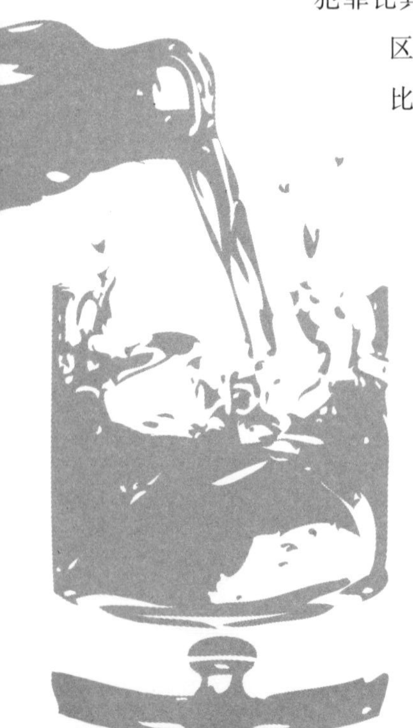

卡明斯基对平民深怀同情，缘于芝加哥一直以来暗流涌动的暴力犯罪。帕莱斯基秉承卡明斯基的这一特点，忠实地反映出了城市的真面目。

地标之湖

芝加哥毗邻密歇根湖，属淡水湖，其水域异常宽阔，在北美五大湖中位列第三。湖长517千米，宽190千米，最大深度281米，是芝加哥城市核心地貌的标志之一，对全体芝加哥人的生活影响非凡，甚至至关重要。其影响已如实反映在帕莱斯基的小说中，该湖在小说中不时出现。常常在

屏幕上的 V.I. 沃肖斯基

萨拉·帕莱斯基仅有一部小说（《僵局》, *Deadlock*, 1984）被忠实地改编成电影，1991 年，这部电影以《V.I. 沃肖斯基》(*V.I. Warshawski*, 1991）之名上映，主演为凯瑟琳·特纳（Kathleen Turner)。该片的部分影像还曾在瑞格利棒球场和“金辉”沙龙当时作为鸡尾酒廊的格林米尔酒吧内展示。此后，特纳还曾在 BBC 广播公司的两部六幕广播剧〔分别是《僵局》(*Deadlock*, 1991）以及《杀戮令》(*Killing Orders*, 1993）〕中出演同一角色。在第三部根据帕莱斯基小说改编的 BBC 广播连续剧《苦药》(*Bitter Medicine*, 1996）里，主角改由莎伦·格雷斯（Sharon Gless）出演。这位演员因在 20 世纪 80 年代的美国电视连续剧《卡格尼和莱西》(*Cagney and Lacey*）中扮演克里斯廷·卡格尼警官一角而一时广为人知。

电影

《V.I. 沃肖斯基》(1991），主演凯瑟琳·特纳

广播剧

《僵局》(1991)，BBC

《杀戮令》(1993)，BBC

《苦药》(1996)，BBC

绝无仅有的芝加哥

著名芝加哥犯罪小说家萨姆·里弗斯（Sam Reaves, 1954—　）揭示了这座湖上之城的独特优势：

> 毫无疑问，你不太会为看风景而前往芝加哥。洛杉矶有大海、群山和棕榈树，阳光穿透薄雾遍洒大地。以该城为背景的小说会言及大量风景，是因为洛杉矶美景众多。而芝加哥呢，没有风景，有的只是气候，大量的恶劣气候。冬天是北极气候，朔风凛冽，寒气刺面，令人沮丧。夏天则是密西西比三角洲气候，潮湿、闷热、令人躁动。就气候而言，芝加哥恣意妄为。这种极端气候映衬出其他极端现象——高耸入云的摩天套房俯瞰着自马丁·路德·金（Martin Luther King, 1929—1968）时代起便已存在的贫民窟，离混乱不堪的铁路站场不远处挂着世上最完美的印象派绘画，而费米和弗里德曼的豪华门厅坐落在贫穷的南部中心。在芝加哥，一切存在都合情合理，万事皆有可能。

"你难道没发现，命运之神始终在为我创造奇迹？"

——电影《V.I. 沃肖斯基》(*V.I. Warshawski*, 1991)

V.I. 的案子里，她不知不觉来到了湖岸，或幻想自己在阳光之下畅游湖中。

一望无际的湖水、冰雪、罪恶，以及一个执着的女人。芝加哥可能更糟。

历史上，芝加哥早就与暴力犯罪结下了不解之缘，从早年的禁酒运动到如今的腐败温床、政党机器（巴拉克·奥巴马正是在此城击败了形形色色的政治对手，初获战果），这自然意味着此城有说不尽道不完的故事。而帕莱斯基正是在自己的小说中持续不断地发掘出这些故事，如同之前的编年史式小说家弗雷德里克·布朗（Fredric Brown）和马库斯·萨基（Marcus Sakey）之类的新型作家。如今的"风之城"(芝加哥的别号）依旧是一块空白画布，各种各样的犯罪恶行皆可涂抹其上，这种不幸的状况无从改变。

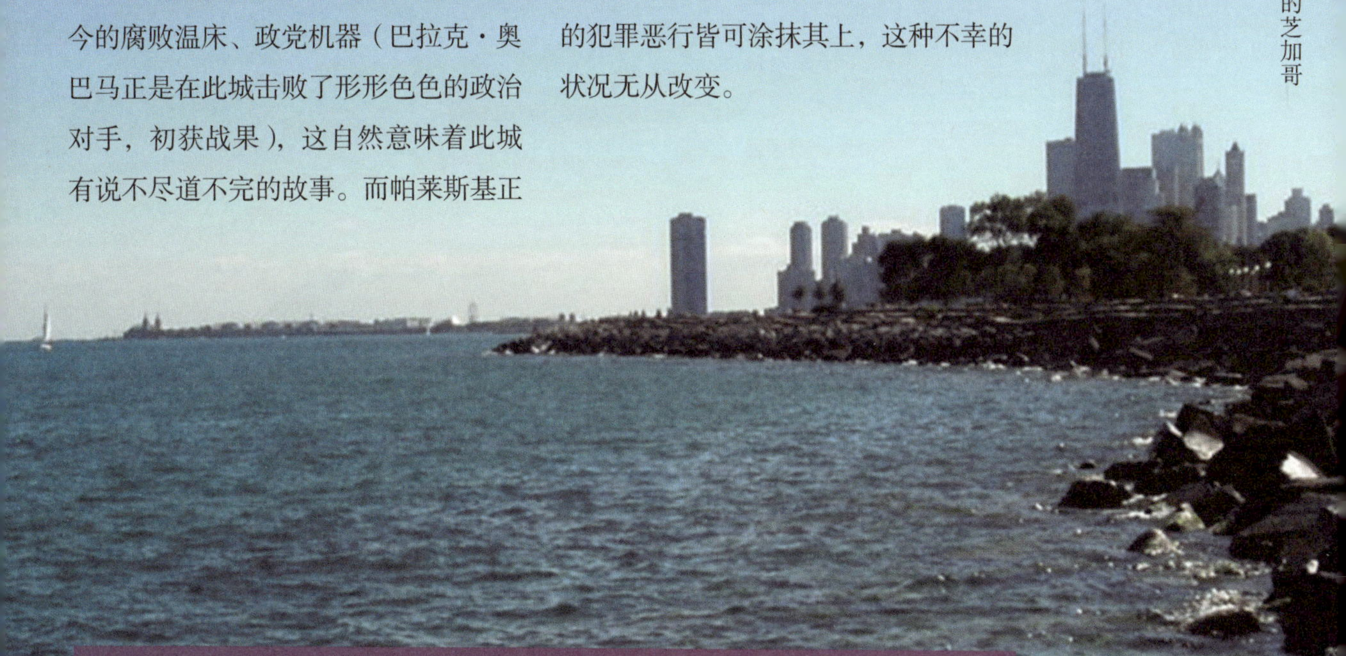

有用的网址

V. I. 中意的棒球队官网

http://chicago.cubs.mlb.com/index.jsp?c_id=chc

芝加哥北百老汇 4802 号绿磨坊酒吧官网

http://www.greenmilljazz.com

密歇根湖滨游，涉及萨拉·帕莱斯基的 V.I. 沃肖斯基小说中的 15 个重要景点

http://www.communitywalk.com/vi_warshawskis_chicago

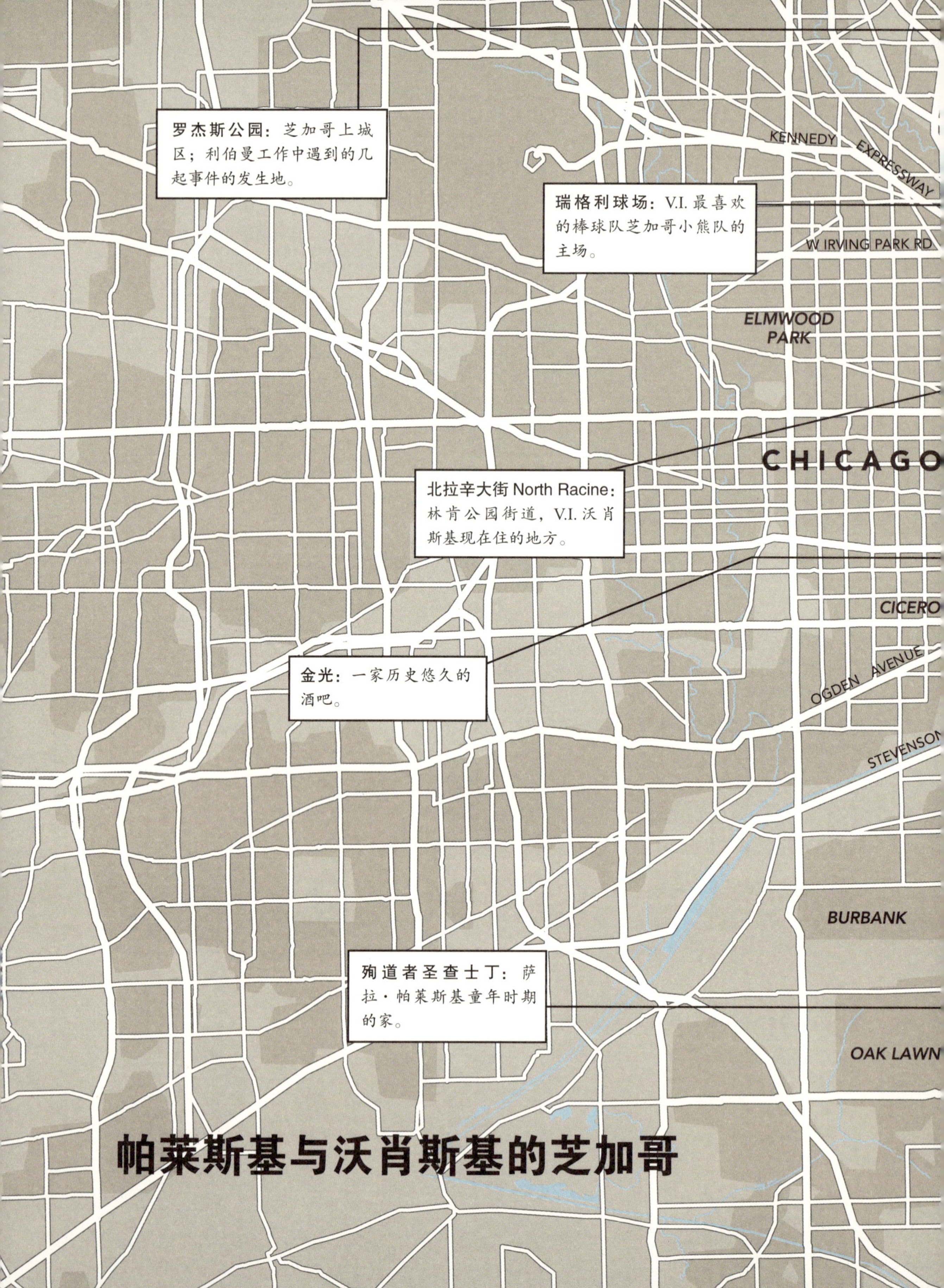
罗杰斯公园：芝加哥上城区；利伯曼工作中遇到的几起事件的发生地。
KENNEDY EXPRESSWAY
瑞格利球场：V.I. 最喜欢的棒球队芝加哥小熊队的主场。
W IRVING PARK RD
ELMWOOD PARK
CHICAGO
北拉辛大街 North Racine：林肯公园街道，V.I. 沃肖斯基现在住的地方。
CICERO
金光：一家历史悠久的酒吧。
OGDEN AVENUE
STEVENSON
BURBANK
殉道者圣查士丁：萨拉·帕莱斯基童年时期的家。
OAK LAWN
帕莱斯基与沃肖斯基的芝加哥

ROGERS PARK
北百老汇大街4802号的绿磨坊酒吧 The Green Mill：电影《僵局》中金光酒吧的场景在此处拍摄。
NCOLN AVE.
N LAKES SHORE DRIVE
北克拉克街2122号的车库 Garage at #2122 North Clark Street：1929年“情人节大屠杀”案现场，在该事件中，6名巴格斯·莫兰黑帮成员被艾尔·卡彭的枪手杀死。
Wrigley Field Stadium
Lincoln Park
KENNEDY EXPRESSWAY
V.I.'s Apartment Building on North Racine
NORTH AVENUE
W. ADAMS ST
ENHOWER EXPRESSWAY
The Golden Glow Saloon, South Loop
DOWNTOWN
Lake Michigan
南岸 South Shore：V.I. 游泳放松的地方；是沃肖斯基寻踪之旅的重要去处。
Pultney Building
Wabash Ave
Monroe St
S LAKES SHORE DRIVE
SSWAY
BURBANK
DAN RYAN EXPRESSWAY
恐怖城：斯图尔特·卡明斯基的小说中亚伯·利伯曼巡逻的危险街区。
ST. JUSTIN MARTYR
CHICAGO SKYWAY
TERROR TOWN
贝塞默帕克：V.I. 就读的高中，她在《低价甩卖》中返校，担任女子篮球队的教练。
Bessemer Park
92ND STREET
W 95TH STREET
BISHOP FORD FREEWAY

彼得·罗佐夫斯基

阿诺德·英德里达松与埃伦迪尔的冰岛

在阿诺德·英德里达松笔下的冰岛，那些受害者会莫名其妙消失无踪，但大地最终会将谋杀暴露于人间。地震过后，地面开裂、湖水干涸，一具尸体被发现了；在工地的挖掘现场，又出现一具受害者的遗体；冬去春来，冰封于湖中的尸体无从藏匿，幽然浮现。

即使是阿诺德笔下的室内谋杀案也会因各种挖掘而浮现。在《污血》(*Tainted Blood*, 2004，在美国出版时书名改为《瓮城》, *Jar City*)里，地面塌陷使得警察发现了地下室的尸体。而在《天籁》(*Voices*, 2006)中，一个男人死于居住了数年的狭小地下室。“场景的设置等同于人物的塑造”，这是公认的犯罪小说常识。在阿诺德的书里，场景也是一种叙述介质——大地吞没了不同的受害者，或死于谋杀，或因意外事故致死，或由于自然灾害而亡；矛盾的统计数据将他们再次暴露出来。

家族秘密

每次案情调查时，孤独、沉默，但也乐观的雷克雅未克警察局的埃伦迪尔·史维森探长，都会对失踪人员关注有加。因为他的兄弟就在多年前的一场暴风雪中失踪，他本人也险些命丧当场。

作为第一部被译成英语的埃伦迪尔系列小说，《污血》的情节围绕着一个隐藏多年的家族秘密展开，如同后来所有续集那样，小说的重点在于追寻真相而非仅仅抓获凶手。这些作品本质上属于暴力复仇的故事，主题可追溯到古老的《圣经》或古希腊悲剧。然而，那些复仇的手段精心巧构，说起来，也只有在冰岛这般狭小、孤立且注重传统的国家里方能实施。由此，译成英文的小说书名未能完整体现作

品本意。

紧接其后的《沉默的墓地》（*Silence of the Grave*, 2005）赢得了侦探小说金匕首奖。阿诺德将谋杀场景置于户外，强调了埃伦迪尔与故土的联系。小说开始时，一位疲惫的医学院学生陪着他年幼的弟弟参加生日宴会，却无意中发现了残忍的一幕：

> 台阶上，那个孩子正在啃一块骨头，他伸手拿起，随即发现那是块人骨。

不动声色的黑色幽默是阿诺德冰岛小说的独特之处。这人骨把埃伦迪尔引向一个令人毛骨悚然的家暴旧案，而同样的故事又在当下重演。如果仅凭这一点，就贸然判定这是部家庭伦理作品，那你得好好读读这本小说。阿诺德不遗余力地揭露出家庭暴力如何发生并愈演愈烈的过程。不仅如此，他还在小说中创造了一个角色评论说，“家暴”一词实则降低了暴力行为的恶劣程度。

在这部小说中，埃伦迪尔首次表明自己的立场，至少英文读者能感受到，他不知该如何审视二战后的冰岛，对故国也从未有过身份认同。读者能在后期作品中感

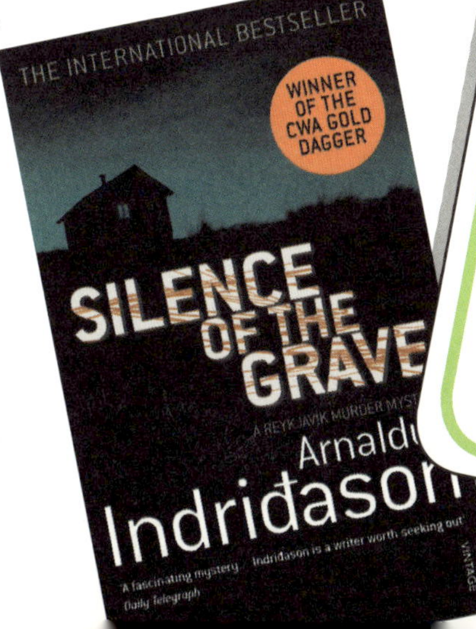

伯纳德·斯卡德（Bernard Scudder, 1954—2007）

在每一部成功的外国小说背后，都有伟大的译者。而介绍阿诺德·英德里达松和伊尔萨·西格朵蒂（Yrsa Sigurdardottir, 1963— ）的伟大译者即是伯纳德·斯卡德。

伯纳德·斯卡德于1954年出生在坎特伯雷，纽约大学英语专业毕业，后在雷克雅未克大学学习冰岛语。

他并没有活着看到自己的最后一部译作出版。2007年10月，在他的葬礼举行当日，数册英文版《沉默的墓地》寄达他的家。

受到埃伦迪尔对此事的关注：

（埃伦迪尔）出生在异乡，即便大部分时间都在这个城市生活，目睹了市郊人口的缩减，城市向海湾、山丘的扩展，他依然认为自己只是个外来者。

一个外来者？“埃伦迪尔”这名字在冰岛语里正有“外来”之意。

《天籁》将谋杀场景再次移回室内：在雷克雅未克的一家酒店，一位雇员被发现死于非命。埃伦迪尔遂逗留店内，想查个水落石出。受害者曾当过门卫，也曾在节日装扮成圣诞老人。后来事实证明，儿时他还是一位童星，成年后失去了自己的天籁之音。

原本阿诺德小说中经常强调的冰岛情结，已不再在室内场景出现。但这并不妨碍他继续以揶揄手法，描述这个国家，介绍旅游环境及其外来游客：

凡是计划在冰岛过圣诞节和新年的游客，似乎都会感到这是一次充满冒险、刺激的旅行。他们刚下飞机，就购买了冰岛风格的传统毛衣，迫不及待地于这片异域寒冬大地一饱眼福。

埃伦迪尔同酒店经理进行了激烈交锋，此人只关心酒店利润，对匡扶正义、协助调查毫无兴趣。有关描写让人想起古老冰岛传奇的叙事文风，寥寥数笔就常能勾勒出诺谑效果。阿诺德多次承认，写作上深受其影响。

阿诺德如此写道：

“希望你别骚扰我的顾客。”酒店经理说。

埃伦迪尔把他拉到一边。

“酒店卖淫的生意如何？”

13 世纪的冰岛传奇曾如此写道：

哈吉德站在门外，她问道：“斧子上有血。你究竟干了什么？”

“已经完事了，现在你可以再婚了。”斯乔奥特夫回答。

冰岛首都雷克雅未克全景

“英德里达松对悲痛的不同凡响的理解是恒久的……他能以完美的叙事节奏与绝妙的文笔刻画出人物的心理状态。”

——简·杰克曼（Jane Jakeman），《独立报》（*The Independent*，2009）

寂静国度的犯罪

阿诺德有时悲叹，冰岛的低犯罪率让犯罪小说家的创作难以为继。据冰岛警察总局统计资料，2005 年，即冰岛语版《极寒之城》（*Arctic Chill*）问世那一年，全国仅发生了三起谋杀案和一起过失杀人案，并且无法根据这些罪案展开想象。在《干涸的湖》（*The Draining Lake*, 2007）中，阿诺德让小说的讲述者取笑了埃伦迪尔和他的同事：

> “……只会调查简单的冰岛式犯罪案件，没有悬疑色彩，没有幕后交易，更别提外国使馆的间谍活动，有的只是些远离世界冲突地带的平淡无奇的冰岛现实。”

《干涸的湖》的书名绝妙地隐喻了冰岛的地理劣势，也揭开了与这种平静的岛国生活并不一致的个体悲剧，以及冰岛历史的另一侧面——冷战的前哨阵地。沉于湖底的尸体绑上了重物，那是一款冷战时期使用的无线电设备，上面镌有俄文，调查由此被带回往日时光，那时候聪明的年轻人大多被派往德意志民主共和国（又名“东德”）深造。大地再一次将真相呈现出来。或许是因为现实中缺乏犯罪因素，阿诺德笔下的犯罪故事都携着历史的痕迹。（克莱瓦湖是真实存在的，在 2000 年的一次地震后湖水开始干涸。《克莱瓦湖》为《干涸的湖》冰岛语版书名。）

地理因素如果称得上是阿诺德小说的一个独特魅力，那小说中对于隐秘战争经历的挖掘，或许会使不少犯罪小说的读者想起挪威作家乔·内斯博的《知更鸟》（*The Redbreast*, 2007），或者时间更久远一些的马伊·舍瓦尔（Maj Sjöwall, 1935—　）和佩尔·瓦勒（Per Wahlöö, 1926—1975），两人在 1965—1975 年期间合著了揭露战后瑞典福利状况的“马丁·贝克书系”（Martin Beck novels）。

冰岛的劣势不仅体现在自然环境，也体现在国家面积狭小，个体难以隐匿其间。这显然给埃伦迪尔和他的同事在调查另一起人口失踪案件的作案动机时，提供了思考路径。

> “在冰岛能躲过重婚罪吗？”西格德·奥利问。
>
> “不能，”埃林堡肯定地说道，“人口太少了。”

在烦躁和受挫时，小说中的人物会发现冰岛的狭隘性。在《天籁》里，那位死去童星的老师告诉警察："在冰岛，即便是丁点大的小事，也能掀起大动静，情况会变得越来越糟糕。这是抱残守缺之国的通病。"埃伦迪尔的同事埃林堡发现（或者说是抱怨）"在这个弹丸之国，我们无处可逃"。

移民者

在《极寒之城》里，阿诺德对冰岛的拷问转向了人口统计与移民。同往常一样，埃伦迪尔抱持同情心，却并不多愁善感。小说伊始，一场简短的对话就在这方面呈现了埃伦迪尔与他的两位同事的不同秉性：

> "你觉得他是哪里人？"西格德·奥利满是疑惑。
>
> "像亚洲人。"埃林堡说。
>
> "可能是泰国人、菲律宾人、韩国人、日本人或中国人。"西格德瞬间说了一大堆国家名。
>
> "在找到其他线索之前，得把他当作冰岛人。"埃伦迪尔说。

此后，阿诺德借由小说中某个人物说了一番话，而此人似乎并没有最初看上去那样仇外：

> "我其实一点也不反对移民……但是我反对为了迎合所谓多元化，改变冰岛的传统和特色。我甚至不知道多元化意味着什么。"

这个故事人物厌恨针对移民的犯罪，完全支持政府帮助外来者融入冰岛社会。另一个故事人物则说："对于移民和种族歧视，我们感到完全陌生。"还有一个故事人物思考怎样解决移民儿童拒绝融入社会的难题："同样的问题也曾降临在生活于丹麦的冰岛人身上。他们的孩子不愿学丹麦语。"

最终，毫无疑问，任何一位犯罪小说家都会用如此篇幅来暴露移民生活的百般困境，阿诺德概括道："埃伦迪尔感到非常震惊，这么高的建筑居然没装电梯。"没有对移民者的痛骂，也没有如同前文所述的偏见和粗率鲁莽的控诉。相反，埃伦迪尔和他的创造人阿诺德，以惯有的隽永素朴的笔触，呈现了理解自己国家及其变化的真诚和善意。

> **"有没有完美的犯罪小说？也许没有，但如果有，这部小说（《极寒之城》，2005）肯定是强有力的竞争作品。"**
>
> **——马克辛·克拉克（Maxine Clarke），《欧洲犯罪》（*Eurocrime*，2008）**

屏幕上的阿诺德

阿诺德·英德里达松于1997年因《尘土之子》（*Sons of Dust*）一举成名，随后各种译本的问世以及电影的改编又进一步提升了他的知名度。

电影

《梅林》（*Myrin*, 2006），据《污血》改编，阿诺德·英德里达松与巴塔萨·科马库（Baltasar Kormákur, 1966—　）合作编剧、导演，主角埃伦迪尔由英瓦尔·西古尔德松（Ingvar Sigurdsson, 1963—　）扮演。

《雷克雅未克—鹿特丹》（*Reykjavik-Rotterdam*, 2008），阿诺德·英德里达松与奥斯卡·乔纳森合作编剧、导演。这部获奖影片述说一个冰岛水手到荷兰创业的经历。好莱坞已计划重拍，将由原版电影中起主要指导作用的巴塔萨·科马库导演，马克·沃尔伯格（Mark Wahlberg）领衔主演。

中世纪巫术与现代谋杀案

2007年，多才多艺的伊尔莎·西格朵蒂（Yrsa Sigurdardóttir, 1963— ）因英文译文版《死亡祭仪》(*Last Rituals*）的问世引起全球瞩目。该书是系列犯罪小说的首部，女主人公萨拉·古德蒙德松特是有两个孩子的单亲妈妈，既身为律师，也是个业余私人侦探。像埃伦迪尔一样，她调查的案件既根植于冰岛历史，又带有现代神秘感。

《死亡祭仪》的故事始于雷克雅未克大学一个德籍学生被谋杀。尸体惨不忍睹，眼睛被挖出，胸膛刻有神秘标志。很快，一个嫌疑人被捕，警方欲以此结案。但受害者亲属不相信此人是真凶，遂请求萨拉重新调查。萨拉和她的助手马修介入此案，结果令人不寒而栗，那属于这个国家血腥史的一部分，交织着酷刑、猎巫行动和死刑处决。

犯罪小说家马克·比林汉姆（Mark Billingham, 1961— ）提到《死亡祭仪》时，说它“如同冰岛的峡湾一样黑暗、冰冷、深不可测……内容丰富，值得一读”。这部小说的国际影响力使得伊尔莎随后创作了三部续集：《归于尘土》(*Ashes to Dust*, 2007)、《冰脉》(*Veins of Ice*, 2008)、《带走我的灵魂》(*My Soul to Take*, 2009)。与此同时，身为妻子和两个孩子的母亲，伊尔莎·西格朵蒂依旧从事着土木工程师的日常工作。

怎么体现人情意味？冰岛人的名字都深具含义，因此，认同移民也会如此珍视自己的名字，这是出自内心的一种微妙含蓄的深情：

> “尼兰，”埃伦迪尔仿佛听到自己在重复这个名字的发音。“有什么特别含义？”他问。
>
> “表示永恒。”译员回答。
>
> “永恒？”
>
> “同冰岛的名字一样，泰国的名字也含义丰富。”

沿袭传统为人物取名也构成了阿诺德小说的一道风景线。冰岛的取名受到法律和风俗的制约，尤其是传统，如同冰岛传奇一样，斯卡菲斯、伯格斯、贡纳斯之类的名字也经常出现在阿诺德的作品中。

母子与父女

小说《低温症》(*Hypothermia*, 2009)在风格上比之前的作品都显得轻快。小说中，埃伦迪尔回忆了自己同已故母亲的温情，同问题不断的女儿也变得更为亲近，父女之间强化了相互理解。但即使在描写家庭亲情之际，也难以同冰岛的土壤、气候和人口变化相区隔。

对埃伦迪尔母亲的描绘：

> ……在他（埃伦迪尔）父亲去世时，她年龄还不算太大，但此后一直没再婚，说是很享受一个人的生活。她与东部的亲友们保持联系，同迁往雷克雅未克的老邻居也常有来往。冰岛在不断变化，人们渐渐离开了农村。

埃伦迪尔的女儿伊娃·琳达有心理障碍，还吸毒成瘾，先前小说里曾描写她有过一次流产，差点死去。每次父女俩见面，她照例总是大吵大闹，与父亲不欢而散。她至今仍因自己和弟弟年幼时，当爹的没有尽到应尽之责而恼怒不已。埃伦迪尔后来开始有意向女儿推荐一些自己读过的好书，和她分享自己对死亡、灾难和人口失踪，尤其是他兄弟失踪的看法。为父的真诚打动了女儿，两人关系开始缓和。埃伦迪尔还为女儿朗读了古老的暴风雪传奇故事，伊娃·琳达听得入迷。小说结尾时，父女俩一起去了趟周日郊游，其间，女儿对父亲目前调查的案件，提供了颇为有益的思路。

审视过去

埃伦迪尔的冰岛充满了各类妖魔鬼怪，更准确地说，充满了千奇百怪相信妖鬼存在或经常言及鬼怪的人物。尽管埃伦迪尔毫不相信超自然力量的存在，但他对那些迷信之人却有着很大的兴趣。毕竟，他极其关注过去，关注那些时常叫他魂牵梦绕的失踪者。

他执着于过往，也带着幽默，显然还乐于如此描述一幢建筑：

> ……这里曾是街区活动的中心。白天，有着时尚棕色发型的小伙子带着自己烫着耀眼卷发的女朋友，在舞池中央和着美国流行摇滚乐跳舞，如痴如醉，直至最终脱离人们的视线……地板上黄色羊毛地毯满是破洞，墙上的白漆早就被尘垢污染，由于那时空气净化器还未问世，地板、板壁散发着阵阵霉臭。这一切都与50年前的模样分毫不差。

对于埃伦迪尔而言，发现失踪人员真相是个挥之不去的心结，由此，过去成了永恒的现在。但西格德·奥利却没有这般忧郁的诗人气质。他抱怨道：

> “这些人多年前就死了，埋了。我们干嘛还要调查？”

埃伦迪尔知道答案。

有用的网址和地址

文学徒步之旅

雷克雅未克 Tryggvagata 街 15 号

雷克雅未克市立图书馆，在此可查阅值得徒步游览的相关冰岛文学资料，从古老传奇到新近出版的书籍，应有尽有：

官网 http://visitreykjavik.is/desktopdefault.aspx/tabid-13/28_read-1131

冰岛中心区域游览以及相关著作查找指南：

官网 www.isafoldtravel.is/scheduled-tours/tours/iceland-saga-trail

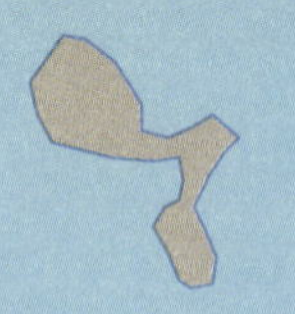

雷克雅未克大学 Reykjavik University：在伊尔萨·西格朵蒂的《死亡祭仪》中，一名德国学生的尸体在这里被发现。

辛格维勒：冰岛最早议会（公元 930 年）会址；位于北美板块和欧亚板块交界处。

盖锡尔间歇喷泉 Geysir：地质学上第一个热水喷泉，喷射高度超过 200 英尺（70 米）。

雷克雅未克：冰岛首都，集中了全国三分之二的人口。

埃亚菲亚德拉：冰盖之下是一座海拔 1666 米的活火山——频繁喷发，最近一次大规模喷发是在 2010 年春季。

蓝湖：冰岛最受欢迎的旅游景点之一，地热温泉，富含矿物质硅，平均水温为 40 摄氏度。

克莱瓦湖：冰岛南部最大的湖泊，最大深度为 320 英尺（97 米）；《干涸的湖》中出现同名水体。

Tryggvagata 街 15 号：雷克雅未克文学之旅的售票处和起点。
灰色教堂 Hallgrimskirkja：于 1945—1986 年之间建成的教堂，冰岛恐怖小说中经常提到的地标。
体育中心：举办大型体育赛事和流行音乐会的室内体育馆。
Harbour
Cathedral
LAUGAVEGUR
Statue of
Leif Ericcson
SNORRABRAUT
REYKJAVIK
HRINGBRAUT
MIKLABRAUT
LAUGARDALUR
Laugardalshöll
Arena
SÆBRAUT
SUÐRLANDSBRAUT
Reykyavik
Airport
HÁALETI
BUSTAÐAVEGUR
Öskjuhlíð
HAALEITI
Fossvogur
Elliðaár
KÓPAVOGUER

冰岛犯罪小说地标

奥林·科吉尔

约翰·麦克唐纳与特拉维斯·麦吉的佛罗里达

佛罗里达似乎就是为悬疑作家和犯罪小说家量身打造的。海盗早年曾在此为非作歹，随后阴谋家和梦想家又相继登陆，除此之外，娼妓、骗子以及地产泡沫还把这里搞得乌七八糟。而间或又会吹来一阵飓风，将这一切扫得片甲不留。

20世纪四五十年代，迈阿密海滩已成为全美旅游地的首选——这主要归功于此地大规模的有组织的犯罪。三十年后，当世界对佛罗里达再次刮目相看之时，吸引游客来到“阳光之州”的不是晴朗的天气和美丽的海滩，而是电视剧《迈阿密风云》(*Miami Vice*, 1984—1990）里的嗜毒牛仔。

阳光与阴谋

佛罗里达犯罪小说之所以也受到游客青睐，部分原因在于它铺陈了迷人的场景、美丽的海滩和适宜的气候。这里的小说家知道，本地居民承认，此处如画的美景与骇人的黑社会犯罪，尤其是政客和歹徒联手的隐形犯罪，形成了巨大反差。

明了这种二元对立，便可理解众多作家为何倾心于发掘佛罗里达的贪婪、过度开发，以及特有的环境及怪异行为等主题。在大部分读者心目中，约翰·麦克唐纳（John D. MacDonald, 1916—1986）和卡尔·希亚森（Carl Hiaasen, 1953—　）在悬疑小说领域均占有一席之地。两人的创作前后相差二十年，但同样都对佛罗里达有着独特的爱恨情仇。

约翰·麦克唐纳以海滩流浪者、自称“救援顾问”的私人侦探特拉维斯·麦吉为主人公，以他的故事开创了佛罗里达犯罪文学之先河。麦吉堪称当代骑士，心怀正义，不断抗争，拯救了不少女孩于危难之中。其所作所为，倒不能不说另有所图（他与她

们当中为数不少的人上了床），但小说通常围绕着人物对佛罗里达环境改变所产生的恐惧而展开。

在麦吉首次登场的《深蓝告别》（*The Deep Blue Goodbye*, 1964）中，哈佛毕业的麦克唐纳通过这个人物展现了环境保护、人类堕落和人口多元化之间的冲突。这些主题在21部以麦吉为主人公的小说中被反复提及。麦吉常年住在劳德尔堡巴伊亚马尔码头F18滑道一艘名叫“破水”号的船屋。现实生活中，码头边确实停靠了一艘船屋，当地度假酒店在旁边竖了块牌子，声称这就是小说中麦吉的居住地。

麦克唐纳颇有洞悉之明，他把麦吉系列故事的背景设置在当时毫不起眼的劳德尔堡镇上，而非48公里外的国际都市迈阿密，借此远离文化复杂之地。1960年，劳德尔堡所属的布劳沃德县人口约33400人，如今已增至近18万人。1964年，劳德尔堡有许多土路，令人感觉就是座小镇，是大学生春游的去处。电影《男孩在哪》（*Where the Boys Are*, 1960）便呈现了这一点。

麦克唐纳的这些小说预示了城市的无序扩展，贪婪的开发商将自然原有之美铲除一空，小说《掩埋之罪》（*Pale Gray for Guilt*, 1968）对此有所涉猎。麦克唐纳

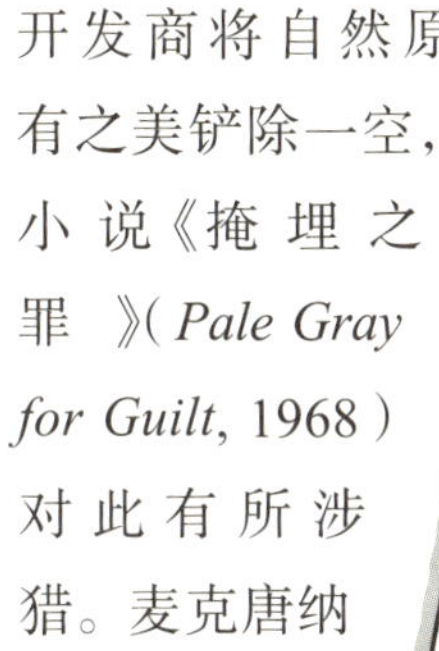

特拉维斯·麦吉

身高：6英尺4英寸（1.95 m）
体重：205磅
眼睛色彩：浅灰色
头发颜色：沙褐色
职业：水上救援顾问
居所：佛罗里达州劳德尔堡巴伊亚马尔港F18滑道“破水”号船屋
汽车：“艾格尼丝小姐”，用劳斯莱斯敞篷小型皮卡改装的蓝色电动车

> **“这是一种芜杂的文化……我们的社会越因之混乱，公然行窃就会愈加成风。”**
> **——《深蓝告别》**

之后的每一位犯罪小说家都写到了生态环境面临挑战的主题。

当时还没人想到大沼泽。但麦克唐纳慧眼独具，他在《亮橙色的裹尸布》(*Bright Orange for the Shroud*, 1965)里有这样的描述：

> 显然，在一切正面进攻失败之后，对大沼泽我们又采取蚕食之策缓慢绞杀。州政府绞尽脑汁，以所谓开发的名义，批准下三滥的开发商将河草广袤之水变成了沟渠浅流之水，由此人造了许多“亲水”地块广为销售。

今天，西布劳沃德已经成为该县人口密度最高的区域。此处价格最贵的房地产开发项目就建在曾经的沼泽地上。令人哭笑不得的是，每当狂风暴雨来临，这些价格高企的房子便会陷于洪涝之中，似乎是沼泽在无情报复。

当然，麦克唐纳的小说不仅抨击了所谓“新佛罗里达的塑料芬芳”(《空荡的科珀海》, *The Empty Copper Sea*, 1978)，还描写了那时对大部分读者来讲都很陌生的另类水上街区。麦吉的好友梅尔是受人敬重的经济学家，住在“破水”号附近名为“约翰·梅纳德·凯恩斯”的船屋。麦吉和梅尔所在的水上街区居民团结一致，以浪漫而有效的方式，针对周日下午定期出游的富豪船主和“冷冷的”佛罗里达豪宅举行了抗议。在《深蓝告别》里，麦吉也同样批评了这些豪宅。巴伊亚马尔街区是丁金湾的前身，后者是兰迪·怀特（Randy White, 1950— ）以玛丽安·福特为主角的海湾小说的故事背景。

1964年，世界发生了戏剧性的变化，南佛罗里达也不例外。在总统大选的这年，马丁·路德·金成为了史上最年轻的诺贝尔和平奖获得者；尼基塔·赫鲁晓夫（Nikita Khrushchev, 1894—1971）不再是苏联领袖。傲

屏幕上的麦克唐纳

约翰·麦克唐纳的不少小说都被搬上了银幕，但常因片名与小说名迥异而不知出处。

电影

麦克唐纳的小说《刽子手》(*The Executioners*, 1957)先后被改编成两部电影，片名都叫《海角惊魂》(*Cape Fear*)，描述一个强奸犯对指证他的律师一家实施复仇的故事。前一部电影上映于1962年，导演是英国出生的约翰·汤姆森(John Thompson, 1914—2002)。1991年马丁·斯科塞斯(Martin Scorsese, 1942—　)重拍了这部电影。两部电影都由格里高利·派克(Gregory Peck)和罗伯特·米彻姆(Robert Mitchum)主演，但他们在两部片子中扮演了不同的角色。

电影《陷阱》(*Man-Trap*, 1961)根据小说《好说话的人》(*Soft Touch*, 1958)改编。埃德蒙·奥布赖恩(Edmond O'Brien, 1915—1985)导演，杰弗里·亨特(Jeffrey Hunter, 1926—1969)和戴维·詹森(David Janssen, 1931—1980)主演。

2010年，还酝酿拍一部新电影，片名就叫《特拉维斯·麦吉》(*Travis McGee*)，暂定由奥利弗·斯通(Oliver Stone, 1946—　)担任导演，莱昂纳多·迪卡普里奥(Leonardo DiCaprio, 1974—　)领衔主演。

电视剧

电视剧《特拉维斯·麦吉》(1983)由安德鲁·V.麦克拉根执导，山姆·艾略特主演。该剧由麦克唐纳本人和因《炎热的夜晚》(1967)荣获奥斯卡奖的斯特林·西利芬特共同创作。

1967年的两集电视剧《争分夺秒》(*Run for Your Life*)，改编自小说《快哭，使劲哭》(*Cry Hard, Cry Fast*, 1955)；剧中，本·加扎拉得知余生将尽，遂决定将平生错过的事一一弥补。

此外，麦克唐纳的两部作品还被拍成1980年播出的电视片：一部改编自《女孩、金表和一切》(*The Girl, the Gold Watch and Everything*, 1962)，另一部则来自《公寓》(*Condominium*, 1977)。

佛罗里达的巨大吸引力

即便在大多数悬疑小说把故事场景放在加利福尼亚、纽约、伦敦和少数几个英国村庄的年代，佛罗里达也不失为一个虚构犯罪、实施侦破的理想场所。由此寻踪，最早的佛罗里达犯罪小说作品应是阿奇博多·冈特（Archibald Gunter, 1847—1907）创作的《基韦斯特的唐·布拉斯科》(*Don Blasco of Key West*, 1896)。如果说约翰·麦克唐纳的创作超越了粗制滥造的犯罪小说，成为烙上主流小说印记的佛罗里达作家，那么作为严肃类型文学的佛罗里达犯罪小说，其始作俑者非查尔斯·威尔福德（Charles Willeford, 1919—1988）莫属。在他的包括《迈阿密的布卢斯》(*Miami Blues*, 1984）在内的四部小说中，主人公霍克·莫斯利侦探，戴了副不舒适的假牙，栖身于破旧的旅馆——因南海滩开发，它即将面临拆迁。莫斯利并不适应迈阿密的种种变化，更无法坦然面对精干的新搭档——一位古巴裔美国女性。而莫斯利最不满的是郁郁寡欢、不善交往，且总是与头脑敏捷、活泼风趣的迈阿密罪犯发生冲突的自己。

当下颇有影响力的詹姆斯·霍尔（James W. Hall, 1947—　）普遍被认为是约翰·麦克唐纳的真正继承者。自《日光之下》(*Under Cover of Daylight*, 1987）起，霍尔创作了一系列犯罪小说。主人公索恩是位沉默寡言的“独行侠”，敏感的个性与特拉维斯·麦吉如出一辙，他靠制作昂贵的仿真鱼饵度日。虽然他住在基拉戈，却常去迈阿密。在霍尔的16部小说的11部里，索恩因强烈的正义感，陷入了暴力冲突。霍尔在佛罗里达国际大学担任了36年文学教授，2009年退休。他不仅担负起了继承麦克唐纳的责任，也以情节和人物证明了自己是佛罗里达最优秀的悬疑小说家。

> "最难做的事，就是必须做的事。"
>
> ——《孤独的银雨》(*Lonely Silver Rain*, 1985)

慢的年轻拳击手卡西乌斯·克莱(Cassius Clay, 1942—2016)在迈阿密获得世界重量级比赛冠军。英国披头士乐队开始引人注目，他们第二次在美国的巡演曾于迈阿密多维尔豪华酒店现场直播。政客与名人开始专程造访南佛罗里达，而不只是顺路到访。

也许完全可以这么说，1964年是佛罗里达谜案小说的诞生之年。

麦克唐纳的遗产

1986年麦克唐纳去世，卡尔·希亚森掀起了又一波犯罪小说的创作浪潮，内容更激进，而主题则相互更为关联。虽然他是一个新闻记者，目前仍为《迈阿密先驱报》(*The Miami Herald*)定期撰写专栏文章，但因12部观点犀利的悬疑小说，证明了自己的小说大可与乔纳森·斯威夫特(Jonathan Swift, 1667—1745)的讽刺作品相媲美。在希亚森的第一部小说《旅游季节》(*Tourist Season*, 1986)里，他笔下的反派人物用一只橡胶鳄鱼刺穿了迈阿密一位商会会员的喉咙。时至今日，希亚森依然将本土的荒诞喜剧与当下的严肃恒久的主题糅合在一起。诸多不负责任的房地产开发、旅游业拓展、政治腐败以及多种族人口的作品内容，揭示出了该地区大部分的秘密。

麦克唐纳和希亚森创立了佛罗里达悬疑小说的基本模式。从那时起，许多作家竞相仿效，其中包括詹姆斯·霍尔、乔纳森·金(Jonathon King, 1967—)、埃德娜·布坎南(Edna Buchanan, 1939—)、莱斯·斯坦迪福德(Les Standiford, 1945—)、卡罗莱娜·阿奎莱拉(Carolina Aguilera, 1949—)和芭芭拉·帕克(Barbara Parker, 1947—2009)，从而形成了一种小说和电影剧本的创作传统，其部分特征是植根于现实与虚拟交织的世界。

有用的网址

弗罗默旅行指南(Frommer's Tour itineraries)包括约翰·麦克唐纳作品中的关键场所。

http://www.frommers.com/destinations/florida/0222010007.html

佛罗里达作家及作品一览表

http://floridaauthors.wetpaint.com/page/Mystery

佛罗里达现代主题的犯罪小说

现代佛罗里达犯罪小说反映了这个州所发生的文化、社会和种族多元化的诸多变迁。不少佛罗里达悬疑作品都聚焦于族裔文化的变迁。随着来自加勒比和南美的拉美裔居民的人口占比已高达38%，佛罗里达州拉美裔的影响力在持续增长。道格拉斯·费尔伯恩（Douglas Fairbairn, 1926—　）是最早（即使不算第一）关注古巴流亡者的作家，作品经常涉及古巴流亡者造成的政治乱象。在他的颇有分量的小说《第八街》（*Street Eight*, 1977）里，费尔伯恩写了一位英裔汽车经销商为适应迈阿密人口变化，雇了位古巴裔销售员的故事。书名的"第八街"现在被称作卡拉奥乔，是迈阿密小哈瓦那街区的主干道。

20世纪90年代以来，种族文化融合已成为架构情节、呈现主题和塑造人物所不可或缺的元素。芭芭拉·帕克从获得埃德加提名奖作品《纯真的怀疑》（*Suspicion of Innocence*, 1994）开始创作了"康纳/昆塔纳系列"，讲述了某律师事务所合伙人所面对的不寻常的经历，特别强调了族裔文化的多样性。康纳的英裔家族在迈阿密根基深厚，而古巴出生的昆塔纳则代表了流亡者群体。帕克以笔法细腻著称。12部犯罪小说，特别是其中8部"康纳/昆塔纳"系列，通过严丝合缝的案情调查，对佛罗里达尤其是迈阿密进行了全面剖析，从艺术到政治乃至家族纽带。

继芭芭拉·帕克之后，卡罗莱娜·阿奎莱拉凭借自身的拉美裔背景，从小说《血水》（*Bloody Waters*, 1996）开始，创作了一系列作品，塑造了第一位古巴裔私人女侦探——鲁普·索拉诺（Lupe Solano）。阿奎莱拉生于古巴的哈瓦那，古巴革命结束的次年，即1960年，移民美国。为了获取创作犯罪小说的第一手资料，她本人注册成立了一家私人侦探社。

阿奎莱拉以细腻的手法描绘了一组古巴流亡者，呈现了他们在古巴的非凡经历以及来到迈阿密之后种种强烈的生活感受。日常生活中的鲁普·索拉诺是一位看似独立，却仍然依赖父母的古巴裔年轻单身女性，也是当地餐馆的忠实主顾。在每一部小说里，她都会去光顾卡拉瓦乔街上著名的古巴餐厅"凡尔赛"。由此，也让读者一

同品尝了南海滩的“乔·艾伦”餐厅和“尼莫”餐厅，以及科勒尔盖布尔斯的“克里斯蒂”餐厅的美味佳肴。虽然阿奎莱拉已决意令鲁普在《苦涩的糖果》(*Bitter Sugar*, 2001)出版之后不再出场，但最终，她还是“复活”了这个最成功的小说人物。

类似的还有埃德娜·布坎南的犯罪小说。其小说情节聚焦于布瑞·特蒙特，她曾是驻迈阿密警察局的记者。三岁时，其父被革命者枪决。

法律制度

在20世纪90年代，佛罗里达的庭审制度如同罪案本身，在许多方面都显得荒腔走板，也因之产生了一批涉及司法、情节颇为离奇的惊悚小说。保罗·莱文(Paul Levine, 1948—　)曾是迈阿密的新闻记者、法学教授和庭审辩护律师，后来成为全职作家，在20世纪的那十年里出版了7部幽默、风格犀利的“杰克·拉希特”系列小说，首部作品是《为死者代言》(*To Speak for the Dead*, 1990)。男主人公拉希特，由迈阿密海豚足球队后卫改行成为公事公办的庭审律师，天生一种不讨人喜的个性，语带刻薄，也善于自嘲。这一系列的小说注重细节描写，尤其是写出了佛罗里达之外并不常见的细节，如每天清扫法院台阶上的鸡块和羊头，这些是萨泰里阿教献祭仪式留下的。此外，拉希特还常常在小哈瓦那迷路，原因在于迈阿密市政当局为纪念历史上的英雄人物，重新命名了不少街道，如马克西莫·戈麦斯将军大道、荷西·坎塞柯街等。高超的细节描写令莱文赢得了以约翰·麦克唐纳命名的佛罗里达小说奖，并且《为死者代言》曾被《洛杉矶时报》(*Los Angeles Times*)列入年度十佳悬疑小说。

该类型作品的另一位代表作家是詹姆斯·格里潘多(James Grippando, 1958—　)。他创作了13部司法惊险小说，其中8部集中讲述了迈阿密辩护律师杰克·斯威特克和他的另类搭档西奥·奈特的故事。格里潘多是前佛罗里达州长的儿子，与父亲关系比较紧张，他的古巴裔母亲早年死于难产。虽然他的小说以司法为核心内容，但也融入了有关忠诚与家族的因素。斯威特克系列小说始于《原谅》(*The Pardon*, 1994)，最新出版的作品名为《生为逃亡》(*Born to Run*, 2008)。

佛罗里达：远离主流

佛罗里达作家似乎钟情于各种稀奇古怪之事，这让他们的犯罪小说独树一帜，风格独特。这些人里最另类的也许是迈阿密悬疑作家杰夫·林赛（Jeff Lindsay, 1952— ）。他笔下的连环杀手德克斯特·摩根是一个反社会的民间执法者，以残忍的杀戮对付那些更残忍的杀人犯，尤其是那些恋童癖；但与那些被他宰了的凶残歹人相较，摩根显然仁慈得多。这一系列小说从《德克斯特的黑暗梦想》(*Darkly Dreaming Dexter*, 2004）开始。

受卡尔·希亚森的影响，蒂姆·多尔西（Tim Dorsey, 1961— ）创作了一系列喜剧风格的小说，其中包括《佛罗里达公路杀手》(*Florida Roadkill*, 1999),《热带鱼退斯特》(*Triggerfish Twist*, 2002),《鱼雷果汁》(*Torpedo Juice*, 2005）。在这些小说里，形象颇佳的连环杀手瑟奇的足迹遍布佛罗里达。

虽说大部分佛罗里达犯罪小说的故事背景都放在了迈阿密，但该州其他地区也未曾被全然忽视。大沼泽为前新闻记者乔纳森·金（Jonathon King）提供了丰富的小说场景，他的《午夜的蓝色边缘》(*The Blue Edge of Midnight*）赢得了2002年爱伦·坡最佳处女作奖。这一成功令作者因此创作了“马克斯·弗里曼”小说系列。作品主人公是一位费城前警探，退休后在此地国家公园内的偏僻小屋里隐居，回忆着自己的一生。

该地区的水上航道也为克里斯汀·克林（Christine Kling, 1954— ）创作的以拖轮船长塞舍尔·沙利文为女主角的系列悬疑小说提供了故事场景。沙利文堪称“女版的特拉维斯·麦吉”，因为她像约翰·麦克唐纳笔下的那个男主人公一样，也栖身于劳德尔堡的船屋。在克林的小说里充盈着那种社会良心人士，他们由此揭示了那些沦落为奴隶和娼妓的海地少男少女的苦难。

州西部的墨西哥湾被兰迪·怀特（Randy White, 1950— ）用作多姿多彩的马里恩·福特小说系列的故事场景。马里恩是个性情温和的海洋生物学家，有过替政府窃取情报的不光彩经历。在作品中，怀特一如既往地展示了萨尼贝尔岛的自然之美，他还以虚实糅合的手法，描写了他经常光顾的烧烤酒吧，如今那里已成了游客的一个主要景点。

帕里什（P. J. Parrish）也把自己系列小说的男主角路易斯·金凯德——一位年轻的混血人种侦探——放到了卡普蒂瓦岛，还呈现了该岛的诸多美景以及梅耶斯堡附近的小镇风光。金凯德承办的疑案引领他穿过岛屿，进入红树林，走过横跨堤道的长桥，来到不远处的夏洛特海港，那里有个天然河口，连接从威尼斯海滩到博尼塔泉的佛罗里达西海岸。

1999 年，斯图尔特·卡明斯基（Stuart Kaminsky, 1934—2009）开始创作一个由 6 部长篇构成的卢·福尼斯卡系列，描述同名男主角在萨拉索塔执法时所遭逢的种种沮丧经历。再往北的圣彼得斯堡，则是詹姆斯·斯温（James Swain, 1956— ）的由 7 部长篇构成的托尼·瓦伦丁小说系列的故事背景。男主角是一位六十来岁的退休警察，后来成了赌场顾问。

奥兰多是举世闻名的迪士尼乐园的所在地，却被大多数作家忽略，但也有不少单本小说的故事场景设在此地。值得一提的是当地建筑承包商鲍勃·特鲁拉克（Bob Truluck, 1949— ），他以自己的家乡为背景，创作了两部小说。第一部《街面》（*Street Level*, 1999）获得了美国私人侦探小说协会最佳处女作奖。

在佛罗里达南端，基韦斯特以奇风异俗闻名，因此不少犯罪小说的故事场景也设置于此。汤姆·科克兰（Tom Corcoran, 1943— ）的亚历克斯·拉特利奇系列展示了基韦斯特的特质及其现实生活。小说里的拉特利奇是位自由摄影师，偶尔为当地警察部门工作，因此观察这座城市的视角并不一般。其他基韦斯特作家当中，重要的有迈克尔·哈斯金（Michael Haskins, 1949—2018），他于 2008 年出版了成名作《追风》（*Chasin' the Wind*）。

在 20 世纪 90 年代，劳伦斯·沙梅斯（Laurence Shames, 1951— ）描述黑手党成员的 7 部喜剧小说也将故事场景设置在基韦斯特，且完美捕捉了该岛的种种奇诡怪诞。作者在大量展示幽默之余，也未曾忘记给这些娱乐小说注入些许严肃色彩。同一时期，约翰·莱斯利（John Leslie, 1940— ）也出版了 4 部以基韦斯特为故事背景的小说，男主角名为吉迪恩·劳里，是个私人侦探兼钢琴师，那些故事似乎永远只发生在晚上。

许多佛罗里达悬疑小说都很看重幽默，但在伊莲·维茨（Elaine Viets, 1950— ）和黛博拉·夏普（Deborah Sharp, 1955—2018）的笔下，幽默永远是首选。维茨的“死胡同工作系列”以海伦·霍桑为主角，她曾是一个高级白领，现已离职，住在劳德尔堡，干着结现钱的卑微工作。而夏普的“妈妈系列”则将故事场景放在佛罗里达的中部草原，读者可从中感受到佛罗里达乡村小道、牧场和柑橘园的种种欢乐。“妈妈”是土生土长的本地人，颇具传奇色彩，有过多次婚姻，喜欢花哨衣服，不过，她那多愁善感的女儿才是书中真正的女主人公。

过去佛罗里达几乎没有制定过警察工作程序，直到詹姆斯·伯恩（James O. Born, 1960— ）成为州执法部特工。他根据自己的亲身经历创作了 5 部小说，故事场景包括南海滩克利夫兰德酒店、阿文图拉购物中心、迈阿密柑橘碗，以及诸如贝尔格莱德、霍姆斯戴德、纳兰贾、佛罗里达城之类的小城镇。

佛罗里达犯罪小说地标

圣彼得斯堡：詹姆斯·斯温7部系列小说的主要背景地，该系列主人公是六十来岁的退休警察、赌场顾问托尼·瓦伦丁。

Gulf of Mexico

萨拉索塔：卡明斯基小说中抑郁的传达员卢·福尼斯卡的家乡。

萨尼贝尔岛：多亏了兰迪·怀特的主人公，福特博士烧烤酒吧已经成为萨尼贝尔一大热门地标。

克利夫兰德酒店：位于迈阿密南海滩，在詹姆斯·伯恩的探案过程中多次出现。

柑橘碗：室外体育场，在詹姆斯·伯恩的探案过程中多次出现。

凡尔赛：著名古巴餐厅。

卡拉奥乔：迈阿密小哈瓦那的主街，也是费尔伯恩的《第八街》的原型。

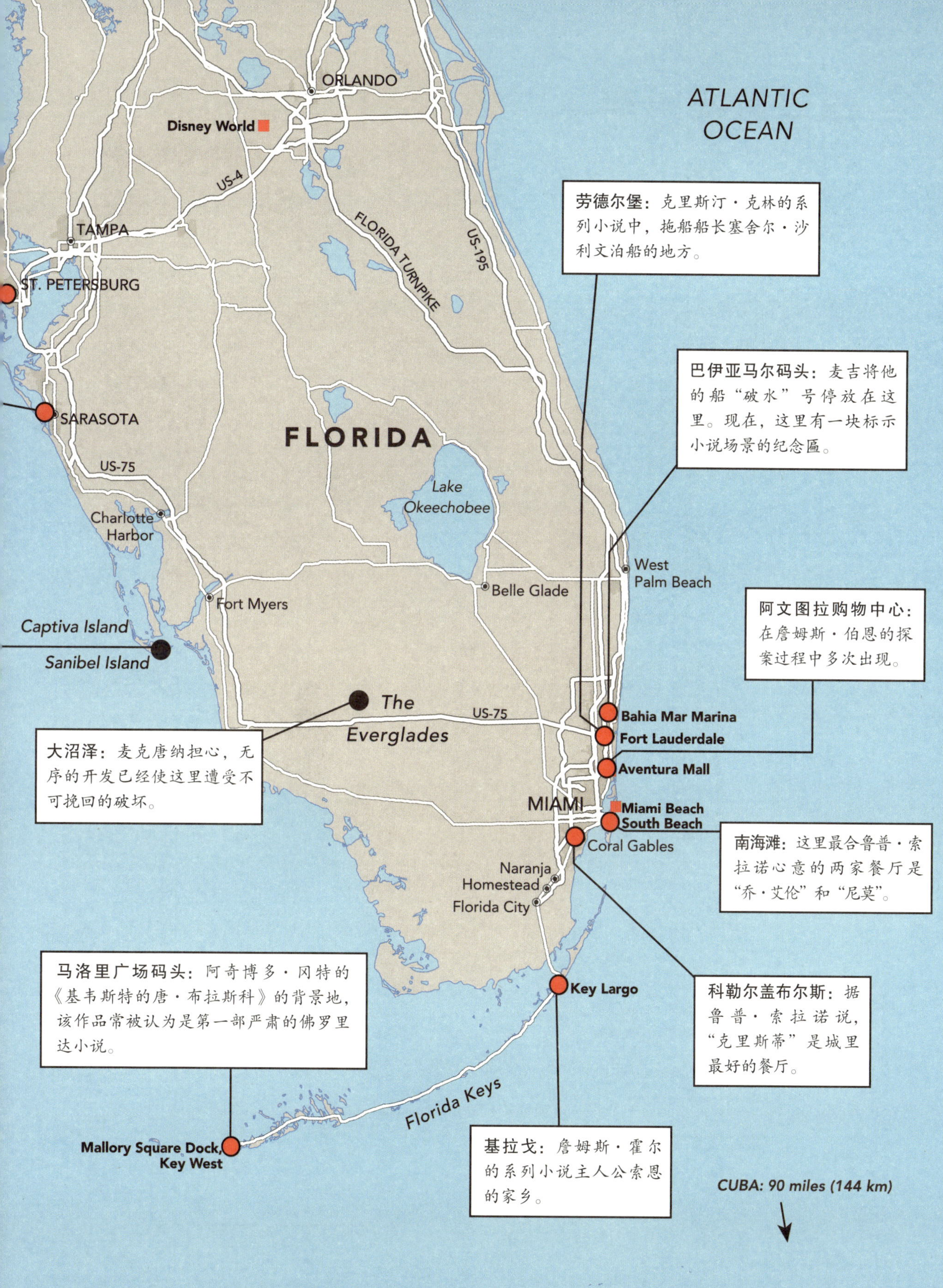

ORLANDO
Disney World
ATLANTIC OCEAN
US-4
TAMPA
ST. PETERSBURG
FLORIDA TURNPIKE
US-195
劳德尔堡：克里斯汀·克林的系列小说中，拖船船长塞舍尔·沙利文泊船的地方。
巴伊亚马尔码头：麦吉将他的船“破水”号停放在这里。现在，这里有一块标示小说场景的纪念匾。
SARASOTA
FLORIDA
US-75
Lake Okeechobee
Charlotte Harbor
West Palm Beach
Belle Glade
Fort Myers
Captiva Island
Sanibel Island
阿文图拉购物中心：在詹姆斯·伯恩的探案过程中多次出现。
The Everglades
US-75
Bahia Mar Marina
Fort Lauderdale
Aventura Mall
大沼泽：麦克唐纳担心，无序的开发已经使这里遭受不可挽回的破坏。
MIAMI
Miami Beach
South Beach
Coral Gables
南海滩：这里最合鲁普·索拉诺心意的两家餐厅是“乔·艾伦”和“尼莫”。
Naranja
Homestead
Florida City
马洛里广场码头：阿奇博多·冈特的《基韦斯特的唐·布拉斯科》的背景地，该作品常被认为是第一部严肃的佛罗里达小说。
Key Largo
科勒尔盖布尔斯：据鲁普·索拉诺说，“克里斯蒂”是城里最好的餐厅。
Florida Keys
Mallory Square Dock, Key West
基拉戈：詹姆斯·霍尔的系列小说主人公索恩的家乡。
CUBA: 90 miles (144 km)

马丁·爱德华兹

科林·德克斯特与莫斯探长的牛津

诗人马修·阿诺德（Matthew Arnold, 1822—1888）曾经动情地把牛津描写为“充满梦幻的可爱之城”。他倘若有幸活到今天，尽管不得不面对21世纪的交通和喧嚣，但仍会毫不迟疑地说，“她何须以六月增光添色”。

牛津的历史声望肇始于国王亨利二世（1154—1189年在位）的特许状。而今的牛津大学是英语世界里最古老的大学，也是最著名的大学之一。牛津处处散发着历史气息，因此也提升了科林·德克斯特（Colin Dexter, 1930—2017）的“莫斯探长”系列的知名度。这座城市的大部分知名地标都曾出现在德克斯特的小说里，包括圣吉尔斯殉道者纪念碑——1555年，正是在这里，休·拉蒂默（Hugh Latimer）、尼古拉斯·里德利（Nicholas Ridley）、托马斯·克兰默（Thomas Cranmer）等三位新教殉道者被绑在火刑柱上烧死。正如阿诺德的诗句所描述的，此处的建筑风格在在分明。泰晤士河和查威尔河从城中流过，正好汇合于城南口；伊夫利水闸上方，即被唤作伊西斯女神的泰晤士河。基督教大教堂是大学礼拜堂与大教堂的别致的融合体，而阿什莫尔博物馆则是英国最古老的博物馆。此外，还有牛津大学图书馆，建于1602年，至今藏书已超过800万册。然而，除了大学校园的宁静葱翠，牛津的特别之处似乎还在于为数不少的谋杀案，至少在那些小说中是如此。它之所以能成为作奸犯科、暴力谋杀的集中地，并非本地居民生来钟情犯罪，而是出乎牛津校友或此地相关人员创作侦探小说的热情。仅举贝利奥尔学院之例便可发现，有三十多位校友出版过此类小说。

在科林·德克斯特封杀他的英雄探长之前，以莫斯为主角的小说以及电视连续剧里，先后出现过多达80具

的尸体。1999年，人们援引德克斯特的话，称此城为“谋杀之都，是时候做个了断了”（说这话时，他显然没有想到随后会出现以莫斯探长的搭档刘易斯警探为主角的电视连续剧）。但是，大伙显然忘记了，早在德克斯特创作莫斯系列之前，就有相当多的谋杀小说成功地将牛津作为故事发生的背景。

科林·德克斯特的首部莫斯探长小说《开往伍德斯托克的末班车》（*Last Bus to Woodstock*）沿袭了传统的创作手法。本书问世于1975年，其时，作者在牛津大学的考试院工作，他毕业于剑桥大学古典文学专业，痴迷拼字游戏。之后的几年里，莫斯探长和他的搭档刘易斯的探案故事赢得了很大关注。不过也只有当这些小说被陆续改编成电视连续剧——始于1987年的“耶利哥的亡灵”（The Dead of Jericho）——并由约翰·肖（John Thaw, 1942—2002）任主演，莫斯探长才最终成为家喻户晓的虚构人物。屏幕上的莫斯令人难忘，聪慧、暴躁、吝啬、嗜酒、欣赏瓦格纳的音乐，凯文·惠特利（Kevin Whately, 1951— ）饰演刘易斯（在德克斯特的早期小说里他年龄稍大，来自威尔士；屏幕上则颇为年轻，来自英格兰东北部），电视剧甫一开始，便可发现他是个完美的搭档。

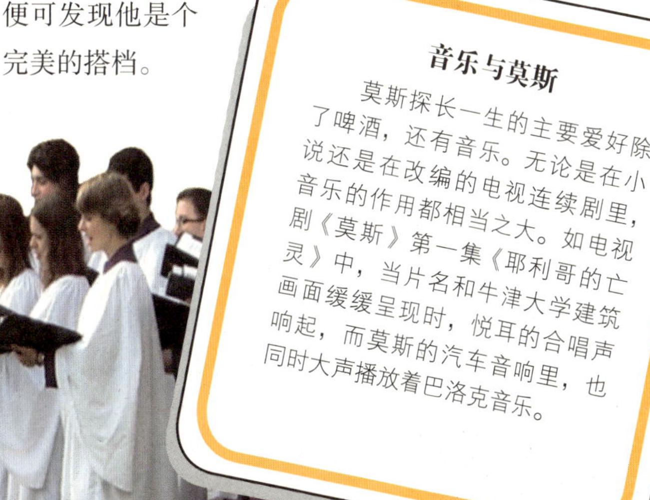

音乐与莫斯

莫斯探长一生的主要爱好除了啤酒，还有音乐。无论是在小说还是在改编的电视连续剧里，音乐的作用都相当之大。如电视剧《莫斯》第一集《耶利哥的亡灵》中，当片名和牛津大学建筑画面缓缓呈现时，悦耳的合唱声响起，而莫斯的汽车音响里，也同时大声播放着巴洛克音乐。

"我不认为自己的创作有任何高尚的动机……对我来讲，吸引我的是侦探小说情节的曲折迷人。"

——科林·德克斯特，《卫报》（*Guardian*，2000）

饮酒与思考

无论小说里，抑或电视屏幕上，莫斯探案情节都充分利用了牛津大学校内外的诸般场景。比如莫斯探长深爱啤酒，因此经常光顾此地各种酒吧。《附加3号房的秘密》（*The Secret of Annexe 3*, 1986）中有一节写到莫斯和刘易斯在圣吉尔斯街的"鹰与孩子酒吧"午餐；而《死神是我现在的邻居》（*Death is Now My Neighbour*, 1996）和《该隐的女儿》（*The Daughters of Cain*, 1994）里则对"黑熊"和"草坪"两家酒馆做了描绘。另一家莫斯喜欢光顾的鲈鱼酒馆则位于宾西街，从那里可以俯瞰梅多港。毫无疑问，这些小说让下沃尔弗科特街的鳟鱼酒馆声名鹊起。该酒馆坐落在美丽的泰晤士河畔，一面朝河，与戈德斯托桥为邻，其历史可追溯至17世纪。而今它号称"莫斯酒吧"，店里墙上挂的画框里全是德克斯特小说封面。

牛津最著名的伦道夫酒店位于马格达伦街和博蒙特街的拐角，因电视剧《狼人之舌》（The Wolvercote Tongue）以之为场景而广为人知。该电视剧根据德克斯特的一个故事情节编写，后来作者又将其扩充为《这是我们的珠宝》（*The Jewel That Was Ours*, 1991）一书：一群美国游客在这家百年老店投宿，没来由的，无价之宝"狼人之舌"不翼而飞，持有者也被谋杀。伦道夫酒店还曾作为其他原创的电视剧集场景，如《地狱之蛇》（The Infernal Serpent）和《第二次环绕》（Second Time Around），现在该酒店又开设了自己的"莫斯酒吧"。此外，海伊大街的"米特尔"之前是一家酒店，现已改成了酒吧和餐厅，曾被用作电视剧集《欢乐家庭》（Happy Families）和《最后的敌人》（The Last Enemy）的场景。

耶利哥街区位于城中心西北，历史上曾是牛津城郊，由于运河从该区中心穿过，故具有重要商业地位。维克托大街和运河街拐角的布克班德盾徽酒馆（现在更名为"老布克班德啤酒屋"），在《耶利哥的亡灵》中摇身一变，成了"普林特恶魔酒馆"。该书被改编成电视连续剧《莫斯探长》（*Inspector Morse*）的首集时，该酒馆曾再次作为拍摄场景，但用了原本的真名——虽然内部场景是在别处拍摄的。布克班德盾徽酒馆对面是卡纳尔利奇（现实中的康贝街），故事中的两个受害者——安妮·斯科特（剧中是安妮·斯泰弗利）和乔治·杰克森——都住在这里。

> **“他让莫斯犯错显得有人性，并敏锐地描述了此人对自身的洞察力。”**
> **——约翰·肖，《独立报》(2002)**

牛津与电视剧

这座城市的诸多著名建筑都被用作这部电视连续剧的场景。博德莱图书馆曾出现于数集电视剧里，尤其是《诸神的黄昏》(The Twilight of the Gods)，该剧讲述了从图书馆窗外射来一颗子弹，威尔士歌剧院演员格拉迪斯·普罗伯特应声倒地。不久，在一些书背后，发现藏了把枪。故事里还讲到风度优雅的安德鲁·贝登按计划在附近的谢尔多尼亚剧院接受荣誉博士学位，陪同的正是格拉迪斯。由此推测，这颗子弹本应是替贝登准备的。此外，有着英格兰第一圆楼之称的拉德克里夫图书馆，其设计令人叹为观止，自然不免会被用作不少电视剧的场景。

建造于1621年的植物园，曾出现在电视连续剧《定格太阳》(The Settling of the Sun)和《飞行蒙骗》(Deceived by Flight)里。据说霍利韦尔音乐厅是世界现存最古老的音乐厅，始建于1742年，历时6年方完工，现由牛津大学音乐系管理。它也是《诸神的黄昏》中格拉迪斯·普罗伯特授课的场景，还曾出现于《谁杀了哈里·菲尔德》(Who Killed Harry Field)里的数个镜头中。同样受青睐的还有马格达伦学院和马格达伦大桥，两者不时出现在该电视连续剧中。在最后一集《懊悔的一天》(The Remorseful Day)里，刘易斯站在阳台俯瞰御韦尔街，而科林·德克斯特则以惯常的希区柯克式人物姿势亮相，这次他扮作老年旅游团的一员，端坐轮椅之上。

牛津大学俱乐部是一个成立于1825年的学生社团，最初选址在迈克尔大街。担任过英国首相和牛津大学校长的哈罗德·麦克米伦（Harold Macmillan, 1894—1986）曾称它“提供了无可匹敌的议会式辩论训练场地，任何一个民主国家的辩论社团都无法与之媲美”。担任过这个俱乐部主席的政治家包括巴基斯

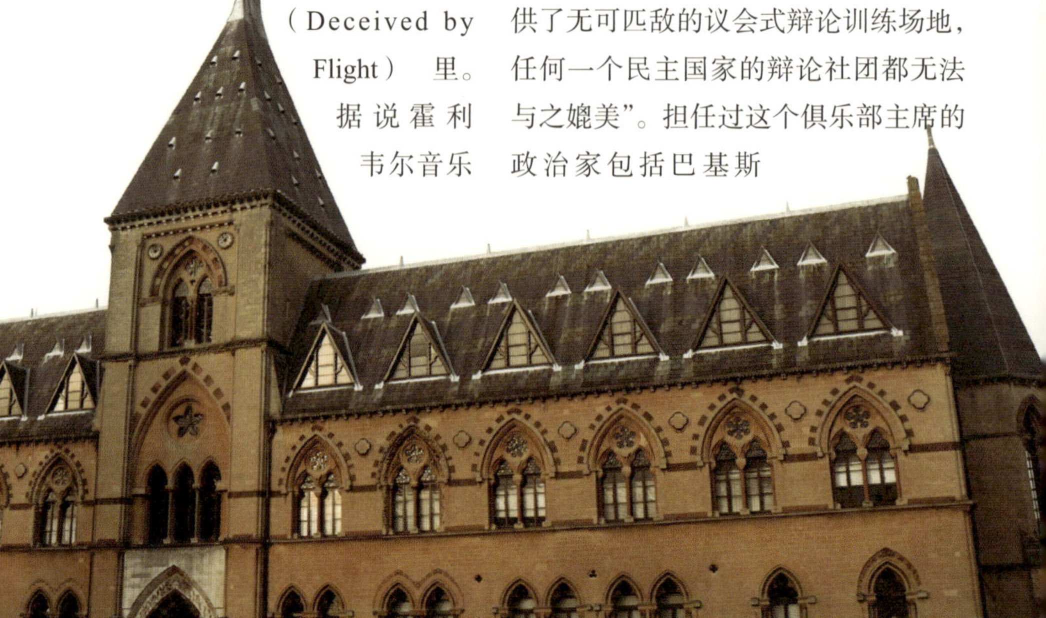

屏幕上的莫斯

科林·德克斯特的 13 部莫斯探长小说滋生了 33 集电视连续剧，首播于英国独立电视网络有限公司。

电视剧

系列一

耶利哥的亡灵（The Dead of Jericho, 1987）

尼古拉斯奎因的沉默世界（The Silent World of Nicholas Quinn, 1987）

众灵之祷（Service of All the Dead, 1987）

系列二

狼人之舌（The Wolvercote Tongue, 1987）

最后一次穿戴（Last Seen Wearing, 1988）

定格太阳（The Settling of the Sun, 1988）

开往伍德斯托克的末班车（Last Bus to Woodstock, 1988）

系列三

机器幽魂（Ghost in the Machine, 1989）

最后的敌人（The Last Enemy, 1989）

飞行蒙骗（Deceived by Flight, 1989

5B 湾的秘密（The Secret of Bay 5B, 1989）

系列四

地狱之蛇（The Infernal Serpent, 1990）

父辈的罪孽（The Sins of the Fathers, 1990）

失魂落魄（Driven to Distraction, 1990）

共济会的秘密（Masonic Mysteries, 1990）

系列五

第二次环绕（Second Time Around, 1991）

机会很少（Fat Chance, 1991）

谁杀了哈利·菲尔德（Who Killed Harry Field, 1991）

带礼物的希腊人（Greeks Bearing Gifts, 1991）

应许之地（Promised Land, 1991）

系列六

按时死亡（Dead on Time, 1992）

欢乐家庭（Happy Families, 1992）

自我的死亡（The Death of the Self, 1992）

绝对罪证（Absolute Conviction, 1992）

基路伯与六翼天使（Cherubim and Seraphim, 1992）

系列七

致命睡眠（Deadly Slumber, 1993）

魔鬼之日（The Day of the Devil, 1993）

诸神的黄昏（Twilight of the Gods, 1993）

特集

林间道路（The Way Through the Woods, 1995）

该隐的女儿（The Daughters of Cain, 1996）

死神是我现在的邻居（Death is Now My Neighbour, 1997）

少妇之死（The Wench is Dead, 1998）

懊悔的一天（The Remorseful Day, 2000）

牛津罪案

虽然莫斯探长（最主要的）的荧屏冒险经历让牛津成了“英格兰谋杀之都”，但早在科林·德克斯特创造这个脾气暴躁的人物之前，犯罪和神秘的幽灵已经在这座城市超凡入圣的街道上游荡。

早在 1929 年，亚当·布鲁姆（Adam Broome, 1888—1963）就成功出版了《牛津谋杀案》（*The Oxford Murders*）。这是英国第一部以牛津大学为场景的侦探小说，故事主角为布拉姆利总探长。不久，约·塞·马斯特曼（J. C. Masterman, 1891—1977）又出版了《牛津的悲剧》（*An Oxford Tragedy*, 1933），也大获成功。小说的一系列罪案调查是由维也纳律师兼犯罪学家欧内斯特·布伦德尔着手的。之后，迈克尔·英尼斯（Michael Innes, 1906—1994）又在《总统套房命案》（*Death at the President's Lodging*, 1936）里塑造了令人难忘的警察约翰·阿普比这一人物。该探案故事始终在此后的 36 部长篇小说或短篇故事集中延续。另一位著名犯罪小说家是学者、作曲家布鲁斯·蒙哥马利（Bruce Montgomery, 1921—1978），他偶尔也以埃德蒙·克里斯平（Edmund Crispin）的笔名写作，他创作的《移动玩具店》（*The Moving Toyshop*, 1946）故事所涉场景几乎遍布整座牛津城。

其他以牛津为场景的谜案小说名篇有多萝西·塞耶斯（Dorothy Sayers, 1893—1957）的《俗丽之夜》（*Gaudy Night*, 1935）。该书描写了著名侦探彼得·温西勋爵的探案经历，其中苏兹伯利学院的原型就是萨默维尔学院。此外，还有阿根廷作家吉列尔莫·马丁内斯（Guillermo Martinez, 1962—　）的《牛津谜案》（*The Oxford Murders*, 2005），该书赢得了犯罪小说作家协会的金匕首奖。另一部值得一提的是著名播音员罗伯特·罗宾森（Robert Robinson, 1927—2011）写的《有死人的风景》（*Landscape with Dead Dons*, 1956）。

坦的贝娜齐尔·布托（Benazir Bhutto, 1953—2007），1988 年成为那个信仰伊斯兰教国家的首位女总理。在电视剧《带礼物的希腊人》（Greeks Bearing Gifts）里，莫斯来到了俱乐部，为的是聆听兰德尔·里斯的演讲。考文垂集市离此不远，它首次开放于 1774 年。如此嘈杂之所反倒非常适合作为案件追踪的场景，《绝对罪证》（Absolute Conviction）和《带礼物的希腊人》在此选景正有这番考量。

莫斯之后的场景

2002 年约翰·肖的去世，意味着他所扮演的这位个性张扬的名探角色的终结，同时也预示了莫斯的屏幕形象可能被画上句号，更何况早在 2000 年，13 部莫斯小说中的最后一部已被改编成电视剧。然而，由凯文·惠特利和劳伦斯·福克斯（Laurence Fox, 1978— ）主演、本作为副产品的电视连续剧《刘易斯》（*Lewis*）于 2006 年推出，很快取得了意想不到的成功。在该剧中，刘易斯最后得到了提升，而福克斯扮演了冷漠、理智的詹姆斯·哈萨韦——一位放弃神职而选择从警的硬汉。《莫斯探长》的高收视率得到延续，与此同时，这个城市中具有强烈视觉效果的建筑也受到持续关注。譬如，博德莱图书馆又重新出现在《月光亲吻大海》（And the Moonbeams Kiss the Sea）里：一个工程师头部中弹身亡，倒在这座图书馆的地下室。牛津对虚构谋杀场景者的吸引力，由此也可见一斑。

有用的网址

莫斯小说场景徒步导览，可在线预订

www.visitoxford.org/thedms.asp?dms=72&shop=8&prod=855&p1=shop

科林·德克斯特和笔下人物光顾过的酒吧

www.oxfordpubguide.co.uk/centralpubs.html

伦道夫酒店的莫斯主题酒吧

www.macdonaldhotels.co.uk/randolph

PORT MEADOW
Oxford Canal
Godstow Bridge
Trout Inn
萨默维尔学院：多萝西·塞耶斯的《俗丽之夜》中虚构了以这所曾经的女子学院为原型的学府。
WOODSTOCK ROAD
BANBURY ROAD
布克班德盾徽酒馆：《耶利哥的亡灵》中的普林特恶魔酒馆。
WALTON STREET
Somerville College
Bookbinder's Arms
Canal Reach
CANAL STREET
Martyr's Memorial
JERICHO
耶利哥：《耶利哥的亡灵》的情节发生地，在1790年牛津运河完工之后逐渐发展为繁荣的城郊住宅区。
Eagle and Child
ST. GILES
River Thames (Isis)
Ashmolean Museum
伦道夫酒店：在电视剧《莫斯探长》中有三集出现过，现在的酒店中有一间以探长名字命名的酒吧。
Randolph Hotel
Perch Inn
Oxford Universit Society
NEW ROAD
BOTLEY ROAD
鲈鱼酒馆：在2007年遭遇了一场毁灭性火灾，后重新开业。这个莫斯探长和刘易斯警探常去的地方重新树立起了金字招牌，成为牛津名列前茅的餐饮场所。
NEW BOTLEY
NEW OSNEY
博德莱图书馆：在《诸神的黄昏》中，枪手从这座历史建筑高处的窗口射中格拉迪斯·普罗伯特。
OXPENS ROAD
德克斯特与莫斯探长的牛津
River Thar

NEW MARSTON
UNIVERSITY PARKS
鹰与孩子酒吧：不仅是莫斯最喜欢的酒馆，也是作家C.S. 刘易斯和J.R.R. 托尔金的最爱。
Parson's Pleasure
ST CROSS ROAD
MANSFIELD ROAD
River Cherwell
PARKS ROAD
ORD
Holywell Music Room
Turf Tavern
Blackwell's
Sheldonian Theatre
Radcliffe Camera
布雷齐诺斯学院：位于牛津的地理中心，在电视剧版《莫斯探长》中多次出现，部分原因是它靠近标志性建筑——美丽的“拉德克利夫照相机”(Radcliffe Camera)。
Brasenose College
The Mitre
HIGH STREET
Magdalen College
THE PLAIN
The Bear Inn
MERTON STREET
Botanic Gardens
Magdalen Bridge
植物园：环境优美，被用作电视连续剧《定格太阳》和《飞行蒙骗》的取景地。
Corpus Christi College
Christ Church Cathedral
考文垂集市：在《绝对罪证》和《带礼物的希腊人》的追逐场景中出现的商店街。

巴里·福肖

亨宁·曼克尔与沃兰德的瑞典

而今犯罪小说翻译热潮正方兴未艾。之前已有个别非英语国家的犯罪小说家，如法国高产小说家乔治·西默农（Georges Simenon, 1903—1989），藉由自己作品的翻译传播成为了经典作家。在当代外国犯罪小说家中，如果说也有同样一位传播力超凡的作家，那就是瑞典的亨宁·曼克尔。

他笔下的精明强干的库尔特·沃兰德探长（某种程度上也是同样精明强干的作者的自我体现）是当代犯罪小说的一个了不起的创造：此公肥胖，有糖尿病，拥有现代社会赋予人类的种种不幸和烦恼，其人物形象比大多数文学作品中的人物显得饱满。

在《转向》(*Sidetracked*, 1995)、《防火墙》(*Firewall*, 1998) 等沃兰德小说中，非瑞典语读者被带入了一系列斯堪的纳维亚半岛的场景里。这些场景看似与英语国家有些微妙的相似，但实际上截然不同。沃兰德的瑞典并无成功福利国家的浮华虚饰，反而呈现了斯堪的纳维亚社会裂痕的进一步扩大，以及被那些精神创伤撕裂的瑞典家庭生活。但是，像他的岳父、电影导演英格玛·伯格曼（Ingmar Bergman, 1918—2007）一样，曼克尔对这一切已常态化的北欧灰暗现状并未深入探讨，书中反而出现了不少人道主义和乐观主义的内容（犯罪小说的流血和谋杀在所难免）。

社会良知

曼克尔小说所体现的强烈的社会良知，源于他本人试图改变弱势群体现状的使命感：他在非洲参与编剧了不少作品，其深度已超越了犯罪类型小说，如《肯尼迪的大脑》(*Kennedy's Brain*, 2007)、《深处》(*Depths*, 2004)、《豹眼》(*Eye of the Leopard*, 1990) 等佳作。最后一部时间上跨越了 20 世纪 70 年代和 80 年代，生动地揭示了白人农场主和非洲土著农工之间的关系，表现了男主人公在这片并不友善之地上的挣扎，并陷入了自身的怒火狂飙中。无论如何，曼克尔那些犯罪小说

给读者的益处正在于提供了一个认识瑞典的切入口。

《无脸杀手》(*Faceless Killers*, 1991)是曼克尔犯罪小说的成名作，亮点颇多：叫人着迷的叙事手法，栩栩如生的主人公，尤其是，描写逼真的场景。这些场景主要包括沃兰德的家乡于斯塔德的西边区域。小说中，两起残忍的谋杀让沃兰德接手了对第一个命案的调查。一对年迈夫妇被害，看不出明显的谋杀动机。命案发生在一座引人注目的豪宅——马尔斯维什图姆的乡村宅邸里，如今这里已成为小镇颇受青睐的有关沃兰德探长的旅游景点。

与沃兰德同行

在于斯塔德还有一个关于沃兰德探长的著名景点：马里亚加坦街10号。这是沃兰德的安身之处，也是他聆听那些恢宏的大歌剧颐神养性的所在——他与科林·德克斯特塑造的英国莫斯探长有着共同的爱好(参看本书76—86页)。沃兰德需要音乐大师的慰藉，因他依然未能摆脱妻子离世带来的痛苦。来这里的游客或许会发现小说里提到的一楼窗户并不存在，事实上，那扇窗确实是作者虚构的。此外，让爱读沃兰德小说的游客略觉不爽的，大概是在富丽堂皇的洲际酒店用餐，需要凭运气才能抢到小说中所写的沃兰德最心仪的餐位，用餐人数要是太多，机会就微乎其微了。

在小说《白母狮》(*The White Lioness*, 1993)里，虔诚的卫理公会教徒、房地产经纪人露易丝·阿克布洛姆的失踪打破了瑞典南部地区的安宁。沃兰德未曾料到，对这个女性失踪案的调查，

曼克尔其事

现在**亨宁·曼克尔**已成为他的祖国瑞典对外文化交流的标志性人物，其地位与电影导演英格玛·伯格曼旗鼓相当。事实上，曼克尔娶了该导演的女儿伊娃，并一直在筹备一部关于晚年岳父生活的电视剧传记。

曼克尔把他的时间分配给了瑞典和莫桑比克的马普托。

他是马普托的阿文尼达剧院的**艺术总监**。

曼克尔还写了一些儿童读物，包括《喜欢下雨的猫》(*The Cat Who Liked Rain*, 2007)。

> **“沃兰德探长系列小说是瑞典最成功的文学输出——比《哈利·波特》在德国还要火爆……畅销世界各地，销售量超过 2500 万册。”**
>
> **——《独立报》(2008)**

居然会把他带到遥远的南非。在于斯塔德的游客可以漫步至火车站广场的游客服务中心，寻找书中所述的克格勃特工给那个非洲杀手租用的房屋。在火车站附近，游客也许还会无意中发现《转向》中所描述的那个大隐其间的剥尸洞穴。说到《转向》，这部精彩的小说如同曼克尔的其他小说一样，坐标感分明——这也许是瑞典游或沃兰德探长之游的理想读物。

防火墙点燃欧洲

《防火墙》问世时，这个书名词汇已不再时尚，曼克尔专注于少数关联者的日子也一去不复返。在这部小说里，曼克尔笔下的这个系列侦探主角步入了一个新的犯罪时代——网络时代。有数起命案发生，包括一名男子在自动取款机前死亡，一名老年出租车司机被两个年轻女子残杀。因为电力故障，国家陷入黑暗。在发电厂有了可怕的发现，但事实真相却百思不得其解。沃兰德发现，自己追寻的网络恐怖分子有着隐匿的反政府动机。然而这一切探案的努力受到他无所事事的警察同事以及女人们的妨碍。

警察局在于斯塔德山北面的老水塔处。这是沃兰德全身心调查命案的基地，其重要性恰如德克斯特的牛津。当然，任何光临于斯塔德的游客，还应该去沃兰德常去的“秃鹰”咖啡馆（恐怕还不能错过店里新鲜美味的沃兰德蛋糕，即便当天已售罄，也值得改天再来品尝一回）。

《迟了一步》(*One Step Behind*, 1997）是沃兰德系列小说里最为精巧的作品，故事场景非同一般——著名的哈格斯塔德野生动物保护区。该保护区毗邻联合国秘书长达格·哈马舍尔德（Dag Hammarskjöld, 1905—1961）的巴凯克拉农庄。小说中，曼克尔出色地运用了这一场景，讲述了三名身穿传统服饰庆祝仲夏的少年惨遭杀害的大案。也许缘于种种误打误撞，此处倒是成了曼克尔粉丝游客打卡的首选地。撇开这些尴尬的猜想不谈，哈格斯塔德确实是一处值得游玩的风景秀美之地。其间连绵起伏的海滩，绿草和花卉遮盖的小径，高大的橡木和松树林，各种珍稀鸟类的啼鸣都令人流连。

一个新的沃兰德

21 世纪初，曼克尔开始了新的创作尝试。《霜冻之前》(*Before the Frost*, 2002）推出了林达·沃兰德（即库尔

马尔斯维什图姆，17 世纪的城堡，在于斯塔德以西 7 英里（12 千米）处

特·沃兰德的女儿）作为新小说的主人公。故事讲述了在于斯塔德附近的黑暗森林，发生了一起恐怖的命案，一个人的头颅和两只手被割下，并以残忍、嘲讽的方式排列成祈祷图案。边上还有本《圣经》，上面密密麻麻写满了批注。在之前的曼克尔系列小说里，也出现过许多类似的让库尔特·沃兰德头痛的离奇事件，比如对家养宠物的袭击案。此时让身为警探的沃兰德的女儿亮相，倒也未必是理想的时机。

除了颇受青睐的森林与同样著名的海滩（那里往往人迹罕至），游客不难发现，租辆自行车沿着铺设良好的车道骑行，不失为体验当地风土人情的最佳方式。森林深处有被称作士兵之家的地方，那里的咖啡不错。没准还真能遇见在林中演习的士兵。

库尔特·沃兰德的回归

令曼克尔的粉丝感到十分欣慰的是，库尔特·沃兰德终于在《微笑的男人》(*The Man Who Smiled*, 1994）一书里回归了（英语译本直到林达·沃兰德首度出场后才出版）。但此时，他正面临一个十分严峻的挑战。在被迫杀人后，沃兰德决定结束自己的警察生涯。酗酒成了最容易的选择，但并未减轻他的郁闷。当一位律师朋友因父亲死于谋杀而向他求助时，得到的是婉言谢绝。直至律师本人也被谋杀，他才介入了此案。尽管回归是不情愿的，但他发现自己也陷入了双重谋杀。调查指向一位神秘的工业大亨，不久，沃兰德的生命便岌岌可危。一如往常，小说情节设置精巧，那些原本担心对沃兰德的描绘可能大打折扣的英语版读者最后欣喜地发现，这位瑞典警探神勇依旧。

曼克尔还写了一些非沃兰德系列的犯罪小说，其中包括《深处》和《意大利鞋》(*Italian Shoes*, 2006)，前者故事发生在1914年的瑞典，基调灰暗，却扣人心弦；后者一开始就描写了一位裸男，手握利斧，在瑞典冰天雪地的偏僻小岛上伫立。尽管如此，读者（尤其英语读者）还是更乐意看到2008年英国出版的《金字塔》(*The Pyramid*，瑞典文版问世于1998年)，呈现了沃兰德的再度回归。

屏幕上的沃兰德

这部 26 集瑞典电视连续剧由克里斯特·亨里克森（Krister Henriksson）饰演库尔特·沃兰德。首集是根据讲述这位侦探女儿的小说改编的；其余均为曼克尔设计的故事情节，但未曾公开发表过。

BBC 的英语版沃兰德电视连续剧（共六集）则均据曼克尔小说原作改编，主人公由奥斯卡奖得主、英国演员肯尼斯·布拉纳（Kemeth Branagh）饰演。

瑞典电视剧

系列一（2005）

霜冻之前（Before the Frost）

村痴（The Village Idiot）

兄弟（The Brothers）

黑暗（The Darkness）

非洲人（The African）

骗子（The Tricksters）

操纵者（Mastermind）

摄影师（The Photographer）

集装箱车（The Container Lorry）

城堡废墟（The Castle Ruins）

血亲（Blood Ties）

逗趣者（Jokers）

秘密（The Secret）

系列二（2008）

复仇（The Revenge）

愧疚（The Guilt）

信使（The Courier）

窃贼（The Thief）

大提琴家（The Cellist）

牧师（The Priest）

渗透（The Infiltration）

狙击手（The Sniper）

死亡天使（The Angel of Death）

幻影（The Phantom）

遗产（The Heritage）

催债（The Dun）

见证（The Witness）

英国电视剧

系列一（2008）

转向（Sidetracked）

防火墙（Firewall）

迟了一步（One Step Behind）

系列二（2010）

无名杀手（Faceless Killers）

微笑的男人（The Man Who Smiled）

第五个女人（The Fifth Woman）

在这部小说中，曼克尔补充了之前沃兰德缺失的经历。当然，这个侦探主角首次露面是在《无脸杀手》里。其时，他是一个高级警官，40岁出头，个人生活十分不幸。而《金字塔》交代了他早年经历的重大事件、主要人物、所调查的犯罪以及这一切如何形塑了首次登场的这个人物。读者看到的是一个遭受严重挫折的警探，坚持在业余时间调查一起谋杀案，看到他小心翼翼地向他的意中人莫娜求婚（第一部小说描写了莫娜已同他分手），小说还述及他和父亲关系十分紧张的缘由。这里汇集了整个系列小说的所有成功要素：机敏有加的推理犯罪调查、引人入胜的斯堪的纳维亚故事场景，外加（又非常重要）作为侦探主角的那种不屈不挠、生动活泼的人物性格。

场景，场景

总之，只要你是一个沃兰德小说粉丝，就应该去于斯塔德一游。别的不说，仅仅在书中（更别提据此改编的广受好评的瑞典电视连续剧，与肯尼斯·布拉纳主演的英国同名电视连续剧相较，或许更胜一筹），就有近60个场景值得寻访。如翰墨尼塔街18号，是《迟了一步》中那个郁郁寡欢的精神病患者的家，正是此人杀死了沃兰德的一位朋友。又如里格斯坦，是《第五个女人》（*The Fifth Woman*, 1996）所描述的另一个杀手的居住地，在这里，残忍的女权主义者伊冯·安德尔详细记录了自己杀害受害者的过程。不过更为重要的是，沃兰德经常出入的地方会让读者真正被这令人着迷的城市和国家所吸引。

有用的网址

于斯塔德旅游局安排的沃兰德步行游

www.inspector-wallander.org/guide/sweden

瑞典沃兰德世界游览指南

www.visitsweden.com/sweden/Regions--Cities/Southern-Sweden/Culture/Ystad--Kurt-Wallander

追踪沃兰德三日游，享受美食之乐

www.travelgatesweden.se/adventure-travel-packages/wallandertour-gastro

斯堪的纳维亚犯罪

由于亨宁·曼克尔的成功，斯堪的纳维亚国家的犯罪小说越来越受欢迎，已故斯蒂格·拉森的“三部曲”在世界各国畅销不衰。

下面列举这些北部国家的一些重要犯罪小说书目：

斯蒂格·拉森，“利斯贝思·萨拉德和米凯尔·布姆奎斯特三部曲”（Lisbeth Salander and Mikael Blomkvist trilogy），《龙纹身的女孩》（*The Girl with the Dragon Tattoo*, 2008）

杰伦斯·拉皮斯（Jens Lapidus, 1974— ），“斯德哥尔摩黑色三部曲”（Stockholm Noir trilogy），《快钱》（*Easy Money*, 2010）

哈坎·内瑟（Hakan Nesser, 1950— ），“范·维特伦探长系列”（Inspector Van Veeteren series），《博克曼的临界点》（*Borkmann's Point*, 2006）

艾克·爱德华森（Ake Edwardsson, 1953— ），“埃里克·温特系列”（Erik Winter series），《太阳与阴影》（*Sun and Shadow*, 2005）

乔·内斯博，“哈利·霍尔系列”（Harry Hole series），《魔鬼星》（*The Devil's Star*, 2005）

亚萨·拉森，“丽贝卡·马丁松系列”（Rebecka Martinsson series），《血溅》（*The Blood Spilt*, 2007）

卡米拉·拉克伯格，“帕特里克·赫德斯特罗姆系列”（Patrik Hedstrom series），《冰公主》（*The Ice Princess*, 2008）

卡琳·福索姆，“塞耶尔探长系列”（Inspector Sejer series），《怕狼的人》（*He Who Fears the Wolf*, 2003）

利萨·马克兰德，“安妮卡·本松系列”（Annika Bengtzon series），《轰炸机》（*The Bomber*, 2001）

约翰·西奥林（Johan Theorin, 1963— ），瑞典获奖作家，出版有多种犯罪小说，《死者的回声》（*Echoes from the Dead*, 2008）

玛莉·金斯特德（Mari Jungstedt, 1962— ），“安德斯·克努塔斯系列”（Anders Knutas series），《未见》（*Unseen*, 2006）

马伊·舍瓦尔（Maj Sjöwall, 1935—2020）和佩尔·瓦勒（Per Wahlöö, 1926—1975），“马丁·贝克系列”（Martin Beck series），《笑面警察》（*The Laughing Policeman*, 1971）

Marsvinsholm
DAG HAMMARSKJOLD'S WAY
KALLESJO
MALMÖVÄGEN
马尔斯维什图姆：于斯塔德城外7英里（12千米）处的豪华宅邸，在《无脸杀手》中出现，也是沃兰德寻踪之旅的必经之处。
DAG HAMMARSKJOLD'S WAY
BELLEVUEVÄGEN
MISSUNVAGEN
秃鹰咖啡馆：位于Linsgatan街3号；不妨尝一尝特别的沃兰德蛋糕。
MALMÖVÄGEN
翰墨尼塔街18号：《迟了一步》中，谋杀沃兰德友人的凶手就住在这里。
Harmonigatan
洲际酒店——你或许可以在沃兰德最爱的那张桌子前坐下来，不过为了避免失望，请提早预订。

曼克尔与沃兰德的瑞典

警察局：沃兰德的工作地点，位于其中一条进城的主路上。
Police Station
哈格斯塔德野生动物保护区：《迟了一步》中，三名青少年在这个美丽的公园里被杀害。
Hagestad Wildlife Protection Area
电影博物馆：收藏了珍贵的道具、剧照和沃兰德系列其他纪念品。
Cineteken Film Museum
Wallander's Flat
马里亚加坦街10号：沃兰德公寓是在于斯塔德探寻曼克尔的踪迹时的重要打卡点。
YSTAD
METALLGATEN
DRAGONGATAN
FRIDHEMSGATAN
KRISTIANSTADSVÄGEN
MILITÄRVÄGAN
BLEKEGATAN
REGEMENTSGATAN
STORA ÖSTERGATAN
ÖSTERLEDEN
LIREGATAN
LINGSGATAN
Tourist Office
Fridolfs Konditori
Hotel
ntinental
Railway Station
HAMNGATAN
SANKT KNUTS TORG
BORNHOLMSGATAN
《白母狮》中，克格勃特工雷克夫租住公寓所在地；《转向》中，一具尸体在附近的施工路段被发现。
火车站：《转向》中，一具被剥皮的尸体在这附近被发现。

迈克尔·卡尔森

乔治·希金斯与埃迪·科伊尔的波士顿

许多生活在波士顿，尤其是写过波士顿的人，并不把这座城市仅仅看作是一处居住地，而是把它看成一种灵魂，在表现咄咄逼人的优越感的同时，也隐匿着昔日风光不再、日渐衰落的内在意识。

波士顿曾是美国的心脏、革命的摇篮以及宗教、文化和商业的中心，而时至今日，无论在哪个方面，它都早已失去了昔时的辉煌，犹如美国在通往21世纪的高速公路上飞驰时，把它遗弃在了路边。

波士顿的灵魂之核是作为棒球比赛地的芬威公园棒球体育场。这个球场如同波士顿本身一样，也是旧时代的产物，外显的魅力下面掩盖着不适和虚幻。在芬威球场比赛的红袜队同样也是城市名片：即便波士顿私人侦探也戴着红袜队棒球帽。虽然红袜队在20世纪初名噪一时，但当时的老板哈利·弗雷齐（Harry Frazee, 1881—1929）在需要钱资助百老汇演出时，仍于1918年把上年联赛最佳球员小乔治·鲁斯（George Ruth, Jr, 1895—1948）——人称“鲁斯宝贝”——卖给了纽约洋基队。波士顿又等了86年才赢得一个冠军，而在纽约手里，这样的冠军已有26个。红袜队的常年失败，连同城市的受挫，以典型的波士顿风格演变成了一种骄傲印记、一种能力象征，由此理解生活乃失败与成功的并存，苦闷与快乐的交织，即便聚世上所有财富也无法更改，但纽约人可能不以为然。棒球场音响播放的斯坦德尔乐队1966年热门歌曲《脏水》显得意义非凡；歌词这样写道：“啊，我爱那脏水；啊，波士顿是我的家。”

在某些方面，波士顿堪比旧金山，两者均为别具一格的充满隐喻性的美国岛屿，共同维系着贵族般的优越感。然而，波士顿却从未像浓雾笼罩的旧

金山一样，拥有名探萨姆·斯佩德的浪漫地下世界。波士顿的传统犯罪因素看得见摸得着，如同这座城市的大多数人一样实在。波士顿的作家乐于将聚光灯瞄准隐匿的罪犯，或者描述有身份的人出于无奈而犯罪。就侦探小说而言，波士顿多年来依旧是二等公民，落后于纽约和加利福尼亚。然而，到了20世纪70年代，这一切因罗伯特·帕克和乔治·希金斯（George Higgins, 1939—1999）的出现发生了改变。

斯宾塞的波士顿

帕克笔下坚强而又敏感的前拳击手斯宾塞出现在39部小说（以及一部火爆的电视连续剧）中。他的波士顿犯罪调查与任何浪漫都无缘，相反充满了嘲讽的、精准的现实描写，从而将雷蒙德·钱德勒式的俏皮艺术上升到一个新的高度。像钱德勒塑造的马洛一样，斯宾塞曾任美国地方检察官办公室调查员；也和马洛一样，出于政治原因而辞职。这意味着他的案件调查并不顺利。但斯宾塞依旧活跃在波士顿旧城中心，行走在后湾富人区的每个角落。他先后设有三个办公室，都在公共花园附近。他的住所也离这里不远，毗邻博尔斯顿街和伯克利街拐角的办公室。1973年该系列问世时，这个区域的租金还不算昂贵，但如今已高不可攀。帕克的场景描写总是惜墨如金，但高度真

新竞争者查克·霍根

2004年，查克·霍根（Chuck Hogan, 1967— ）出版了基于波士顿场景的名作《窃贼王子》（*Prince of Thieves*）。该书在很多方面都会令人想起乔治·希金斯，但现实描写更接近丹尼斯·莱哈尼（Dennis Lehane, 1965— ）。小说呈现了一个情节曲折的“最后干一票”的经典故事。查尔斯顿的银行抢劫犯（同时又是被淘汰的前曲棍球明星）道格·麦克雷爱上了自己的一个人质，从而与一个联邦调查局特工成了情敌。整个情节按犯罪与家庭两条主线发展，描写极其动人，有如丹尼斯·莱哈尼的《神秘河》（*Mystic River*, 2001）。

实，这对他很重要，就像他在 1997 年的一次访谈中所说：

> 这就是雷蒙德·钱德勒让洛杉矶栩栩如生的方法。我需要城市场景有如阳光透过窗户式的真实……

斯宾塞的生活也不简朴，除了去健身房，不过连罗韦码头不远的大西洋大道上的亨利·西莫利海港健身俱乐部如今也贵族化了。斯宾塞学会了随波逐流。他喜爱的饮酒场所不是三流酒吧，而是上档次的五星级四季酒店里的布里斯托尔酒廊。同样，他喜爱的用餐场所——位于伯克利大街闹市区格里尔 23 号——也是波士顿最豪华的餐厅之一。鉴于斯宾塞的厨艺，他精通调制青酱并不亚于他精通使用手枪，这一喜好应在情理之中。

斯宾塞的女朋友苏珊·西尔弗曼是个心理学家，住在查尔斯河对岸剑桥区林奈街，那里是哈佛大学所在地，充满了自命不凡、不问世事的学者。斯宾塞乐于与苏珊分享每每令自己感到迷惑的学术见解。第一部斯宾塞小说——《歌德沃夫的手稿》（*The Godwulf Manuscript*, 1973）——实际是一个学术故事，所以当读者看到作为前波士顿东北大学教授的罗伯特·帕克让笔下这位侦探一次次地光顾各个

马萨诸塞州波士顿附近的神秘河

“我在大学里读过帕克的斯宾塞系列小说。大家议论侦探小说时，百分之九十的人认为他有影响力，其余则言不由衷。”

——哈兰·科本（Harlan Coben），《大西洋月刊》（*Atlantic Monthly*，2007）

学院以及精英预科学校，应该不会感到惊讶。斯宾塞经常被吸引到美丽的郊区，甚至与帕克小说系列的另一个角色杰西·斯通——帕拉戴斯警察局局长——轮番站在波士顿北岸沉思，那里是原马布尔黑德岛渔港。

关于小说场景设置的重要性，罗伯特·帕克曾有如下表述：

> 有种说法，场景更重要，我认为，那只是对作者而言……假如雷蒙德·钱德勒生活在芝加哥，马洛仍旧是马洛；而我认为假如我住在辛辛那提，那么斯宾塞也会在辛辛那提工作。

然而，他的众多粉丝可能并不同意这一说法。

希金斯的波士顿

罗伯特·帕克打造斯宾塞之时，乔治·希金斯正忙于剖析波士顿的内部运转机制，仿佛波士顿是发生故障的钟表，而他是钟表大师。他的小说中心主题是探查（或未能探查）事情的成因，尤其是商业中合法和非法的互相让步。

他备受瞩目的处女作《埃迪·科伊尔的朋友》（*The Friends of Eddie Coyle*, 1972）囊括了波士顿的所有场景，沙伦镇的郊外火车站和剑桥的查尔斯河沿岸的林荫纪念大道均成为枪贩交易的场所。沙伦镇离沃波尔的前马萨诸塞州惩教所很近，后者就像一柄达摩克里斯剑悬在整部小说上空。如同希金斯小说中众

"希金斯十分优秀，也许可以称为美国战后杰出的政治小说家。"

——英格兰艺术委员会前主席格雷·戈瑞（Grey Gowrie, 1939— ）

多嘲讽性故事，科伊尔遭到"朋友"狄龙的杀害，之前狄龙在古老的波士顿花园（位于科斯威大街，现为北岸中心）招待他看了一场波士顿棕熊队的冰球比赛。1973年，彼得·耶茨（Peter Yates, 1929—2011）成功地将小说搬上电影银幕，并由罗伯特·米彻姆（Robert Mitchum, 1917—1997）出演科伊尔。他最后的台词便是以浓重的乡音夸耀棕熊队明星球员的技艺："四号，鲍比·奥尔"。

希金斯笔下唯一的小说系列人物——贯穿四部小说的始终——是呼声颇高的辩护律师杰里·肯尼迪。这个人物并无希金斯本人的丝毫痕迹。小说中，他主要作为精于世故、贪图小利的政界、法律界和商界的代表，反映了当今波士顿的社会现实。肯尼迪经营着两家事务所。其中一家毗邻斯宾塞的家——博尔斯顿和特里蒙特拐角的利特尔大楼，现在该大楼是爱默生学院的一部分；另一家位于比肯街20号，正对着马萨诸塞州议会大厦，用希金斯的话来说，是罗马元老院议员和集聚在维拉德酒店里的腐败政客之间的交汇点。

有趣的是，在耶利米·希利（Jeremiah Healy, 1948—2014）已被严重低估的小说系列中，律师出身的侦探约翰·卡迪位于特里蒙特街的事务所也在州议会大厦附近——假如他向南走得足够远，穿过波士顿绿地和公共花园，说不定会与斯宾塞相遇。卡迪的辩护习惯是事先参拜妻子的坟墓，同她说话，倾诉自己的难处与担忧。墓地是虚构的，从那里可俯瞰波士顿南部的港湾。

更广阔的世界

事实上，希金斯的两部最发人深省的小说都把场景设置在波士顿郊外马萨诸塞州西部伯克希尔山脉。在《曼德维尔的天赋》(*The Mandeville Talent*, 1991）中，退休检察官巴尔多·伊亚努奇帮助一对年轻夫妇调查一起谋杀案。一个女人的祖父被害，他是一个成功的银行家。巴尔多倾囊相授生活的真谛，并直接告诉这对夫妇该如何应对地产经纪人的蒙骗。故事围绕着伯克希尔山脉——波士顿人豪华度假胜地展开情节，包括设置在

屏幕上的波士顿

在很多电影里，波士顿都是受欢迎的取景地。《埃迪·科伊尔的朋友》(*The Friends of Eddie Coyle*, 1973)，基于同名小说改编，被广泛认为忠实地再现了原作。导演彼得·耶茨；主演罗伯特·米彻姆，这也是他毕生最引以为豪的表演之一。

《神秘河》(*Mystic River*, 2003)，由克林特·伊斯特伍德(Clint Eastwood, 1930—)执导，凭借肖恩·潘(Sean Penn, 1960—)和蒂姆·罗宾斯(Tim Robbins, 1958—)的出色表演，赢得两项奥斯卡奖。《禁闭岛》(*Shutter Island*, 2010)，由马丁·斯科塞斯(Martin Scorsese, 1942—)执导，莱昂纳多·迪卡普里奥(Leonardo DiCaprio, 1974—)、马克·鲁法洛(Mark Ruffalo, 1967—)和本·金斯利(Ben Kingsley, 1943—)主演，首次上映毁誉参半，影评人菲利普·弗伦奇在《观察家》(*Observer*)撰文，称"影片……需要再看一遍才能做出适当评价"。

电视剧里的帕克

罗伯特·帕克播映时间最长的电视连续剧是罗伯特·乌里希(Robert Urich, 1946—2002)主演的《斯宾塞：出租》(*Spenser: for Hire*)，自1985年至1988年，共65集。叙述者用画外音铺陈情节，跟小说原作一样。

《斯宾塞：仪式》(*Spenser: Ceremony*, 1993)

《斯宾塞：苍白的国王和王子》(*Spenser: Pale Kings and Princes*, 1994)

《斯宾塞：犹大山羊》(*Spenser: The Judas Goat*, 1994)

《斯宾塞：一个野蛮的地方》(*Spenser: A Savage Place*, 1995)

《普德泉庄园》(*Poodle Springs*, 1998)

《斯宾塞：小恶习》(*Spenser: Small Vices*, 1999)

《无影无踪》(*Thin Air*, 2000)

《行走阴影》(*Walking Shadow*, 2001)

《蒙特沃尔什》(*Monte Walsh*, 2003)

《冰凉》(*Stone Cold*, 2005)

《杰西·斯通：夜间通道》(*Jesse Stone: Night Passage*, 2006)

《杰西·斯通：天堂中的死亡》(*Jesse Stone: Death in Paradise*, 2006)

《杰西·斯通：巨变》(*Jesse Stone: Sea Change*, 2007)

《杰西·斯通：薄冰》(*Jesse Stone: Thin Ice*, 2009)

坦格尔伍德的一个场景——波士顿流行歌曲户外演唱会。案情描写基于新罕布什尔州一桩真实谋杀案，希金斯在担任马萨诸塞州总检察长助理时曾亲自调查过这个案件。时隔数年，希金斯又在《重力变化》(*A Change of Gravity*, 1997）中描写了伯克希尔高地，这次场景设置在霍利奥克。

希金斯的小说充满了对话，正如作者所说的：

> 讲故事的是人物，而不是我。他们会告诉你们一切。我要是做对了，你们就能获得完整的故事。

有用的网址

提供各种徒步路线，既有波士顿文学之旅，也带旅行者前往城市角落

www.bostonbyfoot.org

斯宾塞的波士顿游览指南

www.bullets-and-beer.com/Boston.htm

职业棒球大联盟老灰姑娘的官方网站

http://boston.redsox.mlb.com/index.jsp?c_id=bos" http://boston.redsox.mlb.com/index.jsp?c_id=bos

芬威公园棒球体育场，波士顿红袜队主场

丹尼斯·莱哈尼

作家丹尼斯·莱哈尼也以波士顿的场景设置著称。他曾说《埃迪·科伊尔的朋友》是“波士顿小说之最”。这话可能属溢美之词，因为毫无疑义，他本人的《神秘河》就可以与希金斯的这部经典之作媲美。但莱哈尼恰如其分地赞扬了希金斯捕捉该城市的“部落文化”和“宿命论”，他本人在《神秘河》中也有类似表现。尽管在名义上，小说的场景设在一个名叫东白金汉姆的虚拟之地，仍不免让人联想到波士顿的精髓。莱哈尼将查尔斯顿这个波士顿神秘河对面的真实场所，与波士顿南区，或穿过福特角港道的“南波士顿”，以及南波士顿南边的多彻斯特混合在一起。

莱哈尼生长在多彻斯特。正是以此地为场景，他创作了五部系列小说，故事主人公是两个别具风格的侦探帕特里克·金齐和安吉·根纳罗。场景设置的真实性基于这两个主人公的一言一行，他们也生长在多彻斯特，深深地打上了这个地方的印记。某种意义上，生活与孩提时代别无二致，同样的帮派、同样的欺侮、同样的憧憬和失望，奋力与命运搏斗。这种宿命论被完美捕捉到 2007 年本·阿弗莱克（Ben Affleck, 1972—　）根据莱哈尼的小说《失踪的宝贝》（*Gone Baby Gone*, 1998）改编的同名电影之中。安吉·根纳罗的家人据信是掌控波士顿犯罪的歹徒。颇有意思的是，在罗伯特·帕克创作的以前女警桑尼·兰德尔为侦探主角的系列小说中，她前夫的家人同样被描述成有幕后掌控波士顿犯罪的能力。假如这两个侦探主角的家人彼此发现对方的身份，不知作何感想。

当然，《神秘河》已被克林特·伊斯特伍德于 2003 年改编成一部恐怖片，据说是他最好的一部电影。影片展示了莱哈尼的童年梦魇回归的主题，当事者大部分卷入了金齐、安吉·根纳罗及其朋友的生活。镜头拍摄地大部分在南波士顿，如肖恩·潘饰演的吉米·马库姆所工作的商店原型是 K 街 366 号的米勒超市，但伊斯特伍德的直升机航拍混合了多个海港小岛，让观众感觉到真实的查尔斯顿区域只限于这些劳工阶层小岛，从而割裂了四季酒店的酒吧天地和议会大厦对面的律师事务所。此外，在哈佛广场喝咖啡的人数也显得稀少。2010 年，莱哈尼的小说《禁闭岛》又被马丁·斯科塞斯搬上银幕，且引起轰动。影片场景设在波士顿海港小岛的精神病医院，主要以波士顿的佩多克斯岛为拍摄地。

神秘河：在美国文学中反复出现的短航道，从朗费罗（Longfellow）的诗《保罗·里维尔的旅程》(Paul Revere's Ride）到丹尼斯·莱哈尼的作品均有提及。
Massachusetts Correctional Institute, Walpole
CAMBRIDGE
剑桥：斯宾塞的女友苏珊·西尔弗曼的居住地。
MEMORIAL DRIVE
AREA IV
MASSACHUSETTS AVENUE
博伊尔斯顿街和伯克利街 Boylston and Berkeley streets：斯宾塞的侦探所坐落在街角。
Charles River Basin
芬威公园：波士顿红袜队的主场。
MARLBOROUGH STREET
Office on corner of Boylston/Berkeley
MASSACHUSETTS TURNPIKE
坦格尔伍德：户外音乐会场地，是在《曼德维尔的天赋》中出现过的波士顿流行乐团（波士顿交响乐团）的演出场地。
Red Sox Baseball stadium Fenway Park
Tanglewood
SOUTH END
CENTRAL VILLAGE
Harvard University
HUNTINGTON AVENUE
COLUMBUS AVENUE
伯克利街 Berkeley Street：斯宾塞特别中意的波士顿一流餐厅格里尔 23 号所在地。
BROOKLINE
DORCHESTER

波士顿犯罪小说地标

CHARLESTON
Mystic River
Marblehead
北岸中心：前波士顿棕熊队主场；埃迪·科伊尔遇害之前在这里看了一场比赛。
JEFFRIES POINT
Bank North Centre
BOSTON
大西洋大道：斯宾塞锻炼的地方——亨利·西莫利的海港健身俱乐部所在地。
20 Beacon Street
Rowe's Wharf
Boston Common
ATLANTIC AVENUE
MASSACHUSETTS TURNPIKE
Emerson College
爱默生学院：正对着马萨诸塞州议会大厦。
Little Building
K街366号：这里的米勒超市是电影《神秘河》中肖恩·潘工作的商店。
SOUTHIE
Miller's Market (366 K Street)
SOUTHEAST EXPY
佩多克斯岛：2010年斯科塞斯指导的莱哈尼小说同名电影《禁闭岛》的取景地。
Old Harbor
Paddock Island

约翰·哈维

约翰·哈维与查理·雷斯尼克的诺丁汉

诺丁汉的英雄偶像辈出，即使不提传说中的12世纪“逃犯”罗宾汉，从拜伦勋爵（Lord Byron, 1788—1824）到足球教练布莱恩·克劳夫（Brian Clough, 1935—2004）、滑冰双人组合杰恩·托维尔（Jayne Torvill, 1957— ）和克里斯多夫·迪恩（Christopher Dean, 1958— ），从登山运动员道格·斯科特（Doug Scott, 1941—2020）到高端时装设计师保罗·史密斯爵士（Sir Paul Smith, 1946— ），各路人杰应有尽有。

HP酱、布拉姆利苹果源自诺丁汉，核磁共振、护胫、蓝翎自行车的发明也是如此。至于宣称属于这个郡的作家，最有名的包括D.H.劳伦斯（D. H. Lawrence, 1885—1930）、艾伦·西利托（Alan Sillitoe, 1928—2010），后者的《周六晚上和周日早上》（*Saturday Night and Sunday Morning*, 1958）描述了诺丁汉旧城区劳工阶级的种种粗暴行径。格雷厄姆·格林（Graham Greene, 1904—1991）和詹·马·巴利（J. M. Barrie, 1860—1937）都曾在《诺丁汉日报》（*Nottingham Daily Journal*）当过记者；而儿童作家海伦·克莱斯韦尔（Helen Cresswell, 1934—2005）和小说家斯坦利·米德尔顿（Stanley Middleton, 1919—2009）一辈子都在诺丁汉生活和工作。当代作家当中与诺丁汉有关联的包括剧作家迈克尔·伊顿（Michael Eaton, 1954— ）、比利·艾沃里（Billy Ivory, 1964— ）和斯蒂芬·洛伊（Stephen Lowe, 1947— ），小说家乔恩·麦格雷戈（Jon McGregor, 1976— ）和尼古拉·莫纳亨（Nicola Monaghan, 1971— ），以及笔者本人——约翰·哈维（John Harvey, 1938— ）——虽说几年前我已离开诺丁汉，去了伦敦。

诺丁汉的过去与现在

诺丁汉位于英格兰中东部，远离大海，人口不到25万，不过算上周边地

区，接近 70 万，是英国第七大城市。

同其他许多大城市一样，诺丁汉实现了制造业转移，从一个繁荣的工业中心变为一个基于金融和商业服务以及旅游业发展的经济实体。20 世纪 60 年代中期，我首次踏上这片土地。在我供职的中学，大部分学生 15 岁就弃学，男孩子下矿井挖煤，女孩子则进纺织厂，这在当时被认为理所当然。而现在，煤矿早就倒闭，纺织厂也变成了大学分校或者公寓大楼。蓝翎自行车工厂曾经作为《周六晚上和周日早上》中亚瑟·西顿的工作地而声名大振，可如今它早就关上大门，并被不断扩张的大学城吞并。

尽管如此，或者按某些人的说法，正因如此，诺丁汉才没有成为一个贫穷的城市。然而，如同这个国家的其他城市一样，诺丁汉的有钱人和穷人的差距在继续扩大，存在着相当规模的贫困人口集聚地。哪里有贫穷，失业便如影随形。凡是受教育程度低下之处，必定会发生某种犯罪。那不会是金额成千上万的大型企业或者白领阶层的犯罪，而是街头层面的作奸犯科，诸如聚

三明治人

查理·雷斯尼克吃三明治的习惯众所周知。此时他正和他众多猫里的一只共享美餐：

“三明治用金枪鱼、蛋黄酱、小片腌黄瓜和蓝纹奶酪碎块做成。蛋黄酱不断从它边上流出，滴到他手指上，咪咪蒂奇因此从他的腿上转身伸首，打算舔个干净。而比莉·哈乐黛和莱斯特·杨此时正通过对话耳机伴着乐声隔空缠绵。”

——《寂寞心灵》(*Lonely Hearts*, 1989)

众斗殴、明夺硬抢、迅速销赃等，歹徒想干就上，干了就跑。

2000 年至 2003 年，诺丁汉频频发生枪击案并被广泛报道，从而在大众传媒有了一个“枪丁汉”(Shootingham)的昵称。此后，英国成功申办 2012 年奥运会，一则玩笑又不胫而走：田径在伦敦，划船在亨利镇，而射击在诺丁汉。很大程度上，这则玩笑也是对诺丁汉警方率先在英国获准可以在这个内陆城市的某些区域佩枪巡逻的回应。从那以后，枪击案报道的数量有所下降(一如既往不报道，未必真的是案发率下降)。

毒品交易

正如 2008 年我出版的雷斯尼克系列小说《手头紧张》(*Cold in Hand*)所描述的，一些暴力是区域性的，随着不同帮派年轻匪众的敌对情绪而加剧；但更多严重的暴力犯罪正如早期雷斯尼克系列小说《临终圣事》(*Last Rites*, 1998)所描述的，源于不断升级的毒品交易和内部争斗。

2006 年，诺丁汉警方历时 3 年，出击 80 多次，逮捕 100 多人，终于捣毁了一个贩毒团伙。该团伙总部就设在城市北部的布伦特伍德庄园，他们面上一直低调守法。而他们的头目，尽管过去曾涉嫌策划 4 起谋杀案和 50 多起枪击案，但始终逍遥法外。直到这次，他因策划双重谋杀而落网，被判处 35 年监禁，2007 年又因贿赂诺丁汉警方加刑 9 年。

此番警方行动，采用了一度因预算而被搁置的破获大规模犯罪案件的行动方案——看起来似乎很有效，热门电视剧《火线》(*The Wire*)曾有所

东道主诺茨郡足球俱乐部的梅多莱恩比赛场

> **“诺丁汉地域广袤，四通八达，只是一个模糊的集合体。如果以锡耶纳为参照，诺丁汉并不存在。”**
>
> **——D.H. 劳伦斯，“诺丁汉和采矿乡村”**
> **（“Nottingham and the Mining Country”，1929）**

披露。各个参与案件调查的团队彼此规避，只在特别需要时才互通信息，而一旦发现生命受到威胁，资深警官会收到从家庭撤离的方案。

不过，诺丁汉仍不失为一个充满活力的城市，有着丰富的文化场所和餐饮地，而且超过四分之一的人口在 20 岁至 34 岁之间。然而，正是犯罪——或者说犯罪感——令人对这座城市感到失望。

哈维的诺丁汉

近 20 年来，我在市内外 5 个不同的地方住过，曾 3 次成为犯罪行为的受害者。一次，有人撬开了我的汽车，拿走了车内的物品；又有一次，我放在后花园的新自行车不翼而飞；还有一次，在我沿路去买面包时，有人闯入了我的家，所有值钱的东西都被洗劫一空。我最近遭受的暴力威胁来自梅多莱恩体育场的愤怒球迷，他们在观看一场特别激烈的足球比赛时情绪失控。但从那以后，我像这座城市的老住户一样熟悉了生活环境，知道哪里安全，哪里不能去。

如果我不喜欢诺丁汉、感到生活在这里不安全，我就不会再回来。如果诺丁汉不是前面说的好中有忧，它也就不会成为查理·雷斯尼克探长赖以蓬勃成长的沃土。如今他已出现在 11 部小说、2 部电视剧、4 部广播剧和许多短篇小说里，更不必说这些作品已被译成近 20 种语言了。

雷斯尼克的渊源

我最早想到要创作以诺丁汉为场景的系列警察司法小说是在撰写电视连续剧《棘手案件》（*Hard Cases*, 1988）第一集 6 个脚本的时候。这部电视连续剧主要描述诺丁汉几个负责假释的官员，如何深入到街头巷尾以及当事人高度集中的劳工阶级居住地，开展案情调查和生活的经历。正是在拍摄实地场景时，我猛然意识到，这些场景完全可以用于一套不错的现实主义犯罪小说。反正，可以试试，而不是只盯着剧本。《棘手案件》的结构非常接近美国警察电视连续剧《希尔街蓝调》（*Hill Street Blues*, 1981—1987），这难道不是回归本源吗？接下来要做的，只是把《希尔街蓝调》的弗兰克·福瑞罗，换成我的中心人物，

> **“如果把约翰·哈维的小说比成查理·帕克（Charlie Parker, 1920—1955）弹奏的音乐，那么哈维唱出了人们因创伤太深而无法表达的忧郁心声。”**
>
> **——《纽约时报书评》(*New York Times Book Review*)**

其他一切都围绕着他设计。找到他后，就让他就位。

场景优先。在征求了诺丁汉警察局两名资深官员的意见之后，我选择了市中心边缘地带坎宁广场一个小警察局作为我虚构的侦探主角的行动基地。之所以选择远离闹市的中区警局，目的是让他可以率领一支规模较小的团队，从而做到了——用小说家的话来说——行动可控。况且这个警察局位于帕克高档住宅区和始于阿尔弗雷顿路的相对冷僻、落后的区域之间，这也为比较这个城市的两极——富人和穷人，提供了一个良机。

作为雷斯尼克行动基地的警察局设置在市内，既与市中心保持一定距离，让读者感觉到有独立性，又与市中心相距不是太远，不至于被认为是荒郊野外。确切位置，是在诺丁汉东北部的主干道扇形地带之间，属于世纪之交的老式排屋，周围布满新盖的简陋市政建筑和早期不起眼的公寓楼，现正连着人行道一起等待被拆除。住在那里的大都是穷苦的劳工阶级，这意味着他们能幸运地在此找到工作。每天，加勒比黑人、亚洲人和白人按时走进工厂，生产自行车、香烟和针织内衣，直至工厂被机器推平，变成超市和花边旧闻博物馆。西边是一圈富人区，有维多利亚时代的豪宅和网球场，街道起伏，绿树成荫，灌木丛下面的平地大得足以盖一幢小屋，外加羽毛球场地。这些人每年会有一次相互开放自家花园的活动，提供自己做的淡柠檬水，当然，收一点钱，用作慈善。唯一看到过的黑色脸庞属于抄近路或迷路的过客。

——《粗暴对待》

(*Rough Treatment*, 1990)

粗暴对待

雷斯尼克本人进入角色较慢。有关背景和性格的线索要等到我花大力气描绘了这个城市的波兰裔住民之后才逐步展开。我决定让雷斯尼克带有波兰血统，他在诺丁汉师范学校读书时经常陪父母在波兰俱乐部度过夜晚和周末。他生长在这个城市，但同时又是局外人。这很适合我的创作意图。多数时候，他会在早晨去超市的路上喝杯咖啡，这与

屏幕上的雷斯尼克

约翰·哈维有两部小说被改编为英国广播公司的电视剧，由后来出演《一脱到底》(*The Full Monty*, 1997) 的汤姆·威尔金森 (Tom Wilkinson, 1948—　) 担纲主演。此人天生有种忧郁气质，很适合饰演一个追捕精神病杀人犯的侦探，但因此也被众多红粉贴上了“忧郁探长”的标签。

哈维希望有更多的作品被搬上屏幕，但对前景持理性态度：“大多数犯罪小说作家，只要是写过一些还算不错小说的，都有此想法。少数被改编成电视剧，大多数没有。如果其中一部被拍摄，而且效果很好，那当然是好事。如果拍摄地是诺丁汉，那敢情更好……如果还被制作成其他媒体形式，那简直好极了。但是你不能坐等这种事发生。”

 电视剧

《雷斯尼克：寂寞心灵》(*Resnick: Lonely Hearts*, 1992)

《雷斯尼克：粗暴对待》(*Resnick: Rough Treatment*, 1993)

我自己的生活习惯相像。他还常常向十几个总是待在超市入口处的年迈波兰裔住民点头示敬。

> 诺丁汉有两家购物中心，他经常光顾的意式咖啡店就在其中一家购物中心的高层商铺。其他商铺销售蔬菜、水果、鲜花、鱼、肉和面包，还销售加勒比和亚洲特产。雷斯尼克大多去这里的两家波兰熟食店购物，并不时用带有英国中部口音的家乡话同熟人寒暄。
>
> ——《蹉跎岁月》
>
> （*Wasted Years*, 1993）

雷斯尼克的诺丁汉

在最初几部小说中，雷斯尼克的住所不一。但自90年代初英国广播公司拍摄《寂寞心灵》和《粗暴对待》起，场景固定在东北部的亚历山德拉公园。那是一座独立式住宅，结实、沉闷，高耸的后花园俯视着下方的亨格希尔花园和圣安妮街。

现在的市中心一如20世纪60年代我记忆中的模样，小说中雷斯尼克也有类似的感觉。不过，我俩经常光顾的两家酒吧——“飞马”和沃特森·福瑟吉尔设计的“黑人男孩”，都不复存在。而且，在两只石狮蹲守的威严的诺丁汉市政厅前面，老集市广场已经焕然一新，夏季运来的几吨沙子，让它看起来像海滩。

不过，广场另一边的“叶茨酒馆”——曾经受到艾伦·西利托和D.H.劳伦斯的青睐——依然存在。虽说地板没有锯末，阳台也没有三重奏，但对面的贝尔旅馆仍在周日午时演奏爵士乐。粉丝猜测，如今雷斯尼克更可能在周二晚上去舍伍德街“五道酒馆”欣赏爵士乐。

诚然，小说没有述及雷斯尼克将自己的足球粉丝立场转向河对岸的过程，即放弃支持诺丁汉森林足球俱乐部，转而支持诺茨郡足球俱乐部。但我怀疑，恰恰是因为在20世纪80年代初，诺茨郡足球俱乐部跻身甲级联赛，风光了3年，又在接下来的几个赛季中两次降级。没有谁比我更了解雷斯尼克，把他扔向弱者才能更好地体现他的个性。

> 客队一方的支持者聚集在远处的球门后面呐喊、嘲笑着。而主队一方的球迷，有几个也打着手势，以呐喊和嘲笑回应，其余的则低着头，准备离开。雷斯尼克和米灵顿两人仍不为所动，一直等到痛苦的结局。“很高兴知道有些事情不会改变”，米灵顿说道。此时，他们正在离场。“还知道如何在终场压哨又丢三分。”
>
> ——《手头紧张》
>
> （*Cold in Hand*, 2008）

有些事情不会改变，有些变了一点。作为一座城市，一个居住地，诺丁汉正在尽最大努力改变，变得更好。也许有一天，我会回到那里并有所发现。至于查理·雷斯尼克，他正在缓慢地、无情地变老，离退休越来越近，而且，我怀疑他会越来越固执。他永远不会搬家，也永远不会离岗，直到如他所说，把他装进棺材抬走。在那之前，他会坚守岗位，一如既往地拥抱希望和遗憾。

有用的网址和地址

诺丁汉城市休闲游

www.visitnottingham.com/exec/135348/11111

D.H. 劳伦斯文化遗产中心

8a Victoria Street, Eastwood, Nottinghamshire

www.broxtowe.gov.uk/index.aspx?articleid=4700

因《周六晚上和周日早上》而闻名的自行车游打卡点

http://tatehandheldconference.pbworks.com/Sillitoe+Trail

叶茨酒馆

49 Long Row, Nottingham NG1 6JB, 0115 947 3334

www.weareyates.co.uk

NOTTINGHAM ROAD
STOCKHILL
THE FI
WAY.
阿尔弗雷顿路：在这里，富有的商业中心让位给城市中较贫穷的区域。
叶茨酒馆：有名的酒馆，出现在D.H.劳伦斯、艾伦·西利托和哈维的作品中。
ALFRETON ROAD
坎宁广场警察局：雷斯尼克工作的警局很小，远离位于闹市的中区警局。
WOLLATON ROAD
Canning Circus
Police Station
The
Bell Inn
THE PARK
Wollaton
Park
LENTON
A52 DERBY ROAD
QUEENS DRIVE
贝尔旅馆：爵士乐迷雷斯尼克有时在这里参加周日的现场演出。
老集市广场：这里高200英尺（60米）的市政厅是诺丁汉最有名的地标建筑。

哈维与雷斯尼克的诺丁汉

Brentwood Estate
布伦特伍德庄园：诺丁汉城郊住宅区，在长达三年的时间里，这里曾是一个毒品交易中心，直到2006年被警方突袭。
LANE
ROAD
亚历山德拉公园：小说中从未提到过，电视剧中雷斯尼克在这里居住。
WOODBOROUGH ROAD
Alexandra Park
Hungerhill Gardens
诺丁汉滑冰场 Nottingham Ice Rink：世界著名滑冰运动员托维尔和迪恩的摇篮。
COLWICK
ST ANN'S
NOTTINGHAM
Yates's Wine Lodge
Old Market Square
诺茨郡足球俱乐部：世界上最古老的职业足球俱乐部（成立于1862年），一直被对岸更成功的邻居掩盖光芒。
Colwick Country Park
MANVERS ST
Rail Station
QUEENS DRIVE
River Trent
Notts County FC
Nottingham Forest F.C.
诺丁汉森林足球俱乐部：在诺丁汉森林赢得1978年英格兰联赛杯冠军、1979年和1980年欧洲冠军联赛冠军之后，雷斯尼克认为他们过于出色，转而开始支持这座城市的劣势球队。

彼得·罗佐夫斯基

安德里亚·卡米内里与蒙塔巴诺的西西里

安德里亚·卡米内里（Andrea Camilleri, 1925—2019）出生在毗邻阿格里真托神殿之谷的波托恩佩多克，他以自己的居住地为原型虚构了萨尔沃·蒙塔巴诺探长工作的小镇，但他描绘的西西里场景并不包含任何古文化遗址。

恰恰相反，卡米内里描绘了现代工业社会的废墟。它们的存在是一个客观事实，象征着隐匿的政治腐败，它们构成了西西里的一道真实风景线。

与政客的较量

首部蒙塔巴诺小说《水的形状》（*The Shape of Water*, 1994，英语版2004）开篇描写的是岛上一座废弃化工厂阴影笼罩下的一片灌木丛。这里有个动听的名字——“牧场”。但颇具讽刺意味的是，它以传说中的户外妓院著称。卡米内里没有指责妓院出卖肉体的女人、男人和性别模糊者，而是开蒙塔巴诺系列小说抨击风格之先河，对那里的政客和为之献金的商人进行了无情的嘲讽。这些人曾经毁灭了这片土地，现在又不遗余力地毁灭生于斯、长于斯的人民：

（牧场）后边是一座大型化工厂的废墟。当年刮起颇为壮观的开发风时，红极一时的商会副会长库苏马诺曾在这里剪彩。但很快，开发风幻化成几个泡影，直至完全消失。然而，短暂的时间里，它造成的破坏比龙卷风还大，留下了大量失业，补偿金发放也混乱不堪。

在《八月炎热》(*August Heat*, 2008）里，西西里一幢度假别墅的非法地下建筑藏匿着一个年轻女子的尸体和杀害她的男子的秘密。为何要偷偷建造此建筑？蒙塔巴诺觉得别墅主人是“寄希望于政府大赦”。不然，他说，整幢别墅都会被强拆：

消防队长哈哈大笑。

“强拆？这里大大小小的房屋，没有一处不是非法建筑。”

而在该系列的第11部《狮身人翼》（*The Wings of the Sphinx*, 2009）中，蒙塔巴诺抱怨政府只顾公共工程，不顾公众利益：

> 探长开始骂娘。警局没有汽油，法院没有纸墨，医院没有温度计；而与此同时，政府还在考虑修建墨西拿海峡大桥。

幽默个性

尽管卡米内里见解深刻，但许多读者更偏爱他的幽默感。卡米内里经常会绘声绘色地说一些讽刺笑话，或者是豪言壮语。通常，蒙塔巴诺越靠近大海感觉越好，这不仅因为地中海能提供他爱吃的海鲜。他的消遣方式是在屋后海滨长距离游泳。他喜欢饭后散步，一直走到他居住的维加塔镇码头。在蒙塔巴诺的世界，人类似乎在水边与自然世界更加和谐：

> 他张开嘴巴，深深地吸了一口气。他喜欢维加塔港的气味。
>
> “喜欢这里的气味？所有的港口都有股恶臭。”有一次，利维亚对他说。
>
> 不。每个港口的气味都不同。维加塔港的气味闻起来有海水滋润的缆绳、日光下暴晒的渔网、碘、腐坏的鱼，以及混杂有焦油的新鲜的干海藻，再加上一点汽油，比例十分协调，非其他港口能比。
>
> ——《游览丁达利》
>
> （*Excursion to Tindari*, 2006）

嗜烟如命的作者

安德里亚·卡米内里生于1925年9月6日，曾在西西里上大学，但没有获得学位。1944年前后，他参加了意大利共产党。1948年，他去了罗马，学习戏剧、电影编导，导演了家庭挚友路易吉·皮兰德娄（Luigi Pirandello, 1867—1936）的几部戏剧。一生嗜烟如命。

语言联想

在翻译卡米内里的小说时，斯蒂芬·萨塔列里（Stephen Sartarelli, 1954— ）采用了许多明智的做法，从而建构了一门另类地理学，亦即蒙塔巴诺小说的语言地理学。萨塔列里将卡米内里的行文特征总结为俚语、方言、“文字花哨”等多种要素不同寻常的组合。在将这样的“嘈杂”和“色彩斑斓”，转换成英语文本时，他故意乱用词语，夹杂着食谱和谩骂，并不时直接使用原语，譬如 cornuto。“在意大利语中，这个词表示‘戴绿帽者’”，萨塔列里在他的一个知识性、趣味性译注中告诉读者，“整个意大利都有同样的贬义，以南部地区为甚，尤其西西里。”

此类原语起着激发联想的作用，能让整个译本充满意大利风味。当读者看到“蒙塔巴诺开始骂娘”，仿佛已经听到意大利语骂娘声。

对于北美或欧洲高寒地区的犯罪小说作家和读者，食物可能暗示着肮脏、独居或古怪。而在让-克劳德·伊佐笔下的马赛、曼纽尔·蒙塔尔班（Manuel Montalbán, 1939—2003）笔下的巴塞罗那和卡米内里笔下的西西里，它更带有一种宗教意味，一种特别喜庆的宗教意味：

“他们一边吃，一边谈论饮食，这在意大利是种常态”，《水的形状》的作者如此描述。在后来的小说里，蒙塔巴诺更注重饮食；万事以享用美食为先。而读者看到他们津津有味地吃着通心粉、木瓜和奶酪，也往往会激起共鸣，想象自己正在享用这些食物的味觉和香气。

大人物和小人物

卡米内里描绘的人性道德景观包罗万象，涉及谨慎的农民、好色之徒、受伤的恋人，以及各种狡诈的、不道德的政客。在 20 世纪 90 年代意大利反腐“飓风”中，有这样一个人物：

> ……变成了一艘潜水艇，仅靠潜望镜在水下航行，只有瞄到港口可以安全停泊才浮上水面。该港口系前米兰房地产投机商所建。他现在是全国顶级三大私营电视台总裁，同时兼任国会议员、政党党魁，最后一个职务是总理。
>
> ——《纸月亮》，
> *The Paper Moon*, 2008

> **“蒙塔巴诺很感动。这是真正的友谊，西西里的友谊，基于直觉，基于默契。与真正的朋友相交，从来不需要表白，因为对方也心有灵犀。”**
>
> **——安德里亚·卡米内里，《偷零食的贼》（*The Snack Thief*, 2005）**

在社会天平另一端的是《八月炎热》中深受警察欺辱的农民，是《四舍五入》(*Rounding the Mark*, 2006）中被贩卖的移民受害者和非洲街头招徕顾客的毒贩。在《小提琴之声》(*Voice of the Violin*, 2003）中，一位女士一句“你是警察?”的问话激起了作者如下深邃思考：

> 不知经历了多少警察暴力执政，这位西西里女士才磨炼出一眼认出执法人员的能力。

出人意料的是，蒙塔巴诺的人性景观图几乎不涉及黑手党。其中原因，卡米内里在2007年《独立报》的专访中做了解释：

> 小说和电影中，黑帮形象往往塑造得令人十分向往。我觉得黑手党不配这样。对黑手党的描写，就该像警察局局长不合文法的报告、法官最后判决时的推理那样。那才是他真实的模样，就该让他们保持原样。

蒙塔巴诺对待黑手党的态度反映了早期西西里作家莱昂纳多·夏西亚

烹饪美食

早在中世纪，西西里岛就是欧洲的主要通商口岸，迄今已留下了许多文明遗迹，有建筑的、文化的、语言的。这些外来文明征服了海岛，并融入了当地居民的生活。有大量的阿拉伯、希腊、诺尔曼和西班牙的文化例证，但最大的影响还是来自最邻近的大陆，尤其体现在烹饪技术方面。这种烹饪技术主要来自意大利，但也结合当地实际做了独到的改良。下面是卡米内里描述的、蒙塔巴诺经常享用的西西里特色美食：

意大利烤面：主料通心粉，配料肉丸，再适当添加弄碎的熟鸡蛋、山核桃、油炸茄子和大蒜，将整块面团烘焙至脆。《赤陶犬》(*The Terracotta Dog, 2004*）有个令人难忘的细节，描写蒙塔巴诺狼吞虎咽地吃了两份意大利烤面。

洋葱土豆泥：将洋葱和土豆煮烂，捣碎，撒点橄榄油、醋、盐和胡椒。

奶酪：用羊奶或牛奶制作，形如泪珠。

阿兰奇尼圆球：用肉泥和米饭调制，撒上面包屑，油炸或烘焙而成。

屏幕上的蒙塔巴诺

1999 年，意大利国家广播公司电视台开播一部依据卡米内里小说改编的 16 集电视连续剧，其中蒙塔巴诺一角由卢卡·津加雷蒂（Luca Zingaretti, 1961—　）饰演。几乎所有场景都在西西里的拉古萨及周边地区拍摄。

电视剧片集

偷零食的贼（Il ladro di merendine）
小提琴之声（La voce del violino）
水的形状（La forma dell’acqua）
赤陶犬（Il cane di terracotta）
游览丁达利（La gita a Tindari）
艺术家的触觉（Tocco d’artista）
触感（Il senso del tattoo）
蒙塔巴诺的炸汤圆（Gli arancini di Montalbano）
夜的气息（L’odore della note）
猫和金翅雀（Gatto e cardellino）
四舍五入（Il giro di boa）
相同条件（Par condicio）
蜘蛛的耐心（La pazienza del ragno）
三牌戏法（Il gioco delle tre carte）
八月炎热（La vampa d’agosto）
狮身人翼（Le ali della sfinge）

2008 年，英国广播公司电视剧频道播映了两部电视剧《游览丁达利》和《蒙塔巴诺的炸汤圆》（*Montalbano’s Croquette*）。

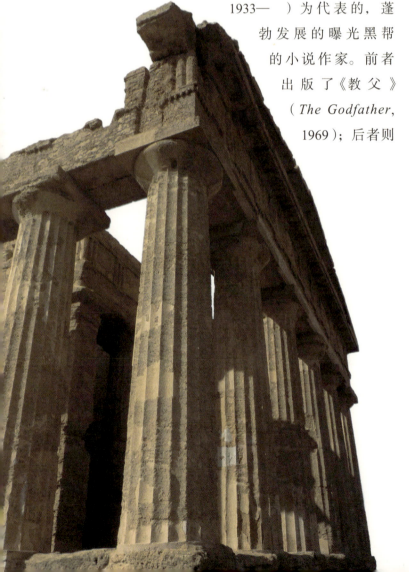

（Leonardo Sciascia, 1921—1989）的许多观点。夏西亚的中篇小说《猫头鹰的一天》（*The Day of the Owl*, 1961）大致取材于当地一个共产主义工会会员被暗杀的真实事件，其中不乏黑手党活动的具体描写。该书商业的成功和媒体的好评导致作者出版了续集《喜好不同》（*To Each His Own*, 1966），并催生了以意大利裔美国人马里奥·普佐（Mario Puzo, 1920—1999）和尼古拉斯·皮莱基（Nicholas Pileggi, 1933— ）为代表的，蓬勃发展的曝光黑帮的小说作家。前者出版了《教父》（*The Godfather*, 1969）；后者则有《英雄本色》（*Wiseguy*, 1986）问世，此书还在1990年被改编成电影《好家伙》（*Goodfellas*），引起轰动。

卡米内里同样受到朱塞佩·迪·兰佩杜萨（Giuseppe di Lampedusa, 1896—1957）的《豹》（*The Leopard*, 1958）的深刻影响。这部小说讲述了古代贵族的没落和当地农民的觉醒，是西西里文学的代表作，也是世界文学的名篇。

影响蒙塔巴诺文学创作的作家还包括：查尔斯·波德莱尔（Charles Baudelaire, 1821—1867）、威廉·莎士比亚（William Shakespeare, 1564—1616）、曼纽尔·蒙塔尔班、乔治·西默农（Georges Simenon, 1903—1989），以及马伊·舍瓦尔和佩尔·瓦勒。

异域乡思

1994年，69岁的卡米内里出版了意大利文版《水的形状》。那时，他已在罗马生活了多年。他曾说自己尝试犯罪小说只是为了娱乐，之前从事戏剧、电影和电视创作，也写过一些纯文学小说。蒙塔巴诺小说反映了作者的政治倾向和社会认知，因此，有理由把蒙塔巴诺看做作者本人，作为离开故乡多年的游子回归。例如，蒙塔巴诺开始首次调查时，卡米内里如此写道：

> 探长点燃一支烟，转身看了看化工厂废墟。那地方令他心神

> **“安德里亚·卡米内里的小说浸透着场景感、幽默感和绝望感，充满了西西里的气息。读者仿佛被带到那个历史悠久、饱经风霜的岛屿。”**
>
> **——唐娜·莱昂（Donna Leon，1942— ）**

荡漾。他决定哪天回来拍几张照片，寄给利维亚，解释他为何回到这个岛屿——这是她迄今仍旧无法理解的事情。

某些批评家指责蒙塔巴诺小说创作过于程式化。这种指责不无道理——所有的小说都遵循一定的模式——但忽视了作品的思想深度和细节魅力。卡米内里的粉丝（可以说不计其数，自1998年起小说销售了250多万册）之所以被吸引，主要有三个方面的原因。一是幽默，间接而微妙，正如《马丁一世时代吉根蒂大学两个法学硕士的生活和功绩》(*The Life and Exploits of Masters of Jurisprudence at the University of Girgenti at the Time of King Martin the Younger*, 1402—1409）一书作者未完成的（当然也是永远不会完成的）街头笑话一样。二是俚语，由于译者的努力，英语版同意大利原版一样丰富多彩。第三，也许是最重要的一点，卡米内里以富有魅力的语言描写了他的故土，让读者追随他一道捕捉岛上传统生活中最难忘的温馨，连同它的色彩、口感和气味。此外，还有值得一提的一点就是——惊艳的佳肴。

有用的网址

蒙塔巴诺线路游，从蒙特卢萨到瓦加塔

www.sicilytourguides.net/Montalbano_tour.htm

蒙塔巴诺电视剧拍摄场景游

www.sicilytourguides.net/Montalbano_locations-tour.htm

阿格里真托游览完整指南，提供考古奇观导览链接

www.valleyofthetemples.com/English.htm

卡米内里与蒙塔巴诺的西西里

巴勒莫：西西里首府，有 120 万人口，意大利第五大城市。游客可以从这里开始，探寻蒙塔巴诺的足迹。
丁达利：这座小城坐落在一个美丽的岬角上，俯瞰第勒尼安海；蒙塔巴诺有时会到这里来。
Mediterranean Sea
Golfo di Castellammare
PALERMO
Bagheria
Trapani
Cefalú
Alcamo
Belice
Marsala
Lercara Friddi
SICILY
Castelvetrano
Mazarro del Vallo
Sciacca
Enna
Caltanissetta
Platani
Canicatti
Valley of the Temples, Agrigento
Porto Empedocle
Saiso
Licata
Gela
Mediterranean Sea
波托恩佩多克：一个生活模仿艺术的地方。2003 年，这个古老的小镇因她最著名的儿子所创作的蒙塔巴诺系列小说正式更名；这里也是小说中意大利咖啡馆 Café Vigata 和蒙塔巴诺一直光顾的 Trattoria San Calogero 餐厅所在地。
神殿之谷：古希腊城邦阿克拉加斯（阿格里真托）的宏伟遗址。

希克利：在蒙塔巴诺系列小说中，希克利是一座房屋紧凑、风景如画的小城，自青铜时代起便有人定居在此。

墨西拿海峡：意大利半岛和西西里岛之间的海峡，最窄处宽度不到 2 英里（3 千米）。水的压力有时会使海峡中出现漩涡，这被认为是神话中的怪物斯库拉和卡律布狄斯的起源。
Isola Lipari
Strait of Messina
Messina
Tindari
Reggio
Calbria
埃特纳火山：活火山，海拔约为 11000 英尺，每次喷发之后高度都会发生变化，最近一次喷发是在 2010 年 4 月。
Randazzo
Taormina
Mt Etna
3340m
Adrano
Catánia
Golfo de
Catánia
Lentini
Augusta
Anapo
Siracusa
拉古萨：古代山顶聚落，先后由希腊人、迦太基人、古罗马人、拜占庭人、阿拉伯人和诺曼人居住，保留了六大文明遗迹；卡米内里小说改编电视剧的拍摄地。
Ragusa
Modica
Avola
Scicli
莫迪卡：和诺托山谷区的其他古城（包括希克利和拉古萨）一样，是蒙塔巴诺经常出没的地方，也是联合国教科文组织批准的世界文化遗产。

萨拉·温曼

乔治·佩莱卡诺斯的华盛顿

乔治·佩莱卡诺斯（George Pelecanos, 1957— ）的首部小说《解雇》（*A Firing Offense*, 1992）问世时，与大多数首次创作的犯罪小说一样，很少有人关注。时隔多年，人们依旧很难把这部处女作中的敏锐、无所顾忌的尼克·斯特凡诺第一人称叙述，与佩莱卡诺斯后期小说中的多重视角、冷静思考社会现实联系起来。

这种写作风格的转换无疑让少数购买了首版处女作、想一睹创作新秀风采的读者感到惊讶——圣马丁出版社的首版《解雇》只印刷了3000本。随着后续几部小说赢得声誉，佩莱卡诺斯渐渐开始摆脱早期创作的约束。

描写阴暗面

一开始，佩莱卡诺斯就大胆涉足了一般人不敢触碰的禁地。华盛顿成了权力买卖之城：明里在国会山发表演说，暗中在K街撮合交易。政府公仆屈尊至水晶城贫瘠的地下商场，各种幽灵出没于弗吉尼亚郊外神秘的高档建筑。年轻、贪婪的议员秘书聚集在杜邦圆环、亚当斯·摩根之类的中上层街区，举杯密谈。游客蜂拥而至，呆望白宫和华盛顿纪念碑，抑或有严肃艺术爱好者，则去菲利普斯收藏馆欣赏展品。对于如此表面上风光、骨子里烂透的华盛顿，最佳的描述当属罗斯·托马斯（Ross Thomas, 1926—1995）。他不愧为犯罪小说大师，但迄今未得到应有地位。

跨越鸿沟

然而，在乔治·佩莱卡诺斯之前，无论是罗斯·托马斯，还是其他任何自称以华盛顿为故事场景的犯罪小说家，写作都局限在这个城市的政治层面。他们不敢进入阿纳科西亚；20世纪90年代，这个东南部街区实际已变成毒品重灾区（现在情况有所好转，但谋杀率仍远远高于其他街区）。他们也没有聚焦于篮球场，那里的男人，不论年龄、不论肤色，都把双人防守和扣篮的紧张局

势放在一边。他们也没有将隐匿的缠斗世界暴露在大庭广众之下，让我们深度领教电子产品销售员可笑的男子气概：他们永远在觅食——寻找一个又一个商机，或者一个又一个伎俩，或者借200周年独立日纪念炒作即将掀起轩然大波的超级模仿秀。

但乔治·佩莱卡诺斯这样做了，而且还在继续做下去。甚至早在《解雇》中就有迹象，最终任务是全方位描写真实的华盛顿，为劳工阶级、穷人、黑人，当然，还有他自己所属的希腊群体，提供一个窗口。还在31岁时，乔治·佩莱卡诺斯就确立了未来的二元创作目标，具体如下面一段话：

> 在哈佛街马龙（Malone）的联排屋，我们的车停了下来。面前漆黑一片，仅有几盏旧式华盛顿街灯。这里是一个真正的混血人种街区，有拉丁美洲人、黑人和白人殖民者。这里有一股强大的地下暗流，足以将有抱负的年轻专业人士拒之门外，让他们在可敬的亚当斯·摩根的边缘地带安家。这里汇集了各种乱糟糟的公寓、“有趣的”民族餐厅、欧式下等迪斯科舞厅和停车场。

佩莱卡诺斯其人

乔治·佩莱卡诺斯是希腊裔美国人，十几岁时在他父亲的餐厅里工作。他年轻时曾无意之中**向他最好的朋友开了一枪。**

他塑造的**私人侦探尼克·斯特凡诺**出现在《解雇》《尼克之旅》（*Nick's Trip*, 1993）和《死人去的河边》（*Down by the River Where the Dead Men Go*, 1995）中。

德里克·斯特兰奇和特里·奎恩双人侦探组合出现在《十分正确》（*Right As Rain*, 2001）、《严厉惩罚》（*Hell to Pay*, 2002）、《灵魂表演》（*Soul Circus*, 2003）和《艰难的革命》（*Hard Revolution*, 2004）中。

音乐之声

在《夜班园丁》(*The Night Gardener*, 2006)中，佩莱卡诺斯关注了1985年最大的社会问题——美国首都因毒品泛滥而濒临崩溃，并在场景设置于一年之后的《永远的甜蜜》(*The Sweet Forever*, 1998)中有详细记载——书中，城市贫穷地区青少年命案频频发生：

> 这位父亲看着女儿的尸体痛哭之时，在城市的另一端，华盛顿的一些年轻人正待在家里，边喝可乐边看电视《迈阿密风云》，欣赏两个警察卧底的神通以及如何摧毁毒品交易中心。另一些正在阅读汤姆·克兰西(Tom Clancy, 1947—)、约翰·杰克斯(John Jakes, 1932—)、斯蒂芬·金(Stephen King, 1947—)和彼得·斯特劳布(Peter Straub, 1943—)的畅销小说。还有一些坐在酒吧，谈论杰·施罗德(Jay Schroeder, 1961—)领衔的华盛顿红皮足球队的季后赛前景。其余的则在看埃罗尔音像俱乐部的顶级录像带《贝弗利山庄的警察》(*Beverly Hills Cop*, 1984)和《沉默的密码》(*Code of Silence*, 1985)，或者看简·方达(Jane Fonda, 1937—)的零出汗锻炼计划，或者走出门去，看阿瓦隆广场最新的迈克尔·福克斯(Michael Fox，1961—)电影或乔治城舞台剧《卡里古拉》(*Caligula*)。米斯特先生和米兹尤瑞都在城内俱乐部玩着。
>
> 正当这些里根时代的搬运工在岩溪公园以西和郊区自得其乐时，刑侦技术人员已来到东南部格林威街区33街和E街拐角的犯罪现场仔细调查。

佩莱卡诺斯的小说世界不断抨击富裕阶级，但从未指出如何消除阶级鸿沟。他笔下的人物，无论警察还是毒贩，也无论阴险狡诈还是正直可敬，抑或介于两者之间，均沿着乔治亚大道转圈，或铤而走险，或逃避要害，或不撞南墙不回头。

正如人们经常指出的，这是一个音乐声道世界。佩莱卡诺斯所塑造的人物一边听着柯蒂斯·梅菲尔德(Curtis Mayfield, 1942—1999，作者最

国会山，美国最高法院、参议院和众议院所在地

> **“我想留下一篇真实记录，指望读者能在我离开人世之后，读到一本场景设置在2004年的书，从中看到2004年华盛顿的准确画面。”**
>
> **——乔治·佩莱卡诺斯，《卫报》(2008)**

喜欢的灵魂乐团歌手）的原创歌曲，一边用手指轻敲20世纪70年代的新汽车仪表板；或者在欣赏弗雷迪·范德（Freddie Fender, 1927—2006）的“生活的狂野一面”乐章之后，直接去城里的宾馆酒吧，通宵寻欢作乐。无论什么年代、无论什么场景，佩莱卡诺斯总能从现成的音乐播放列表中找出融入的歌曲——而且总包含一定数量的迈尔斯·戴维斯的作品。

但对于生于斯、长于斯的城市，佩莱卡诺斯的小说永远是一首情歌，一首誓言不弃的情歌。这种爱显得复杂，从不盲目，也不粉饰，佩莱卡诺斯对城市的爱确保读者知晓伤口有多深、人们感受到痛苦并忍受着后果。华盛顿是他创作中的一个常数，从早期斯特凡诺小说的微型世界到规模较大、覆盖面更广的“特区四重奏”——《大爆炸》（*The Big Blowdown*, 1996）、《苏克曼国王》（*King Suckerman*, 1997）、《永远的甜蜜》和《羞辱魔鬼》（*Shame the Devil*, 2000）——再到以当代社会为场景（虽然有些灰暗）、以德里克·斯特兰奇和特里·奎恩为私人侦探主角的“四部曲”，再到《夜班园丁》之后的作品，如热播多年的美国电视连续剧《火线》（*The Wire*）。该电视连续剧与犯罪小说大师戴维·西蒙（David Simon, 1960— ）、理查德·普莱斯（Richard Price, 1949— ）和丹尼斯·勒汉（Dennis Lehane, 1965— ）的作品齐名。

弱者的声音

随着年龄的增长，乔治·佩莱卡诺斯似乎并不在意对华盛顿发表什么宏观大论。相反，他较细致地审视了一些特定的社会现象，如父子关系，年轻人如何经常被称为社会弃儿，被置于必要而独到的城市背景。“特区四重奏”以其果敢和活力，提出了“另一个华盛顿”，有如詹姆斯·艾尔罗伊（James Ellroy, 1948— ）和戴维·皮斯（David Peace, 1967— ）在各自的犯罪小说四重奏中再塑洛杉矶和约克郡。此时，佩莱卡诺斯更乐于花时间描述故事人物的内心冲突和道德困境，如《回家的路》（*The Way Home*, 2009）。他也更多地摆脱类型模式的钳制，代之以更多文学审视，

“乔治·佩莱卡诺斯可能是美国最伟大的犯罪小说家。”

——斯蒂芬·金，《小说家》（*Novelist*）

屏幕上的佩莱卡诺斯

自2002年至2008年，乔治·佩莱卡诺斯以各种身份参与制作了美国有线网络公司（HBO）的17集电视连续剧《火线》。这部备受赞誉的电视连续剧的拍摄场景在马里兰州巴尔的摩。后来，他又参与制作了电视连续剧《太平洋》（*The Pacific*, 2010）的前三集。这部电视剧共有10集，讲述了二战期间三个美国海军陆战队士兵在太平洋的不平凡经历。

电影

与吉姆·佩达斯（Jim Pedas）、比尔·杜尔金（Bill Durkin）和泰德·佩达斯（Ted Pedas）一起，参与制作下述影片：

《血迷宫》（*Blood Simple*, 1984），编剧和导演科恩兄弟（Joel and Ethan Coen），主演约翰·盖茨（John Getz, 1946— ）和弗朗西斯·麦克多曼德（Frances McDormand, 1957— ）。

《抚养亚历桑那》（*Raising Arizona*, 1987），有尼古拉斯·凯奇（Nicolas Cage, 1964— ）、霍莉·亨特（Holly Hunter, 1958— ）、约翰·古德曼（John Goodman, 1952— ）、弗朗西斯·麦克多曼德等加盟。

《米勒的十字路口》（*Miller's Crossing*, 1990），有加布里埃尔·拜恩（Gabriel Byrne, 1950— ）、约翰·特托罗（John Turturro, 1957— ）、艾伯特·芬尼（Albert Finney, 1936—2019）等加盟。

《被捕》（*Caught*, 1996），导演罗伯特·扬（Robert Young, 1924—2024），主演爱德华·奥尔莫斯（Edward Olmos, 1947— ）和玛丽亚·阿隆索（Maria Alonso, 1957— ）。

“友谊高地”街区的商店

探讨一种行为如何对家庭、社会和民族产生多米诺骨牌效应。在《回家的路》中，弗林一家——包括从警察转行成电影公司老板的托马斯、他重生的太太阿曼达，以及他们任性的吸大麻的儿子克里斯——生活在华盛顿西北部中产阶级街区“友谊高地”。这是弗林努力工作的结果，让儿子有一个较好的大学前景。不料，克里斯毁了它，并以青春年华进拘留所而告终，整个家庭遭受重大挫折。若干年后，弗林估摸着儿子的未来：

> 克里斯26岁，没有大学文凭，又蹲过大狱，每天只干很累的粗活……一年赚个三万五千块钱，到顶了。

佩莱卡诺斯后期作品中的许多人

物也传达了不同阶级与街区之间的差异。在《回家的路》中，有家泰国餐厅位于学府大道不远的惠顿街区——“那里一派破旧景象，街上丢满了快餐袋和烟蒂”——一位阔太经常去这家餐厅吃简易午餐（无须付更多的小费），如此吝啬举止惹怒了年轻的服务员：

> 她无法忍受这个蓄着旧式发型的饱经风霜的女人。此人付小费从来不添一分钱或更多，寒暄时也是心不在焉，没有直视过对方的眼睛。但这就是工作，每天都得忍。

首都编年史家

这些不经意的瞬间揭示了人性严重扭曲的主要原因，但同样也指出了希望之所在。由于犯罪率攀升、毒品泛滥和贫困加剧——对此，有钱阶级或忙碌或无知，几乎不予正视——华盛顿很容易被视为败局已定，虽说它只是个受害者。然而，乔治·佩莱卡诺斯既不承认华盛顿败局已定，也不轻易断言所有阶级、几代人毫无希望。正如一位行走在救赎之路的年轻人所说：

> 他们谈起街区监管有犯罪记录孩子的负面影响。但你不能只考虑把孩子关起来而不给予出路，这样你就毁了街区。失败的例子当然有，但成功的故事也同样存在。（《回家的路》）

这段话可谓乔治·佩莱卡诺斯作为华盛顿吟游诗人的绝妙写照。在那文思泉涌的许多故事里，他记录了现实社会的人如何面对社会中最迫切需要了解的问题，而不是自以为是、想当然。因而，他达到了自己设定的目标，用毕生去记录华盛顿——不仅是将其作为一个政治中心，而是作为一座城市。

有用的网址

华盛顿电视和电影之旅

www.destinationstore.com/tour/washington+dc/washingtondctvandmoviesitestour

马里兰州兰多佛美国足球队官方网站

www.redskins.com/gen/index.jsp

华盛顿郊区马里兰银泉镇乔治·佩莱卡诺斯故居游览指南

www.discoverourtown.com/MD/Silver%20Spring/Attractions-1673.html

FRIENDSHIP HEIGHTS
UNIVERSITY BOULEVARD
WHEATON
Rock Creek Park
National Zoo
HARVA
菲利普斯收藏馆：在佩莱卡诺斯的作品中出现，收藏馆创始人、银行业继承人邓肯·菲利普斯故居，收藏19世纪和20世纪的杰出绘画和雕刻艺术品。
Glover Park
MASSACHUSETTS AVE.
WISCONSIN AVENUE
ADAMS MORGAN
COLUMBIA HEIGHTS
乔治城：佩莱卡诺斯的人物们冒险的地方；据2007年《华盛顿邮报》评价，街道“因时间、毒品和疏于管理而破败不堪”。
BURLEITH
Phillips Collection
Rock Creek
DUPONT CIRCLE
RHODE
GEORGETOWN
WASHINGTO
NEW HAMPSHIRE AVE
K街：佩莱卡诺斯写到了这个智囊团和游说团体云集的地方，但这并不是他的主要关注点。
K STREET
MASS
RIVERWOOD
GEORGE WA
FOGGY BOTTOM
CHIN
Theodore Roosevelt Island
ROSSLYN
The White House
PENNSYL
白宫：虽然关于美国首都的作品都绕不开美国总统的官邸，但在佩莱卡诺斯的作品中，它一直只充当背景。
CONSTITUTION AVENUE
Constitution Gardens
THE
Washington Monument
Tidal Basin
ARLINGTON
Arlington National Cemetery
GEORGE WASHINGTON MEM PKWY
East Potoma Park
水晶城：租金高昂的高层建筑区，地面以上是公寓、酒店和办公楼，地下则是一个巨大的购物中心。
Pentagon
SHIRLEY HIGHWAY
ARLINGTON VIEWS
CRYSTAL CITY
Potomac River
华盛顿纪念碑：世界最高方尖碑（555英尺5英寸），为纪念美国首任总统乔治·华盛顿（1732—1799；在任1789—1797）而建；在佩莱卡诺斯的作品中出现。

亚当斯·摩根：充满活力的社区，聚集了佩莱卡诺斯的人物们经常光顾的俱乐部和酒吧。得名于两所小学——全黑人的托马斯·P. 摩根小学（现已关闭），以及过去全白人的约翰·昆西·亚当斯小学——通常被称为亚-摩社区（A-Mo）或亚摩斯社区（Amos）。
哈佛街：“老式路灯照明的昏暗街区”，《解雇》中马龙的联排屋所在地。
McMillian Park
LANGDON PARK
ECKINGTON
AVENUE
NEW YORK AVENUE
IVY CITY
National Arboretum
NORTH EAST
D.C.
FLORIDA AVENUE
TS AVENUE
Union Station
ROSEDALE
VE.
Library Of Congress
CAPITOL HILL
Lincoln Park
国会山：美国国会所在地，是这座城市最古老的区域；在佩莱卡诺斯的作品中出现。
EPENDENCE AVENUE
PENNSYLVANIA AVE.
RGINIA AVENUE
SOUTH EAST
BENNING RIDGE
SOUTH WEST
Anacostia River
格林威街区33街和E街拐角：《永远的甜蜜》(1998）中的凶杀现场。
Capitol Park
33rd and E, Greenway
ANACOSTIA
Fort Stanton Park
佩莱卡诺斯的华盛顿

巴里·福肖

彼得·詹姆斯与罗伊·格雷斯的布赖顿

文学史上，格雷厄姆·格林（Graham Greene, 1904—1991）曾以描写罪恶的布赖顿著称。而在21世纪，他的继承人显然是彼得·詹姆斯（Peter James, 1948—　）。

格雷厄姆·格林的《布赖顿硬糖》（*Brighton Rock*, 1938）展现了一个消失的时代（英国20世纪30年代），描写了一个典型的海滨城市，迄今仍是城市犯罪小说的不朽名篇。当然，格林的主要关注点在于罪恶本身（包括天主教的和世俗的），他一直以表现人类极端暴力为母题。在这部小说中，他塑造了一个极其令人难忘的罪犯主人公。少年黑帮头目平基，挥舞着血腥的剃刀，在旅游胜地布赖顿的暗黑小巷聚众斗殴。平基已丧失人性，仅维系着与天主教教义有关的些微良知，所带来的并非任何慰藉，而是死后下地狱的承诺。格林无论是对布赖顿帮派械斗的刻画还是对城市地理环境的描摹，都堪称一绝。而他在前几章对平基残忍杀害一名受害者的描述，也惟妙惟肖地刻画了这个人物丧尽天良的个性。不过，相比平基的心狠手辣，艾达·阿诺德被刻画得颇具同情心，虽然爱慕虚荣，但性格直爽、心地善良，并敢于为一个短暂邂逅的男人之死伸张正义。如此宣扬天主教价值观未免让非天主教徒读者望而却步，说起来格林从来不是坚定的天主教卫道者。

肮脏的过去

当今伦敦周末消遣的宠儿已指向作家彼得·詹姆斯。尽管他的崭露头角要归结于当年恐怖小说创作的巨大成功，但最近出版的文笔精湛、引人入胜的犯罪小说，已使早期作品黯然失色（如此评价也许有失公允，因他本人说过，无论怎样，自己本质上一直是犯罪小说家，甚至早期获得赞誉时也如此）。有趣的是，最近他的恐怖小说又浮出水面，被商家包装后用以吸引喜爱他的犯罪小说的新读者。

彼得·詹姆斯出生和成长在布赖

顿。在外人眼里，布赖顿是一个时尚、美丽的海滨城市，但它有着悠久的黑暗历史——具体可追溯到作为走私村落的年代。摄政时期（1811—1820），它获得了时尚海滨浴场的声誉。到了1841年，随着伦敦到布赖顿的铁路开通，那里的犯罪分子蜂拥而至。他们发现这里不但油水丰厚，环境也好过自己的家乡，于是带来了赌博、卖淫、偷盗、抢劫、走私、敲诈、勒索和黑帮组织。同时，由于铁路大大缩短了伦敦至布赖顿的时间，很多伦敦富翁带来了情妇，布赖顿也由此成为度过"肮脏周末"的主要城市。

20世纪30年代初，因连续发现多个行李寄存柜塞有被肢解的女性尸体，布赖顿首次成为"屠宰场女王"，然后又获得了"英格兰犯罪之都""欧洲谋杀之都"的声誉，直至现在仍未改变。

犯罪天堂

1844年，布赖顿发生了亨利·所罗门（Henry Solomon, 1794—1844）命案，由此成为英格兰唯一警察局局长任上被谋杀的城市。苏塞克斯三任警察局局长均指出（据詹姆斯），在英国，布赖顿最适合一级罪犯居住。原因很简单：首先，周

彼得·詹姆斯

彼得·詹姆斯的罗伊·格雷斯犯罪小说系列非常受欢迎。在此之前，**他的恐怖小说创作也非常成功**，如《节目主持人》（*Host*, 1994）、《先知》（*Prophecy*, 1993）之类，一版再版。**他还是一位成功的电影制片人**，作品包括莎士比亚的《威尼斯商人》（*The Merchant of Venice*, 2004），由阿尔·帕西诺（Al Pacino, 1940— ）主演。

詹姆斯的母亲科妮莉亚（Cornelia）**是伊丽莎白女王二世的手套缝制人。**

詹姆斯痴迷老式赛车，拥有一个赛车场，并**持有赛车驾驶执照**。此外，他还是虚拟冒险英雄"**比格斯**"（Biggles）的铁杆粉丝。

边有重要港口肖勒姆和纽黑文，非常适合走私毒品、赃车、古董及洗钱；其次，有多条逃跑路线，这对所有罪犯都很重要。该地毗邻英吉利海峡港口和欧洲隧道，距盖特威克机场仅25分钟车程，搭乘火车50分钟即可抵达伦敦。再次，城内有英国为数最多的古董店，极易销赃和兑换现金。又次，年轻、富裕的中产阶级，以及英国最大的同性恋街区，两所大学和众多的夜总会，为娱乐、毒品提供了巨大的市场。最后，它还拥有大量的流动人口，警察很难监视罪犯。

詹姆斯（幸运地）发现，布赖顿并没有被其他作家过多涉猎。帕特里克·汉密尔顿（Patrick Hamilton, 1904—1962）和格雷厄姆·格林是仅有的深入探讨过这座城市犯罪的作家。前者著有《西码头》(*The West Pier*, 1952)，而后者的《布赖顿硬糖》为詹姆斯最爱。此外，剧作家诺埃尔·科沃德（Noël Coward, 1899—1973）也曾感慨：“啊，我的布赖顿——码头、同性恋和骗子！”本地居民，已故专栏作家、小说家和剧作家基思·沃特豪斯（Keith Waterhouse, 1929—2009）也有类似言语：“布赖顿似乎永远在协助警方调查。”

不寻常的旅游指南

詹姆斯的犯罪小说是布赖顿及其周边地区的无可替代的向导（长处不限于犯罪小说）。主角儒雅、睿智的警察罗伊·格雷斯是詹姆斯精心打造的一个角色，随着系列的推进（以渐进、悄然的方式）逐步发展人物性格，其真实性因詹姆斯十分熟悉现实社会中的布赖顿警察而得到保障。而格雷斯遍布整个区域的案情调查也决定了他是了解布赖顿及其周边地区的最佳渠道。

通过格雷斯，读者能欣喜地发现该地区一些原先不大熟悉的旅游景点。

布赖顿皇宫码头

譬如詹姆斯的首部罗伊·格雷斯小说《简单死亡》(*Dead Simple*, 2005)就介绍了这位警探青睐的一幢建筑。书中描写格雷斯沿着陡峭的山坡，来到帕查姆村的诸圣堂。这是一座典型的早期英国教区教堂——温馨、质朴，有着不起眼的灰石雕像、一座小塔；圣坛后面是一排精致的彩色玻璃窗；正面和两侧的墓园杂草丛生，已有几个世纪之久。

詹姆斯的另一部颇有分量的小说《死亡追杀》(*Looking Good Dead*, 2006)也告知了格雷斯的晨跑路线——以及布赖顿的某些场景。他径自跑上金士威大道。这是一条宽阔的双向大道，沿霍夫海岸线向前伸展。一侧是房屋，排列了约半英里；接着是延绵不断的大厦和酒店，占据了整个海滨，有些属于现代，有些属于维多利亚时代，还有些属于摄政时代。另一侧有两个可供荡舟的小型环礁湖、一个游乐场和草坪，然后是海边步行小道，道旁立着一幢幢海滩小屋，再过去便是铺满鹅卵石的沙滩。往东一英里多则是古老的西码头旧址。格雷斯喜欢周末一早起床，拥抱整座城市的自然美景。潮水退去，火红太阳冉冉升起。前方湿漉漉的沙滩上，一个男人扛着金属探测仪蹒跚前行。远处地平线停着一艘集装箱船，宛如一颗小黑斑，安之若素。

格雷斯的6英里长跑（约10千米）始于码头再返回。往往到了最后一英里，他转向陆地，跑到霍夫的教堂路商业中心，找一家全天候营业的杂货店买牛奶和报纸。

也还是《死亡追杀》，我们获知格雷斯在直通金士威大道的一条街拥有一套联排半独立式三居室住宅，他儿时经常驻足的一个地方是皇宫码头。对于幼小的罗伊，该码头具有无可比拟的吸引力，尤其是游乐场里的碰碰

> **“警察工作的多面性，尤其是与时俱进性让我深深着迷。而对优秀小说的研究让我对这些了如指掌”。**
>
> **——彼得·詹姆斯**

车和幽灵火车。而他最喜欢的是玩老式木制玻璃面老虎机，有动态图画。他总是制造理由，从父亲那里拿更多的硬币，投进老虎机的槽口。玻璃里曾经闪现鬼屋。整整一分钟，齿轮呜呜转动，门突然打开，灯光时亮时灭，各种骷髅和幽灵出现，还有死神——一个手持弯刀、身穿连帽衫的黑衣人。

活体幽灵

随着系列的全面展开，格雷斯被赋予调查离奇命案的重任。在《半死不活》(*Not Dead Enough*, 2007）中，死者是布赖顿的社会精英凯蒂·毕肖普。她的丈夫布莱恩看似清白——事发时他正在另一个城市，睡得正香。但是，格雷斯开始怀疑“活体幽灵”(doppelgänger）的存在：是否有某个他者——几乎与毕肖普一样——介入？正如他之前调查的案情一样，格雷斯锲而不舍地挖掘黑暗秘密，不久探明了毕肖普一家表面平静生活中的阴暗角落。

该小说的一大亮点是描写了“苏塞克斯楼”(Sussex House)。如同战后许多时兴的房屋，苏塞克斯楼是一幢流线型长方体双层建筑，还不算太旧。最初的建筑师显然受了艺术派装饰风格的影响，从某些角度看，整个外观就像一艘陈旧的小邮轮的上部结构。它始建于20世纪50年代初，原是作为传染病医院，栖息在布赖顿郊外一个孤独的山岗，俯视着整个霍灵伯里郊区。毫无疑问，该建筑师已经预见到日后超凡脱俗的荣耀。

布赖顿周边有些区域景色壮观，如《半死不活》描写过的著名风景区南部丘陵。站在那里有如立在世界屋脊。往南看，整个布赖顿—霍夫尽收眼底。有密密匝匝的房屋、毗邻布赖顿海岸的高楼群、肖勒姆电站的醒目大烟囱，以及英吉利海峡，通常海水呈灰色，从远处看就像地中海一样湛蓝。而西北前方，是幽静的海滨城市沃辛，其轮廓隐约可见，如同那里的许多年迈居民一般，渐渐消失在远处的雾霭中。北面除了几座塔架，几乎一览无余，有绿草如茵的丘陵和块块麦田。有一些麦田刚收割完麦子，麦垛堆成方形或圆形，仿佛是巨型棋盘里的棋子；另一些麦田跑着联合收割

屏幕和舞台

迄今彼得·詹姆斯的罗伊·格雷斯小说尚未被改编成影视，为此他的粉丝甚感惊讶。他们认为这些小说是现代侦探小说的名篇，其中一些最值得改编成影视作品。不过，彼得·詹姆斯还是与银幕有很强的联系，制作了20多部电影，其中最著名的是《威尼斯商人》，由阿尔·帕西诺饰演夏洛克，杰瑞米·艾恩斯（Jeremy Irons, 1948—　）饰演安东尼。

电影

彼得·詹姆斯毕生崇尚威廉·约翰斯（William Earl Johns, 1893—1968）创作的以皇家空军飞行员比格斯为主角的冒险故事。此外，他也是电影《比格斯》(*Biggles*, 1986）的联合制片人，此片由尼尔·迪克森（Neil Dickson, 1950—　）饰演比格斯。这位小说家还执导了几部舞台剧，包括哈罗德·品特（Harold Pinter, 1930—2008）的《风景》(*Landscape*）和伦敦皇家莎士比亚剧团的《轻微疼痛》(*A Slight Ache*）。

经典电影《布赖顿硬糖》(*Brighton Rock*, 1947）由罗伊·博廷（Roy Boulting, 1913—2001）执导，理查德·阿特伯勒（Richard Attenborough, 1923—2014）饰演平基。地方议会反对播放这部电影，理由是会败坏这座城市的名声。

布赖顿的特拉法加大街

机，看上去像微型玩具在来回穿梭。

《死人的脚步》(*Dead Man's Footsteps*, 2008）是彼得·詹姆斯的一部最具视觉效果的小说。可以肯定的是，没有任何电视改编能与作者的原创技巧媲美。2001年9月11日纽约发生了恐怖袭击，布赖顿一个不光彩的商人趁乱消失，到另一个国家开始了新的生活。然而，天降暴雨，下水道冲刷出一具女尸，罗伊·格雷斯开始了凶险的跨国调查。不过，这部小说让格雷斯来到了离家较近的地方——布赖顿的佩勒姆广场。这是一个由许多摄政时期的排屋构成的街区，面积不大，环境幽雅，中心有一个带栏杆的停车场。晴天，特拉法加大街入口附近的长椅向来是当地上班族的热门午餐地点。如今（正如詹姆斯所注意到的），随着工作场所禁烟令的实施，这些长椅似乎更受欢迎了。

依山傍海

詹姆斯的叙事技巧在《明天死亡》(*Dead Tomorrow*, 2009）一书中表

BRIGHTON ROCK

> “罗斯：人会变的。
>
> 艾达：我从没变过。这就像你吃硬糖，一路上边走边咬，末了你还会去读布赖顿的书。这是人性。”
>
> ——电影《布赖顿硬糖》(1947)

现得淋漓尽致。苏塞克斯海岸发现了一具被摘除器官的残尸。其他恐怖发现又接踵而至。与此同时，年轻的凯特琳·贝克特正躺在布赖顿医院，急需肝脏移植手术。她的母亲相信，只有通过秘密渠道才能拯救女儿。而罗伊·格雷斯在寻找杀人凶手的过程中，与邪恶的东欧儿童贩子不期而遇。

在本书中，读者还获知罗伊·格雷斯喜爱在罗廷迪安村庄以东的白垩悬崖下面散步。还在童年时代，他就随父母养成了周日去那里散步的习惯；他喜欢那里的浪漫气息，尤其是在风大浪高的日子，海水有时会涌向海滩，带着浪花和沙砾撞击低矮的石墙。而且，警告落石危险的指示牌也给这种浪漫增色。格雷斯还喜欢嗅闻这里的气味，海水的咸味、海藻的腥味，偶尔还飘过一丝腐鱼味。此外，还能看到地平线上的货船和油轮，以及时而驶近的游艇。

《明天死亡》重点描述了当地的地貌。詹姆斯观察到，整个布赖顿—霍夫城市横跨数座低矮的山丘，以东部怀特霍克所处的地势最高。20 世纪 20 年代，为了安置市中心贫民窟的拆迁居民，怀特霍克开始了一项市政开发工程，包括建造排屋、半独立式住宅以及高低档公寓。长期以来，白鹰居住区被（有点不恰当地）认为是暴力犯罪之地。它有几条街道人口密集，还有很多街道可以看到城市对面和大海的美景。几个劣迹斑斑的犯罪家族居住在此，把持着这座城市，他们的名声波及居住那里的其他每个人。

如果以罗伊·格雷斯为侦探主角的电视连续剧得以顺利制作，那么人们将能在屏幕上享用源于彼得·詹姆斯一系列脍炙人口的小说的视觉大餐。然而，正是詹姆斯的叙述技巧带来了这些乐趣——值得庆幸的是，这个小说系列还在继续，还在不断展示詹姆斯极高的讲故事天赋。

有用的网址

多种路线供选择，包括以“布赖顿硬糖”为主题的路线

www.brightonrockwalks.co.uk

官方布赖顿旅游指南，可查阅最新动态和游览景观

www.visitbrighton.com

彼得·詹姆斯官方网站

www.peterjames.com

Gatwick Airport & LONDON
South Downs
诸圣堂：罗伊·格雷斯最喜欢的建筑之一，《简单死亡》中有详细描述。
A27
肖勒姆：该港口是彼得·詹姆斯最喜欢苏塞克斯的地方之一。
A27
DYKE
WEST BLATCHINGTON
WORTHING
霍夫道：连接布赖顿—霍夫的滨海步道，如《死亡追杀》中所述，是格雷斯每天晨跑路线上的一段。
A270
Hove Station
SHOREHAM
HOVE
A259
CHURCH ROAD
金士威大道：罗伊·格雷斯的联排半独立式三居室住宅所在地。
KINGSWAY
English Channel

詹姆斯与格雷斯的布赖顿

西码头 West Pier：即使在最繁荣的时期，这个码头也不能与它东边的邻居媲美，但帕特里克·汉密尔顿的一部作品——被格雷厄姆·格林评价为“关于布赖顿的最好的小说”——确实是以它的名字为书名。彼得·詹姆斯曾说：“我祈望西码头能重获生机。”

苏塞克斯楼：《半死不活》中的艺术派装饰建筑，外形像一艘客轮。
South Downs
All Saints Church
Sussex House
PATCHAM
HOLLINGBURY
A27
特拉法加大街：《死人的脚步》中描写了这里的长椅。
DITCHLING ROAD
PRESTON VILLAGE
MOULSECOOMB
A23
A270
BRIGHTON
佩勒姆广场：摄政时期风格的小广场，在《死人的脚步》中出现。
白鹰居住区 White Hawk：《明天死亡》中描写到的1920年代政府出租住宅区。
Brighton Station
TRAFALGAR ST
Pelham Square
WHITE HAWK
Pavilion
West Pier
The Palace Pier
KEMP TOWN
在《明天死亡》中，格雷斯从小最喜欢在这条悬崖下的小路上徒步。
A259
BRIGHTON MARINA
ROTTINGDEAN
Undercliff pass
皇宫码头：在《死亡追杀》中，格雷斯回忆起童年时对碰碰车、幽灵火车，尤其是对老虎机的喜爱。
布赖顿码头：格雷斯6英里（约10千米）长跑路上的转折点；在返回霍夫途中，他沿教堂路去内陆买牛奶和报纸。
Newhaven
Dover
Eurotunnel

马克西姆·雅库博夫斯基

詹姆斯·伯克与戴夫·罗比乔的新奥尔良

如果你要寻找氛围，那么无论是现实生活还是小说，新奥尔良都不会令你失望。这是一座十分独特的城市。有迷人的建筑，气息和芬芳，贫富的鲜明对比，湿乎乎的气候，遍布大街小巷的历史沉淀感，香辣、美食和豪饮的致命组合，以及飘浮在空中的爵士乐、柴迪科、布鲁斯和乡村音乐。

新奥尔良几乎不带有其他城市充斥黑色小说的传奇色彩。

色彩斑斓的历史

颇具讽刺意味的是，新奥尔良是所有美国城市中最不“纯正”的城市。起初它是法国殖民地，随后又被拱手让给西班牙，再后来又被逐渐同化本地人的加拿大阿卡迪亚人统治了几个世纪。在这之后，新奥尔良涌入了一批又一批加勒比海、拉丁美洲、爱尔兰和其他地区的经济移民，并吸引了大量前来创业的艺术家和作家。这些人羡慕美国南部生活的放纵、罪恶和慵懒。美国内战期间（1861—1865），新奥尔良是南方邦联的战略要地，后来又成为美国最大的港口之一，这归功于它在密西西比河流域不可替代的地位。纵观整个历史，这座城市一直融“美丽”和“暴力”于一体，似同在它的绿树成荫、别致古雅的大街上，富人和穷人跳起了华尔兹。新奥尔良还受到持续不断的飓风的可怕冲击，2005年卡特里娜飓风几乎让整座城市瘫痪。迄今，人们仍对它所受到的破坏记忆犹新，许多地区满目疮痍、一片狼藉。

正是在这样的背景下，詹姆斯·伯

克（James Lee Burke, 1936—　）首次出版了以戴夫·罗比乔为主角的《霓虹雨》(*The Neon Rain*, 1987)。戴夫·罗比乔是一个曾经酗酒的越战老兵，后成为新奥尔良警察局刑侦处的一名侦探。一次极不寻常的案件调查经历，让他愤而辞职。在这次案件调查中，他结识了从事社会福利工作的布西，也即他的下任妻子。此后，他出任相邻的河口县新伊比利亚警署副警长（伯克本人住在新伊比利亚，但每年也会在蒙大拿待上一阵子）。他脾气火暴，事实上一直活在往事的阴影中，经常在梦里甚至清醒时与超自然幽灵和死者的亡灵对话，深受两者的怂恿和侵扰。因而他是现代犯罪小说中一个最富于灵异色彩的角色，一个被作者精心打造的充满脆弱情感的人物。他在情感上左右为难，在家庭与友谊、根深蒂固的正义感与通过为案情调查中不期而遇的受害者复仇来自我救赎之间痛苦抉择。

向堂吉诃德致意

罗比乔的离经叛道和内心深处的不安，最终导致了他的第一次婚姻失败和随之而来的第二任妻子被谋杀。此后，他的第三任妻子又因病去世。所有这一切，让他多少养成了一种忧郁的孤独者个性。这一点尤其

戴夫·罗比乔

最爱的饮料：冰镇辣博士

婚配：第一任妻子安妮（已故），第二任妻子布西

女儿：阿拉法尔（收养）

过去的经历：越战老兵

助手：克里特·珀塞尔

表现在《通往极乐世界的最后一辆车》(*Last Car to Elysian Fields*, 2003)的结尾，他从警长办公室扬长而去。自此，他成了一个独行侠，虽说有前新奥尔良警局搭档——“大人物”克里特·珀塞尔——相助。而珀塞尔时为新伊比利亚私人侦探，也是出了名的政治立场最不正确的侦探之一。詹姆斯·伯克把这两人视同堂吉诃德及其伙伴桑丘·潘沙，两人彼此忠诚又肝胆相照，轮番抨击着假想中的敌人或对手，无论他们是腐败官僚、种族主义还是当地黑帮。在另一个场合，詹姆斯·伯克并没有把笔下的男主角和西班牙小说家米格尔·塞万提斯(Miguel Cervantes, 1547—1616)作品中的主人公相提并论，而是和一种旧的英格兰模式相比较：

> 罗比乔是文艺复兴道德剧中的普通人。他试图让一无所有者有发言权。他知道将要发生的事情，但是又无法控制产生的结果。

美食家罗比乔

然而，除了焦虑、热血和愤怒，詹姆斯·伯克首先是路易斯安那州的一名作家，唤起了这个地方独一无二的魔力。无论是在大城市，还是在邻近河口的乡村公路，罗比乔在调查途中经常出入当地餐馆和酒吧。追踪他的足迹便会呈现出一场多变的感官盛宴。整个系列小说中，罗比乔多次光顾一家很受欢迎的“珍珠酒吧”。这是一家以牡蛎为特色的酒

"如果你把一个人放在一根有裂纹的钢管上面，给他一把9毫米口径手枪，那么你无须是火箭专家便能知道接下来会发生什么。"

——詹姆斯·伯克

吧，位于艾伯维尔，离运河街不远。罗比乔总是在此喝啤酒，吃半壳牡蛎。因而，酒吧老板在酒吧墙壁挂置了一些书的封面以及有关"珍珠酒吧"的页面，其中不仅有詹姆斯·伯克的小说，还有追随他脚步的其他作家的作品（包括笔者本人，为了让自己的书也挂置在那面墙上，有意让一篇短篇小说的主角进了这个酒吧，此举居然奏效）。还是在艾伯维尔，仅仅相隔几条街，有家风靡一时的"阿克米牡蛎酒吧"，不仅源于詹姆斯·伯克的小说，还源于其他许多人的作品。不过话说回来，新奥尔良本来就是一个食客云集之地。

用詹姆斯·伯克的话来说就是：

> 逛新奥尔良的法国市场时，人们一定不能错过贝奈特饼。过去我们常常一大早穿过这条街去圣路易斯大教堂做弥撒。许多人因此吃贝奈特饼上瘾，因为吃了一个就停不下来，得一口气吃上二十来个。（《每日电讯报》，*Daily Telegraph*, 2008）

迄今，新奥尔良法国街区最著名的贝奈特饼店是杰克逊广场上名副其实的"世界咖啡馆"（参见第148页图片）。这是该城市最繁华之处，到处都是音乐家和占卜师。正如詹姆斯·伯克在同一次访谈中所说：

> 杰克逊广场是一幅中世纪全景画，而不是文艺复兴式景观——你可以看到人们骑着独轮车，玩杂耍，音乐家在大教堂前免费演奏——这确实与维克多·雨果对欧洲的描绘一致。

异域风情的颂歌

新奥尔良的异国情调之美和不可避免存在的破旧景象成为罗比乔以及小说中其他虚拟人物的感官支柱。譬如在《迪克西城拥堵》（*Dixie City Jam*, 1994）中，作者如此描写罗比乔在黎明时分穿过法国街区的悠闲心情：

> 街道依然笼罩着阴影，前一夜的雨水顺着粉刷建筑物的木百叶窗直往下淌。你可以闻到小杂货店里的咖啡、新鲜烘焙的面包，以及走廊里野菜和旧砖块的阴凉气味。街道两边，每个卷铁阳台都布满了盆栽玫瑰、三角梅、杜鹃花和火红木槿。这一刻十分完

> 美，让你觉得已步入了乌特里洛的绘画之中。

在同样以法国街区著称的老广场的前方，是新奥尔良花园街区草木繁茂的内战前豪宅。花园街区仍然可以通过据说仅存的有轨电车到达，该有轨电车仍旧是新月市（因密西西比河途经新奥尔良市而得到的别名）最受欢迎的交通工具之一。詹姆斯·伯克在《天堂囚徒》（*Heaven's Prisoners*, 1988）中写道：

> 新奥尔良曾一度到处都是有轨电车轨道，但现在只剩下圣查尔斯大街的有轨电车还在使用。电车沿着运河行驶一小段路后，顺着整条圣查尔斯大街穿过花园街区，再经过洛约拉大学、杜兰大学和奥杜邦公园，然后沿着或许是世界最美街道之一的路线继续延伸。圣查尔斯大街及其中央的广场覆盖有一片天蓬似的巨大橡树，两边是古老的卷铁砖房和内战前豪宅。这些豪宅有圆柱形的门廊和带长矛尖栅栏围起来的院子。院子里有木槿，开了花的番樱桃和夹竹桃，还有竹子和巨花龙。

罗比乔经常重复同一旅行路线，从熙熙攘攘、拥有数百家餐馆和几千家酒吧的法国街区出发，走向幽静岑寂、隐匿着文明和腐化的住宅区，并不时穿过密西西比河，来到城郊的阿尔及尔工业区。这里是罪犯之家，有着犯罪的暗黑小巷和腐烂透顶的巢穴。

感官享受

如今罗比乔会在案件调查间隙，去新伊比利亚市照看他的鱼饵钓具店生意（当然这是一家虚拟商店，但人们可以在詹姆斯·伯克的官网 www.jamesleeburke.com 买到罗比乔 T 恤衫和渔具），那里距新奥尔良不到两小时路程，似同回到之前远离城市喧嚣而又彬彬有礼的时代。詹姆斯·伯克还不时描写到当地餐馆用餐，以彰显罗比乔的家庭生活；还常常用充满诗意的景色描写，唤起人们对当地美食的记忆。路易斯安那的生活可说是一种特别享受，不啻感官盛宴。下面是《每日电讯报》的又一段报道：

> 新伊比利亚有什么好吃的？

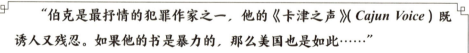

“伯克是最抒情的犯罪作家之一，他的《卡津之声》（*Cajun Voice*）既诱人又残忍。如果他的书是暴力的，那么美国也是如此……”

——拉塞尔·琼斯（Russell Jones, 1955— ），

《泰晤士报》（*The Times*, 2008）

银幕上的新奥尔良

下面是一些在新月城拍摄或以新月城为场景的经典电影：

电影

《围歼街头》(*Panic in the Streets*, 1950)，伊利亚·卡赞(Elia Kazan, 1909—2003)导演，理查德·威德马克(Richard Widmark, 1914—2008)、保罗·道格拉斯(Paul Douglas, 1907—1959)、芭芭拉·盖德斯(Barbara Geddes, 1922—2005)等主演

《欲望号街车》(*A Streetcar Named Desire*, 1951)，基于田纳西·威廉斯的剧本；伊利亚·卡赞导演，维维安·利(Vivien Leigh, 1913—1967)、马龙·白兰度(Marlon Brando, 1924—2004)等主演

《夏日痴魂》(*Suddenly, Last Summer*, 1959)，约瑟夫·曼基耶维奇(Joseph Mankiewicz, 1909—1993)导演，伊丽莎白·泰勒(Elizabeth Taylor, 1932—2011)、凯瑟琳·赫本(Katharine Hepburn, 1907—2003)、蒙哥马利·克里夫特(Montgomery Clift, 1920—1966)等主演

《狂野行走》(*Walk on the Wild Side*, 1962)，爱德华·德米特里克(Edward Dmytryk, 1908—1999)导演，劳伦斯·哈维(Laurence Harvey, 1928—1973)、卡波辛(Capucine, 1928—1990)、简·方达等主演

《辛辛那提小子》(*The Cincinnatti Kid*, 1965)，诺曼·朱伊森(Norman Jewison, 1926—)导演，史蒂夫·麦奎因(Steve McQueen, 1930—1980)、安-玛格丽特(Ann-Margret, 1941—)、卡尔·马尔登(Karl Malden, 1912—2009)等主演

《寄生虫》(*Easy Rider*, 1969)，丹尼斯·霍珀(Dennis Hopper, 1936—2010)导演，并与彼得·方达(Peter Fonda, 1940—2019)联合主演

《艳娃传》(*Pretty Baby*, 1978)，路易斯·马勒(Louis Malle, 1932—1995)导演，波姬·小丝(Brooke Shields, 1965—)、基思·卡拉丹(Keith Carradine, 1949—)、苏珊·萨兰登(Susan Sarandon, 1946—)等主演

《危险处境》(*Tightrope*, 1984)，理查德·图格尔(Richard Tuggle, 1948—)导演，克林特·伊斯特伍德(Clint Eastwood, 1930—)主演

《大出意外》(*The Big Easy*, 1986)，吉姆·麦克布莱德(Jim McBride, 1941—)导演，丹尼斯·奎德(Dennis Quaid, 1954—)、埃伦·芭金(Ellen Barkin, 1954—)等主演

《天使追魂》(*Angel Heart*, 1987)，阿兰·帕克(Alan Parker, 1944—2020)导演，米基·鲁尔克(Mickey Rourke, 1952—)、罗伯特·德尼罗(Robert De Niro, 1943—)等主演

《鹈鹕案卷》(*The Pelican Brief*, 1993)，阿兰·帕库拉(Alan J. Pakula, 1928—1998)导演，朱莉娅·罗伯茨(Julia Roberts, 1967—)、丹泽尔·华盛顿(Denzel Washington, 1954—)等主演

《失控的陪审团》(*The Runaway Jury*, 2003)，加里·弗莱德(Gary Fleder, 1965—)导演，约翰·库萨克(John Cusack, 1966—)、吉恩·哈克曼(Gene Hackman, 1930—)、达斯丁·霍夫曼(Dustin Hoffman, 1937—)等主演

Tulane
Gusman
Baronne
SPECIAL
915

> 卡津人烹饪的食品似同美妙音乐，几乎挑不出毛病。路易斯安那炖虾、秋葵汤和所有传统食物，譬如杂烩饭——这是我尝过的最好吃的海鲜炒饭。露台餐厅很棒，克莱门汀酒吧也不错，还有旧塔巴斯科工厂里的小河客栈……还应尝试穆拉特开设在布罗布里奇的卡津餐厅。早在20世纪60年代，黑帮行凶作恶的时候，那里曾是赌场，所有的调酒师都是警探。

罗比乔最青睐的一个餐厅是梅因街的维克多自助餐厅。他每次来城里调查案件，就在那里与朋友、对手、证人和助手碰面。

如此关注饮食和餐馆彰显出詹姆斯·伯克的重要场景意识。但罗比乔周围的南部美丽风景也不可忽视，有时它会在错综复杂的案情中充当角色本身，其中，背叛和邪恶相互交织，心灵扭曲、暴力宣泄、灵魂烧灼，没有人比詹姆斯·伯克更能唤起读者对这些场景的共鸣了：

> 那天晚上，我梦见了南路易斯安那。蓝苍鹭站在水淹的柏树中间，甘蔗地辉映着秋日的紫金光。熏制房焖烧山胡桃木，飘出滴落灰烬的猪油的清香。清晨，随着沼泽地翻出滚滚白色浓雾，传来了鲈鱼扑腾、牛蛙从木头滑落水里的沙哑声响。阳光下，鹈鹕飞越高浪托起的海湾。参差不齐的棕榈树绿意盎然，在咸风中噼啪作响。螃蟹、小龙虾和鱼终年任人捕捞、烹饪，仿佛季节没有尽头，死亡也无法影响我们的生活。(《黑樱桃蓝调》，*Black Cherry Blues*, 1989）

在《迪克西城拥堵》的末尾，詹姆斯·伯克以极其生动的笔触赞颂了新奥尔良的梦幻般魅力和令人难以忘怀的场景。其时，罗比乔和家人经受了暴力的洗礼，开始享受一年一度的爵士乐和传统音乐节所带来的喧闹和平静：

> 音乐声飘上天空，似乎与柔和、弥漫的灯光融合，然后向跑马场远方扩散，越过了橡树林立的街道、带画廊和绿色百叶窗的

“很长时间以来，没有哪个犯罪小说家令我激动，也没有哪部犯罪小说使我毛骨悚然。但《大风暴》(*The Tin Roof Blowdown*, 2007）既令我激动又使我毛骨悚然。”

——马克·蒂姆林（Mark Timlin, 1944—　），《独立报》(2007)

新奥尔良侦探

像马克·吐温（Mark Twain, 1835—1910）、田纳西·威廉斯（Tennessee Williams, 1911—1983）、安妮·赖斯（Anne Rice, 1941—　）等文学大家一样，行走在新奥尔良颇有魅力的街道上的虚拟侦探不在少数。既然如此，何不在城内设立“神秘一条街”——最近有人撰文如此建议。确实，戴夫·罗比乔远非新奥尔良唯一的侦探。其他侦探包括：

朱莉·史密斯（Julie Smith, 1944—　）笔下的斯基普·兰登，她是新奥尔良当地的女警探，出现于 9 部小说之中。

托尼·邓巴（Tony Dunbar, 1949—　）笔下的塔比·杜博内，一位矮胖、随和的律师。

奥尼尔·德努埃克斯（O’Neil De Noux, 1950—　）笔下的迪诺·拉斯坦扎警探，头脑清晰，讲究实际（德努埃克斯本人曾在新奥尔良警察局任职 15 年）。

克里斯·威尔茨（Chris Wiltz, 1969—　）笔下的尼尔·拉斐尔，坚忍而敏感。

让·雷德曼（Jean Redmann, 1955—　）笔下的女同性恋侦探米基·奈特。

托尼·芬纳利（Tony Fennelly）笔下的马特·辛克莱和玛戈·福蒂埃。前者是个有贵族气派的律师，后者是妖艳的脱衣舞女。

戴维·富尔默（David Fulmer, 1950—　）笔下的瓦伦丁·圣西尔，调查爵士乐黄金时代的犯罪案件。

罗伯特·斯金纳（Robert Skinner, 1948—　）笔下的夜总会老板韦斯利·法雷尔。

其他不时运用新奥尔良场景的犯罪小说家包括“密室谋杀”鼻祖约翰·卡尔（John Carr, 1906—1977），他的一个“三部曲”的故事场景设置在过去的新月城；还有约翰·格里森姆（John Grisham, 1955—　），他经常以这个城市为故事场景；以及约翰·科林顿（John Corrington, 1932—1988）和乔伊斯·科林顿（Joyce Corrington, 1936—　）。此外，小说家兼影视编剧埃尔莫·伦纳德（Elmore Leonard, 1925—2013）出生在新奥尔良，也给这个城市增添了神秘色彩。

无漆木屋、高架道路、超级圆顶体育场、有轨电车、散落有棕榈树的运河中立地带、卷铁阳台、柱廊、法国街区和杰克逊广场的砖砌烟囱，圣路易斯大教堂的塔尖、世界咖啡馆、宽阔而浑浊的密西西比河、与南部接壤的广袤湿地，最后到达了墨西哥湾。在那里，月亮稍后会升起，宛如一颗浸在勃艮第葡萄酒杯中的硕大珍珠。

有用的网址和地址

新奥尔良文学场景徒步指南

www.ehow.com/how_4500120_take-literary-tour-new-orleans.html

新奥尔良安托万巷 615 号圣路易斯大教堂

www.stlouiscathedral.org

世界咖啡馆

http://www.cafedumonde.com/frenchMarket.html

Lake Pontchartrain
新伊比利亚：戴夫·罗比乔和其创造者（一年中某些时候）的家。
New Iberia
WEST END
La Freniere Park
庞恰特雷恩湖：《霓虹雨》中，戴夫·罗比乔的船屋所在地，北美第二大咸水湖，最大宽度约40英里（64公里），南北方向长24英里（39公里）。
METAIRIE
Avery Island
新伊比利亚梅因街Main Street, New Iberia：维克多自助餐厅所在地，罗比乔常去的餐饮场所之一；在城里查案时，他会在这里见朋友、同事和嫌疑人。
ELMWOOD
S CLAIBORNE AVE
圣路易斯大教堂：建于1720年，北美最古老的主教座堂。
Tulane
Loyola
Audubon Park
Mississippi River
花园街区：有轨电车沿着圣查尔斯大街穿过的街区，伯克在《天堂囚徒》中称其“或许是世界上最美的街区之一”。
伯克与罗比乔的新奥尔良

艾伯维尔：珍珠酒吧和阿克米牡蛎酒吧所在地，两处都是罗比乔喝啤酒、吃海鲜的地方。
New Orleans City Park
法国街区：又名老广场（Vieux Carré）；在《迪克西城拥堵》中，伯克将这里充满异国情调的闹市区景象，比作法国城市风光画家莫里斯·乌特里洛（Maurice Utrillo, 1883—1955）的作品。
NEW ORLEANS
FRENCH QUARTER
法国市场：伯克说这里的贝奈特饼（法式甜甜圈）十分诱人，令人上瘾。
IBERVILLE
St Louis Cathedral
French Market
Café du Monde
CANAL STREET
DECATUR ST
EXPY
Mississippi River
世界咖啡馆：无论是否受罗比乔启发，这里都是新奥尔良之旅中一个不容错过的地方。
GARDEN DISTRICT
杰克逊广场：这座缤纷之城中最具活力的区域之一——“一幅中世纪全景画，而不是文艺复兴式景观”。

巴里·福肖

乔治·西默农与梅格雷探长的巴黎

乔治·西默农的名字是法国最佳犯罪小说的代名词，他笔下的不屈不挠的探长朱尔斯·梅格雷是这一小说类型的一个标志性人物。

乔治·西默农于1903年2月13日出生在比利时列治。年轻时，因父亲健康不佳，他不得不弃学工作，替父亲偿还债务（似同之前英国的查尔斯·狄更斯）。

西默农的早期创作生涯

西默农年轻时从事过多种职业，但时间都不长。相比之下，他更喜欢在书店工作的那段时光，因为可以全身心沉浸在书本世界。作为一个作家，他干的第一份工作是《列治日报》（*Gazette de Liège*）的记者。在此期间，他养成了简洁明了的写作习惯，这也成了他日后标志性的语言风格。

十几岁时，西默农出版了一部习作，并加入了一个名为“木桶”的团体。这个以画家和作家为主的所谓“艺术团体”采取了一种离经叛道的生活方式，酗酒、嗜毒、乱性乃寻常之事，在好猎艳的西默农眼里（多年来这种喜好一直未变），这是完全可以接受的。1923年，他与年轻的艺术家雷吉娜·恩琴结婚，但这段婚姻只维持了很短的时间。

尽管西默农沉迷于“木桶”的肉体享受，但最终还是从中挣脱出来，于1922年前往巴黎，开启一个职业作家的创作生涯。他以各种笔名创作了许多故事和小说，并开始了光明之城巴黎的史诗般写作之旅。

巴黎及其他地区

西默农如此钟情巴黎艺术生活不难理解。其时，这座城市在文化上处于优势地位，吸引了来自世界各地的移民作家和艺术家。他展示了对通俗艺术的特殊偏爱。在多次观看了约瑟芬·贝克（Josephine Baker, 1906—1975）

风靡一时的“野蛮人之舞”表演后，西默农成了这位声名狼藉的美国舞蹈家的朋友。贝克以跳袒胸舞著称，这种充满肉欲的暗示与西默农对色情的青睐十分契合。

西默农还热衷旅行，于20世纪20年代末多次游览法国和欧洲的运河。后来他的《14号船闸》(*Lock 14*, 1931）等书以这些经历为素材，生动地描绘了埃佩尔奈周边地区驳船船员和船闸管理员的人生。

到了20世纪30年代，西默农开始创作令人耳目一新的警探小说，故事主角是硬汉式探长梅格雷。该系列是他的重要文学遗产，至今仍影响着其他作家。不过，他还在不断旅行，游历的国家越多，就越能写出好的作品。但无论是作为男人还是作家，他都视巴黎为世界的中心。

人生起落

像许多法国人一样，西默农的生活随着战争来临发生了变化。20世纪30年代后期，他成为拉罗谢尔镇比利时难民专员。1940年，法国落入德国人之手，这位作家前往德占区丰特尼修道院。对他的战时经历向来颇有争议。德国占领期间，在纳粹手下，他的一批小说被搬上了电影银幕。这时，他就做好了另一手准备。或许今后，他将不可避免被加上通敌的

梅格雷

梅格雷出现在75部长篇和28个短篇作品中。

梅格雷调查案情时，总是披一件大衣，哪怕在炎热的天气或海边度假时光，因而很容易被人认出是警察。

梅格雷曾住在理查德-勒诺瓦大道132号。

1966年，由彼得·德洪特（Pieter d'Hont, 1917—1997）雕刻的**梅格雷塑像**在荷兰的德尔菲西尔揭幕。

梅格雷最青睐啤酒和苹果酒，但晚餐也喜欢喝茴香酒和葡萄酒。

污名，而这种压力也将伴着他度过余生。为了避开法国人的敌意，战后头十年的大部分时间，他都待在美国和加拿大。流亡并没有影响他的文学创作。这一时期，他出版了大量作品，其中包括《退休的梅格雷》(*Maigret in Retirement*, 1945）和《梅格雷在纽约》(*Maigret in New York*, 1946)。

西默农的成功势头多年未减。到20世纪70年代，他显然成为最成功的非英语写作犯罪小说作家，而他塑造的梅格雷也像作家本人一样家喻户晓。西默农的自传《当我老时》(*When I Was Old*, 1971）引起轰动。在这本自传中，他宣称自己与一万多名女性发生过性关系。这个惊人数字遭到了质疑（倘若如此醉心性欲，何能成为多产作家？），同时也一定程度引发了读者对其人品的厌恶。

姑且不论这些，到1989年他去世时，这位作家显然已经留下了堪比许多法国“严肃”文学大家的写作遗产。如今，西默农似同特洛伊木马，引爆了英国和美国的犯罪小说翻译热。

梅格雷探长面世

乔治·西默农小说可谓独树一帜（即书中没有连续的侦探人物），是最具影响力的犯罪小说类型之一。无论人们怎么评价，说起他的作品中

> **“西默农的小说对巴黎 163 条街道的场景描述给读者带来一种亲密感，他们几乎可以把这些小说当成旅游指南。”**
>
> **——讣告，《纽约时报》（*New York Times*，1989）**

的人物塑造，最让人难忘且毫无争议的还是那位叼着烟斗的巴黎警察局局长——朱尔斯·梅格雷。

这位侦探最早出现在 1931 年出版的《皮特·莱顿命案》（*Pietr-le-Letton*，英译本 *Introducing Inspector Maigret*）中。西默农说自己塑造这个人物时，参考了所观察到的曾祖父的种种个性。毋庸置疑，这个角色如此受欢迎的所有元素都经过作者即时的精心提炼。

梅格雷的办公室在奥弗雷斯码头 36 号，即位于城市岛塞纳河畔格兰德大厦的巴黎刑警总局所在地，是西默农众多粉丝心目中的圣殿。倘若顺利进入大厦，仍然可以看到著名的 148 级台阶。正是从这些台阶，梅格雷步入他的办公室。西默农描写的铸铁炉和破油毡已不见踪迹，但人们透过窗户可以像梅格雷一样凝望塞纳河缓缓行驶的船只。

《目睹列车驶过的男人》（*The Man Who Watched the Trains Go By*，1938）是西默农的一部单本小说，也是他创作的最成功作品之一。由于男主角（基斯·波宾加）漫无目标地游荡在一个又一个地区，与各类妓女睡觉（但没有做爱），它实际上也算是一篇巴黎游记。该小说以动人的笔触描写了杜埃街一个卖花老妇，这一形象即便在当代巴黎亦令人动容。书中还生动描绘了男主角有一次到城市另一端——戈布兰街区——的回报之旅，这个街区是梅格雷所发现的“巴黎最悲伤的地方”之一。宽阔的大街两侧排列着令人压抑的军营似的公寓，咖啡馆里挤满了既不富也不穷的“平凡人”。

1934 年，西默农按计划出版了最后一部梅格雷系列小说《梅格雷归来》（*Maigret Returns*）（至此，他已经以一种更“文学”的风格写了六部小说）。在众多的梅格雷系列小说中，皮加勒区是梅格雷遭遇社会底层平民、瘾君子、皮条客和妓女之地。正如西默农所描述的，这是一个十分淫秽而又非常令人向往的地方——事实上，在那个年代，

淫秽状况可能还要更上一个等级，只不过比西默农描写的更低端（因而也更肮脏）：妓女出没红灯酒吧，但言谈举止似乎与梅格雷小说描述的大不一样。同样，圣丹尼斯街也不像西默农描述的那样具有异国情调，在21世纪的今天，更显得像是个旅游热点。

尽管西默农在英国是以梅格雷系列小说著称，但在欧洲，他为每个人熟知的却是多达400多部的小说。西默农过去和现在都因敏锐地刻画孤独、罪恶和无辜而受到好评。《梅格雷设陷阱》（*Maigret Sets a Trap*, 1955）让这位神奇的探长面对看似不可阻挡的连环杀手，探讨了处在逆境中的个人被迫以非凡方式行事的中心主题。西默农描绘的巴黎下层社会在法国小说界几乎无人所及。

西默农蓄意嘲弄侦探小说的传统概念——以及作家身份。在《梅格雷回忆录》（*Maigret's Memoirs*, 1951）中，梅格雷回忆自己遇见一个名叫“乔治·西默”的陌生年轻人（不难猜出是谁）。他专程前来研究梅格雷及其破案方法，并将所记录的写成了系列小说（华生博士式的记录，并加以润色）。如同夏洛克·福尔摩斯所做的（见本书相关章节），梅格雷懊丧地批评了文学加工，并对其失实感到遗憾。

梅格雷地标

《梅格雷回忆录》描述了一个众多游客熟悉的地方——巴黎东站。这里总是让人想起战时流动人口调查的情景（这个车站主要通往德国边境）。相反，梅格雷提及的里昂车站和蒙帕纳斯车站（这两个车站向南开往地中海沿岸），则总是让人想起外出度假者。而作为通往加莱海峡省工矿区门户的巴黎北站，也唤起了人们对为了生计而疲于奔命的回忆。

《梅格雷的是与非》（*Maigret Right and Wrong*, 1954）是一本合集，包含了《梅格雷在蒙马特区》（*Maigret in Montmartre*）和《梅格雷的失误》（*Maigret's Mistake*）两部小说。西默农重点描写了这位侦探回忆自己在蒙马特高地皮克拉特夜总会观看脱衣舞表演的经历（他记得脱衣舞女扭动着甩掉衣服，里面什么都没穿，“似同一只赤裸裸的蠕虫”立在那里——不啻美国的滑稽娱乐表演，“当她身上的衣服一件不剩的时候，所有灯就熄灭了”）。西默农在这里描述的有节制的脱衣舞表演，现

> **“……（西默农的）某些生活轨迹……展示了成熟的犯罪心理。我们或许应该庆幸他用笔而不是用枪，来解决自己的心理问题，保持心理平衡。”**
>
> **——马克·劳森（Mark Lawson, 1962—　），《卫报》（2002）**

屏幕上的梅格雷

迄今有多个国家的多个演员在屏幕上塑造过朱尔斯·梅格雷这一角色，其屏幕形象之多，甚至超过了夏洛克·福尔摩斯。

电影

《十字路口之夜》（*La Nuit du Carrefour*, 1932）中的皮埃尔·雷诺尔（Pierre Renoir, 1885—1952）

《黄狗》（*Le Chien Jaune*, 1932）中的阿贝尔·塔里德（Abel Tarride, 1865—1951）

《人头》（*La Tête d'un Homme*, 1933）中的哈里·鲍尔（Harry Baur, 1880—1943）

《皮克斯》（*Picpus*, 1943）、《塞西尔已死》（*Cecile est Morte*, 1944）和《皇家地下室》（*Les Caves du Majestic*, 1945）中的阿尔伯特·普瑞吉恩（Albert Prejean, 1893—1979）

《埃菲尔塔上的人》（*The Man on the Eiffel Tower*, 1949）中的查尔斯·劳顿（Charles Laughton, 1899—1962）

《布雷兰·达斯》（*Brelan d'As*, 1952）中的米歇尔·西蒙（Michel Simon, 1895—1975）

《梅格雷负责查案》（*Maigret Dirige L'Enquête*, 1956）中的莫里斯·曼森（Maurice Manson, 1913—2002）

《梅格雷设陷阱》（*Maigret Tend un Piège*, 1958）、《梅格雷和圣菲亚克命案》（*Maigret et L'Affaire du Saint Fiacre*, 1959）和《梅格雷见红》（*Maigret voit Rouge*, 1963）中的让·加宾（Jean Gabin, 1904—1976）

《梅格雷和他的存在》（*Maigret Und Sein*, 1966）中的海因茨·鲁曼（Heinz Ruhmann, 1902—1994）

电视剧

《梅格雷与逝去的生命》（*Maigret and the Lost Life*, 1959，英国）中的巴兹尔·希德尼（Basil Sydney, 1894—1968）

《自由酒吧》（*Liberty Bar*, 1960, 法国）中的路易·阿尔贝西埃（Louis Arbessier, 1907—1998）

《梅格雷》（*Maigret*, 1960—1969, 英国）中的鲁珀特·戴维斯（Rupert Davies, 1916—1976）

《梅格雷：草药医生》（*Maigret: de Kruideniers*, 1964，荷兰）中的基斯·布鲁塞（Kees Bruisse, 1925—2013）

《梅格雷和皮格尔》（*Maigret à Pigalle*, 1966）和《梅格雷探长断案》（*Le Inchieste del Commissario Maigret*, 1964—1972, 意大利）中的基诺·塞尔维（Gino Cervi, 1901—1974）

《梅格雷》（*Maigret*, 1964—1969, 比利时）中的简·特林斯（Jan Teulings, 1905—1989）

《梅格·斯塔拉娅·达玛》（*Megre I Staraya Dama*, 1974, 俄罗斯）中的鲍里斯·特宁（Boris Tenin, 1905—1990）

《梅格雷探长断案》（*Les Enquêtes de Commissaire Maigret*, 1967—1990）和《愤怒》（*Signe Furax*, 1981）中的让·理查德（Jean Richard, 1921—2001）

《梅格雷》（*Maigret*, 1968，英国）中的理查德·哈里斯（Richard Harris, 1930—2002）

《梅格雷》（*Maigret*, 1991—2005，法国）中的布鲁诺·克莱姆（Bruno Crème, 1929—2010）

《梅格雷》（*Maigret*, 1992—1993，英国）中的迈克尔·刚本（Michael Gambon, 1940—　）

《梅格雷》（*Maigret*, 2004，意大利）中的塞尔吉奥·卡斯泰利托（Sergio Castellito, 1953—　）

在似乎已经过时，不妨选择旅游陷阱气氛不浓之时去蒙马特高地旅游，可重拾西默农描写的情感世界。

西默农的粉丝特别喜欢《梅格雷和懒惰窃贼》(*Maigret and the Idle Burglar*, 1961)。小说中，梅格雷必须违背上峰意志，才能调查一起不大可能是帮派成员的命案，尸体在布洛涅森林被发现时已面目全非。这部小说是展示西默农构思精巧和场景描写的典范。书中描述了兑换桥南西岱岛的司法宫，它的旁边即是法国大革命期间让人望而生畏的巴黎古监狱。关押在那里的有英国出生的美国革命家托马斯·潘恩(Thomas Paine, 1737—1809)，还有法国皇后玛丽·安东奈特(Marie Antoinette, 1755—1793)，其时她正等着同丈夫路易十六一起被送上断头台。

《梅格雷的特别谋杀案》(*Maigret's Special Murder*, 1948)把读者带到了理查德-勒诺瓦大道。书中，探长推测了这里声誉不佳的原因。他谈及此地不幸与巴士底监狱相邻(当然，对于现在的巴黎游客另当别论，因为这里有一座歌剧院和众多餐馆)。而且，他继续说道，这个地区周围是“穷困的贫民窟”(再次强调，这里并非说的是21世纪的现状)。不过，梅格雷已注意到这里的友好氛围以及许多人逐渐喜欢生活在这里的事实。

万变不离其宗……

如今的巴黎，已经同西默农当

年描述的大相径庭，但是他曾经居住的孚日广场（他还一度让梅格雷的家也安在那里，虽说这位探长更多时候住在理查德-勒诺瓦大道），无论是环境还是场景，都一如既往的优雅、美丽。高档艺术画廊和高级美食餐厅依然坐落在百年老街，而且可以（比巴黎其他许多地区）更多享受追寻作者笔下抽着烟斗的探长足迹的乐趣。除了梅格雷及其多产的创造者，曾经在该广场居住的作家还包括维克多·雨果（Victor Hugo, 1802—1885）和泰奥菲尔·戈蒂耶（Théophile Gautier, 1811—1873）。

人们也许还可以在胜利大街的一个酒馆中找到难以忘却的乔治·西默农回忆。这家酒馆名为“亨利四世酒馆”（新桥广场 13 号），老板实际上是西默农的一个朋友，墙上各种照片展示了西默农在这里的开心时光。因此，此地可以被认为是一个在光明之城巴黎追踪西默农和梅格雷之旅的绝佳起点或终点。

一旦游览了巴黎的所有场景，便可能会希望去巴黎之外的地区继续参观，那里也有许多场所被西默农用作梅格雷活动的场景。下面的网址提供了这些场所的详细名录，其中不少位于法国最美丽的风景区，可以从巴黎市中心经由公路或铁路方便到达。

GEORGES SIMENON
DE ONBEKENDE WREKER
ALTIJD WEER BETER

有用的网址

梅格雷官网

www.maigret.com/inspector_maigret/paris.php

梅格雷论坛

www.trussel.com/f_maig.htm

法国各省主要场景一览

www.trussel.com/maig/buiten.htm

蒙马特：《梅格雷的是与非》中艳舞俱乐部皮克拉特夜总会的所在地。
BOULEVARD MALESHERBES
AVENUE DE
布洛涅森林：在《梅格雷和懒惰窃贼》中，一具面目全非的尸体在这个公园里被发现。
杜埃街：在《目睹列车驶过的男人》中，一个老妇人在这里卖花。
胜利大街：西默农曾在这里的亨利四世酒馆（新桥广场13号）喝酒。
TRIANGLE D'OR
BOIS DE BOULOGNE
AVENUE DES CHAMPS-ELYSÉES
RUE DE RIVO
Jardin des Tuileries
QUAI D'ORSAY
River Seine
PARIS
PARC DE CHAMPS DE MARS
LEFT BANK
司法宫：巴黎的伟大建筑之一，在《梅格雷和懒惰窃贼》中有重要意义。
PASSY
Gare Montparnasse
MONTPARNASSE
西默农与梅格雷的巴黎

皮加勒区：梅格雷和西默农都熟悉的红灯区，红磨坊夜总会的所在地，也是有名的旅游目的地。
戈布兰：梅格雷称其为“巴黎最悲伤的地方”之一。
理查德–勒诺瓦大道：梅格雷曾在这里的132号住过。在《梅格雷的特别谋杀案》中，他认真思考了这条街的臭名从何而来。
孚日广场：雅致的广场，一度是梅格雷和其创造者的家。
奥弗雷斯码头36号：梅格雷在警察总局的办公室。
PIGALLE
Gare du Nord
Gare de l'Est
Parc des Buttes-Chaumont
Le Pre-Saint Gervais
RUE DU FAUBOURG SAINT DENIS
BELLEVILLE
RUE DES VICTOIRES
RIGHT BANK
Teverne Henri IV
Pont au Change
Les Gobelins
Place des Vosges
Conciergerie on Ile de la Cité
Ile de la Cité
Marais
BOULEVARD RICHARD-LENOIR
BOULEVARD VOLTAIRE
Cimitiere du Pere Lachaise
Bastille
BOULEVARD SAINT GERMAIN
River Seine
Gare de Lyon
QUAI DE LA GARE

马丁·爱德华兹

埃利斯·彼得斯与卡德法尔修士的什罗普郡

什罗普郡苍翠碧绿、环境宜人，似乎不适合作为众多罪案的发生场景。然而，土生土长的伊迪斯·帕吉特（Edith Pargeter, 1913—1995）——其笔名埃利斯·彼得斯（Ellis Peters）更为读者所熟知——却决意让自己的家乡与神秘的谋杀永久画等号，时间跨度从12世纪至20世纪。

帕吉特创作了一系列以乔治·菲尔斯警长为主角的当代侦探小说，首部小说是《堕入深渊》（*Fallen into the Pit*, 1951）。不过让她名利双收的还是塑造了作为草药医生的侦探卡德法尔修士。卡德法尔修士首次出现在《变味的遗骨》（*A Morbid Taste for Bones*, 1977）中，并且成为后来19部续集的主角。这些小说全都以她挚爱的家乡为场景，但案情主要发生在什鲁斯伯里大教堂。

几乎没有其他英国乡村能赋予一位作家如此丰富的创作灵感，尤其在犯罪题材里。埃利斯·彼得斯引以为傲：

> 我所有的书都运用了自己熟悉的当地场景；有时假以实际的地貌和名字，有时塑造成介于真实与虚幻之间的地方，但对于像我一样熟悉当地的人，依然可以识别，钉是钉铆是铆，丝毫不差。一开始我并非有意为之，但什罗普郡已经流淌在我的血液里，在创作的过程中，血液进入笔墨，通过心跳和循环，赋予这片土地生命。［见罗宾·怀特曼（Robin Whiteman, 1944— ）和罗伯·塔尔伯特（Rob Talbot, 1958— ）合著的《卡德法尔地区》（*Cadfael Country*, 1990）］

什罗普郡情结

帕吉特于1913年出生在什罗普郡霍斯威。这是一个小乡村，如今已

并入新建小镇特尔福德。此地临近铁桥峡谷，塞文河从那里向南流入布里斯托尔海峡。虽然有一座大型发电站遮目，但景色依然秀丽。颇有意思的是，什罗普郡自古以农业为中心，但铁桥峡谷以及邻近的科布鲁克代尔却被称为工业革命的发源地。正是在这里，1779 年，钢铁大师、工程师亚伯拉罕·达比三世（Abraham Darby III，1750—1791）建造了世界上第一座铸铁拱桥，为当地工业提供了比旧渡轮更便捷的运输途径。这座桥于 1934 年关闭交通，但截至 1950 年，参观行人还需缴纳过桥费。迄今它依然是络绎不绝的游客的观光胜地，而峡谷也被世界教科文组织列为世界文化遗址。

帕吉特一家与当地铁器厂有着不解之缘，父亲是厂里的总管兼计时员，兄弟也在那里任工程师。在如此接近历史地标的地方长大，势必会激发她对过去的热爱，而早期的乡村宁静生活，也使她对景观产生了终生迷恋。影响她写作的第三个因素是英格兰和威尔士的边界现状。帕吉特的外祖母是威尔士人。自小，她就了解到两个民族的悠久历史，彼此的紧张对峙可以追溯至盎格鲁-撒克逊人和凯尔特人频繁冲突的年代。什罗普郡曾是威尔士波厄斯王国的一部分，直至被麦西亚王国吞并，此过程由公元 8 世纪的奥法国王（以建造既是边界线又能防御入侵的堤坝著称）完成。

帕吉特经常谈起自己对家乡的热爱，这是她一生大部分时间生活的地方，除了二战期间（1939—1945），其时她在利物浦皇家海军西部反潜司令部工作。她甚至（与罗伊·摩根）写了《什罗普郡：英

卡德法尔修士

全名： 卡德法尔·梅勒·达菲德

重要经历：

公元 1096 年：开始参加第一次东征。其间，与安提俄克的一位穆斯林女子育有一子，名叫奥利维尔·德·布雷塔涅。

公元 1114 年：回到英格兰，发现未婚妻里奇里斯·沃恩移情别恋，后在亨利一世国王的军队服役，不久离开军队，接受神职。

富丽堂皇的什鲁斯伯里修道院内景

“如果说伊迪斯·帕吉特的作品传达了一个信息……那就是总体上而言人类并非完全不可救药。”

——讣告,《独立报》(1995)

国乡村实录》(*Shropshire: A Memoir of the English Countryside*, 1992),书中写道:

> 我依据本人对什罗普郡的记忆和想象来创作小说。我深知自己的写作是非常直观的,我在用文字描绘。自然风光、城市景观、天气和季节全部流淌在字里行间……什罗普郡无处不在,从未完全展露,却能被强烈感知。

从帕吉特到彼得斯

帕吉特尽管心系什罗普郡,但并非井底之蛙。她于1947年初次访问捷克斯洛伐克,被当地语言(她快速掌握)和文化所吸引,由此与捷克人民结下深厚友谊,翻译了至少16本捷克语小说,包括扬·聂鲁达(Jan Neruda, 1834—1891)的《小城故事》(*Tales of the Little Quarter*, 1957)、约瑟夫·波尔(Joseph Bor, 1906—1979)的《泰雷恩安魂曲》(*The Terezn Requiem*, 1963),后者描述在奥斯威辛举办的威尔第音乐会。她的部分著作——始于《荷尔顿西乌斯,尼禄的朋友》(*Hortensius, Friend of Nero*, 1936)以及少量犯罪小说和短篇小说——是以海外为背景的。

帕吉特塑造和蔼亲民的警长乔治·菲尔斯时,已是蜚声文坛的多产作家。然而,这个人物在以她本名出版的《堕入深渊》亮相后(作为警探调查毫无悔意的纳粹农场工人的谋杀案),便销声匿迹,直到10年后她以埃利斯·彼得斯的笔名出版了《死亡与快乐女人》(*Death and the Joyful Woman*, 1961)。之前,作者还不时使用其他笔名,其中包括乔利恩·卡尔(Jolyon Carr),约翰·雷德芬(John Redfern)和彼特·本尼迪克特(Peter Benedict),而且鲜有涉猎犯罪小说,就连成功之作也不能划归此类型。《死亡与快乐女人》获得了巨大成功,代表着帕吉特创作的重要突破,1962年赢得美国推理作家协会的爱伦·坡奖。受此鼓舞,帕吉特于1964年至1978年又创作了11部菲尔斯小说。

卡德法尔修士的诞生

卡德法尔修士的人物塑造融合了帕吉特的两种创作情感:一是对故乡什罗普郡的热爱,二是对历史的强烈兴趣。这也从某种程度上解释了这个角色塑造成功的原因。

卡德法尔初次登场的《变味的遗骨》起初并未被打算作为系列小说的首部,甚至没有推出平装本,只印了少量精装本推向图书馆市场。而且,接下来帕吉特以彼得斯为笔名,又写了一本菲

“卡德法尔出人意料地现身时，他已年近六十，自信、老到，全副武装，有一头留了十七年的僧侣发式。”

——埃利斯·彼得斯，《罕见的本笃会修士》(*A Rare Benedictine*，1989)

尔斯小说《彩虹尽头》(*Rainbow's End*, 1978)，事实证明这确是最后一本。

1979年，卡德法尔重现于《一具尸体太多》(*One Corpse Too Many*)，由此一发而不止，作者（当时66岁）遂跻身国际畅销书作家行列。1980年，《修士帽》(*Monk's Hood*)赢得犯罪小说家协会颁发的银匕首奖，1993年又因在该领域成就卓著，赢得犯罪小说协会颁发的卡地亚钻石匕首奖，这是犯罪小说领域的最高奖项。

卡德法尔的世界

男主角卡德法尔是什鲁斯伯里修道院本笃会的一个修士，初看不大可能与侦探形象挂钩。该修道院于1083年由罗杰·德·蒙哥马利（Roger de Montgomery, 1005—1094）创建，在此前几年，他还建造了城堡。卡德法尔系列的首部作品《变味的遗骨》描写这位修士被派遣到威尔士的圭塞林，帮助寻回圣维尼弗雷德的遗骨。卡德法尔本身是威尔士人，出生于特雷夫留，系众修士代言人。受益于异国出生的背景，他在苏兹伯利做过羊毛生意，十字军东征期间（1095—1099）入伍，后成为船长。他在进修道院前对草药有很深的研究，其植物药理知识在系列小说的案情调查中起了重要作用。

《一具尸体太多》始于如下史实：1138年，英王斯蒂芬率军队进攻什鲁斯伯里城，得手后下令将94个防守者吊死在城墙上。小说中，执行收尸命令的卡德法尔不幸发现了第95具尸体，这具多余的尸首是被未知杀人犯勒死的。

埃利斯·彼得斯的小说以敏锐的眼光向读者展示了各个社群内部以及相互之间的交际活动，描绘了12世纪诸多勾心斗角、打如意算盘之类的权力游戏。在《圣彼得集市》(*Saint Peter's Fair*, 1981)中，读者被告知：

> 河的一边是什鲁斯伯里城，另一边是修道院，两边的关系，可能从未真正友好——不要期望值太高，毕竟双方常常产生利益冲突——但也一直都没有大的问题出现。

圣彼得集市持续三天以上，是一年之中最忙的时段，城里的商店必须全部关闭，只有啤酒和葡萄酒出售。正如市长在故事开头所抱怨的，所有船舶停泊在修道院码头，向院长缴费，但院长拒绝同城里商人分享收益。市民情绪焦躁不安，一个商人被谋杀了，卡德法尔因此展开调查。通过卡德法

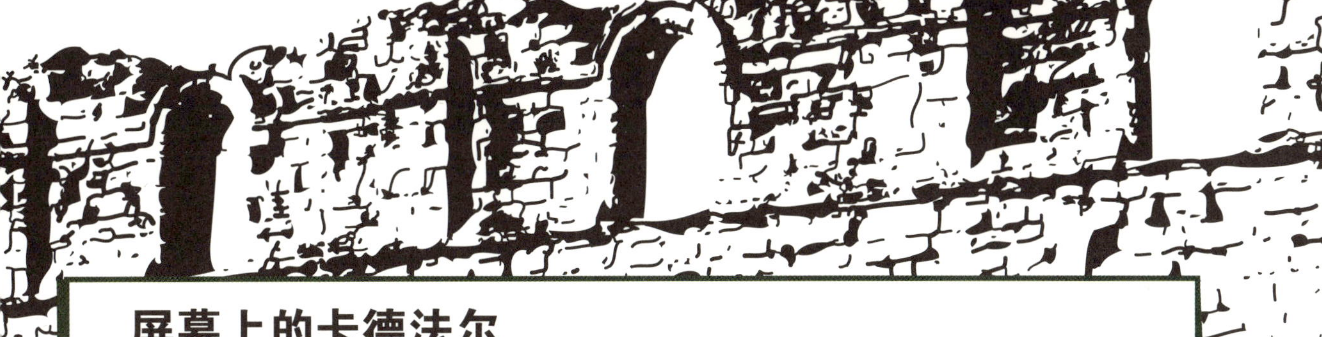

屏幕上的卡德法尔

英国广播公司（BBC）率先将卡德法尔小说改编成电视剧，由格林·休斯顿（Glyn Houston, 1925—2019）领衔主演。随后英国中央电视台于 1994 年至 1998 年期间拍摄了 13 集电视连续剧，这些剧集同样基于埃利斯·彼得斯的小说。剧中，这位修士兼植物学家自始至终由英国著名演员德里克·雅克比（Derek Jacobi, 1938— ）饰演。此外迈克尔·卡尔弗（Michael Culver, 1938— ）饰演修道院院长罗伯特，朱利安·弗斯（Julian Firth, 1961— ）饰演杰罗姆修士。其他著名演员包括西恩·帕特维（Sean Pertwee, 1964— ）、休·博纳维尔（Hugh Bonneville, 1963— ）、史蒂芬·麦金托什（Steven Mackintosh, 1967— ）、约翰尼·李·米勒（Jonny Lee Miller, 1972— ）、朱利安·格洛弗（Julian Glover, 1935— ）和安娜·弗莱尔（Anna Friel, 1976— ）。执行导演有泰德·蔡尔兹（Ted Childs, 1934— ），他同时执导了莫斯探长系列电视剧。

电视剧

系列一（1994）

《一具尸体太多》（One Corpse Too Many）

《圣所麻雀》（The Sanctuary Sparrow）

《圣吉尔斯的麻风病人》（The Leper of Saint Giles）

《修士帽》（Monk's Hood）

系列二（1995—1996）

《冰中少女》（The Virgin in the Ice）

《魔鬼修士》（The Devil's Novice）

《圣彼得集市》（Saint Peter's Fair）

系列三（1997）：

《玫瑰租金》（The Rose Rent）

《前门的渡鸦》（The Raven in the Foregate）

《变味的遗骨》（A Morbid Taste for Bones）

系列四（1998）：

《神圣小偷》（The Holy Thief）

《波特田野》（The Potter's Field）

《朝圣者之仇》（The Pilgrim of Hate）

尔系列小说，人们可以看到内乱一触即发形势下的日常生活状态。

中世纪场景

古老的修道院前门是什鲁斯伯里的活动中心，卡德法尔系列小说中时有描述。譬如《变味的遗骨》：“十分热闹……行人一直来去匆匆，主妇、流浪儿、狗、贩夫走卒来来往往或凑在一起说闲话。”而《前门的渡鸦》(*The Raven in the Foregate*, 1986)描述修道院院长拉卓法斯在埃尔诺斯神父的陪同下从伦敦返回圣十字修道院。埃尔诺斯神父正是“前门的渡鸦”——拥有除谦卑和仁慈外的一切美德。不久他被发现淹死在修道院的蓄水池，卡德法尔面临着查明他的死是意外还是被谋杀的任务。

来访的游客将会看到，相比起英格兰其他许多地区，岁月的沧桑并没有给什鲁斯伯里带来更多的痕迹。当年的修道院尽管有不少在亨利八世实施“解散修道院法令”期间（1536—1541）遭到毁坏，但也有很大部分保存了下来，包括四根巨大的诺曼教堂鼓形圆柱，还有部分圣威妮弗雷德神龛。现在的修道院前门相对宁静，绕开了城市的拥挤交通。系列小说中提及的其他地方依旧可辨，譬如梅尔多街，曾经是市中心通往古老威尔士桥的主要路径。《玫瑰租金》(*The Rose Rent*, 1986)描述的市内独一无二的韦斯捷服装作坊，就在梅尔多街头开有门店，“那是一间四方建筑，门面宽敞，狭长走廊两边向后延伸着一间间房屋，还有着大院子和马厩。”如今，尽管没有此类房屋，可街道尚在，只是街名改为马尔多。

埃利斯·彼得斯曾经在罗宾·怀特曼（Robin Whiteman, 1944—　）的《卡德法尔指南》(*The Cadfael Companion*, 1991）一书序言

中谈到自己“不仅书写了个人的一系列故事，而且还书写了英国的历史，尤其是什罗普郡和威尔士边界地区的历史”。这是一项令人瞩目的成就，是该郡旅游主管部门应当由衷感谢的一项成就。当然，他们也在自己的网站承认，什鲁斯伯里修道院之所以吸引了成千上万来自世界各地的游客，部分原因是归于这些小说的成功。现在还有许多汽车道路的名称来自卡德法尔系列小说，譬如“埃顿森林隐士小径”，经过比尔得沃斯修道院和马奇文洛克镇。又如“冰上少女小径”，穿越卢德洛、布里诺斯等迷人小镇，并通往什罗普郡南部的起伏丘陵。

卡德法尔系列小说终于成功地被改编成电视剧，由德里克·雅各比领衔主演，他的天赋非常适合扮演这个角色。

伊迪斯·帕吉特于1995年去世。晚年，由于卡德法尔小说的成功，她赢得了巨额财富和国际盛誉，但依然谦逊地献身于自己所熟悉的什罗普郡。

她曾说：

> （站在什罗普郡西部群山之巅）……环顾山下，杳无人烟，然而正是在那里，你会有种顿悟，坚信苍茫大地有一个地方，将你牢系于历史的长河。

尽管卡德法尔系列小说深深扎根于过去，而且所描述的这位修士历险的英格兰场景已不复存在，但字里行间无不透射出伊迪斯·帕吉特对英国这片土地的挚爱，显示了一个作家能唤起的场景意识，不独是地理位置，还有环境、色彩，甚至气味。再添加几个神秘奇案，或许你就会投身其间，享受场景带来的饕餮大餐（抑或一剂毒药?）。

有用的网址

亲历什罗普郡乡村卡德法尔修士小道

www.shropshiretourism.co.uk

帕吉特/彼得斯马车游或徒步游

http://www.shrewsburyforgroups.com/guides.htm

亲临卡德法尔小说中的什鲁斯伯里修道院场景（1135—1150），原汁原味

www.shrewsburyabbey.com

彼得斯与卡德法尔的什罗普郡

特雷夫留村，格温内斯郡：卡德法尔修士的出生地；斯诺多尼亚山徒步旅行的理想据点。
Isle of Anglesey
Llangefni
Conwy
Rhyl
A55
Trefriw, Gwynnedd
Gwytherin, Clywd
Caernarfon
Snowdonia
A5
卡那封（Caernarfon）：由英格兰诺曼王朝于11世纪建造，以便在新征服的领土抵御威尔士的进攻。
什鲁斯伯里大教堂：《卡德法修士》小说情节的主要发生地
威尔士桥：中世纪时期舒兹伯利唯一一座横跨塞文河的桥梁。
Shrewsbury Castle
River Severn
Welsh Bridge
Mardol
WALES
SHREWSBURY
什鲁斯伯里修道院前门：中世纪城市中心，《变味的遗骨》中描述这里“十分热闹……主妇、流浪狗、贩夫走卒来来往往，或凑在说闲话”。
马尔多大街：自中世纪起成为主干道：现在的拼写少了一个“e”。
Shrewsbury Cathedral
Shrewsbury Abbey Foregate
Shrewsbury Abbey
River Severn
Shrewsbury
A5
什鲁斯伯里修道院：建成于1083年，现在成为城中一大旅游景点，这主要是埃利斯·彼得斯的功劳。
M54
Telford
River Severn
Horsehay
Buildwas Abbey
Coalbrookdale
铁桥峡谷：塞文河切出的深谷；工业革命的摇篮，屹立至今的世界上第一座铸铁拱桥的所在地。
Ironbridge gorge
Much Wenlock
比尔得沃斯修道院和马奇文洛克镇：卡德法尔修士寻找“埃顿森林隐士小径”途中停留地。

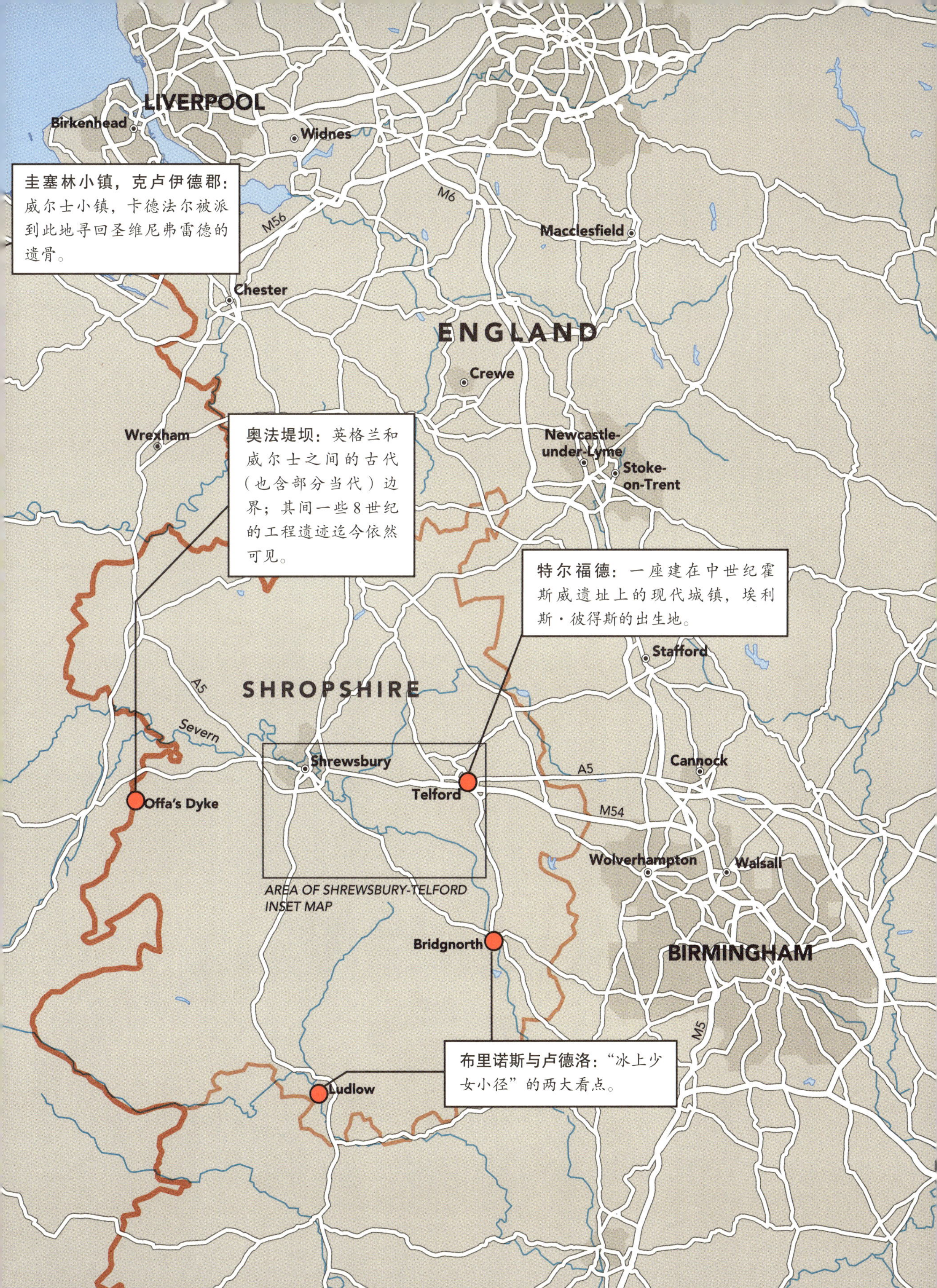
LIVERPOOL
Birkenhead
Widnes
圭塞林小镇，克卢伊德郡：威尔士小镇，卡德法尔被派到此地寻回圣维尼弗雷德的遗骨。
M6
M56
Macclesfield
Chester
ENGLAND
Crewe
Wrexham
奥法堤坝：英格兰和威尔士之间的古代（也含部分当代）边界；其间一些8世纪的工程遗迹迄今依然可见。
Newcastle-under-Lyme
Stoke-on-Trent
特尔福德：一座建在中世纪霍斯威遗址上的现代城镇，埃利斯·彼得斯的出生地。
Stafford
A5
SHROPSHIRE
Severn
Shrewsbury
Telford
A5
Cannock
Offa's Dyke
M54
Wolverhampton
Walsall
AREA OF SHREWSBURY-TELFORD INSET MAP
Bridgnorth
BIRMINGHAM
M5
布里诺斯与卢德洛："冰上少女小径"的两大看点。
Ludlow

金士顿·皮尔斯

达希尔·哈米特与萨姆·斯佩德的旧金山

20世纪初，如果有人想重塑自我，那么最有助益的地方莫过于旧金山——这个城市因暴富成名之后，似乎惹怒了大自然，又一夜之间被夷为平地，因此也需要翻新。

达希尔·哈米特的自我重塑几乎没有耀眼的光彩，但同样取得了令人瞩目的成果。1921年，他作为一个私家侦探来到了加利福尼亚北部最富有、最绚丽多彩的城市。8年后，他以作家的身份离开了这里——塑造了萨姆·斯佩德和大陆探员——因而也被认定是以更多的现实主义推动美国侦探小说发展的第一人。借用他的小说家同行雷蒙德·钱德勒的话，哈米特是一位“王牌演员”，似乎命定要在世界文坛拥有充满活力和多产的未来。

哈米特的成功

青年时代，达希尔·哈米特以一个易冲动的红发小伙子著称。凡是认识他的人都没想到他日后会引领文学潮流。1894年5月27日，他出生在祖父经营的马里兰南部烟草农场，不久便与家人迁至宾夕法尼亚州费城，之

后又去了马里兰州巴尔的摩。尽管哈米特勤奋好学，但中学只读了不到一年，便接替生病的父亲做了铁路通信员、码头装卸工、纸箱厂制钉机操作员，混混日子，维持生计。他说自己是一位“别人不满意，自己也不知足的员工”。青年时代的达希尔·哈米特并不想尽力保有这些工作；他曾坦言：“我经常被炒鱿鱼。”

然后，到了1915年，达希尔·哈米特应聘了一项神秘的工作，这项工作面向男性，“自由行动，随机应变”。他按广告地址去了巴尔的摩市中心的大陆大厦（现在的卡尔弗特广场1号）平克顿国民侦探事务所地区总部。该事务所于19世纪50年代由来自苏格兰的前芝加哥警探阿伦·平克顿（Allan Pinkerton, 1819—1884）创建，以“我们从不休息”为口号，商标是一只睁开的眼睛（私家侦探一词Private Eye由此而来）。1861年，该事务所因挫败了一起刺杀当选总统亚伯拉罕·林肯的行动及追捕西部逃犯而名噪一时，但最终还是因反对工会、破坏罢工而受到遣责。尽管事务所其时声誉不佳，哈米特还是欣然应聘，并得到了心仪的职位——虽说这意味着要面对枪击、暴力和刺杀（他常常说：“我从不感到厌烦。”）。

哈米特在平克顿侦探事务所崭露头角，不久被派往美国各地。如果所述属实——毕竟哈米特经常会展示出一种美化自己背景的天赋——那么他就曾在美国西北

哈米特论斯佩德

“某种意义上，他是一个理想的化身，是我共事过的大多数私家侦探希望成为并在他们比较有成绩时就自以为是斯佩德真身了。因为您所读到的私家侦探……想成为一个冷漠、机智的人，能在任何情况下照顾自己，并能从他接触的任何人手中获得最大收益，无论是罪犯、无辜旁观者还是客户。”

——1934年版《马耳他之鹰》（*The Maltese Falcon*，1930）简介

部抓捕过伪造支票的罪犯，在华盛顿追踪过所谓德国间谍，逮捕过盗取摩天轮的窃贼，还作为破坏罢工者，在蒙大拿州搞刺杀，换取5000美元酬金。

不过，第一次世界大战期间，哈米特也曾离开过平克顿侦探事务所，加入美国陆军机动救护车队。长达一年的部队生涯并不光鲜。1918年流感大暴发，数千万人病死，他也不幸感染，大部分时间躺在巴尔的摩郊外的陆军医院。之后，他又患上肺结核，几年里深受此病折磨。在早期的一次康复治疗过程中，他遇见了蒙大拿州来的护士约瑟芬·多兰。多兰觉得哈米特聪明、帅气，爱慕其军人的英姿。而哈米特也喜欢多兰的风趣，因为她很爱笑。于是两人很快成了情侣。不久，哈米特的病好转，平克顿派他去旧金山破坏罢工。在那里，他收到多兰的一封信，说自己已怀孕。

旧金山的生活

1921年7月7日，这对情侣在凡尼斯大道的圣玛丽大教堂（已于1962年被烧毁）举行婚礼。婚前，多兰并不知道哈米特是罗马天主教徒。

两人曾考虑定居巴尔的摩，但最终选择了湾区。此时的旧金山正在重整旗鼓，想恢复往日的喧嚣。19世纪中期，它从无到有，伴随着加州淘金热的兴起（1848—1855），贪婪和浮华滋生，犯罪也接踵而至。旧金山的芭芭拉海岸是一个恶魔般的迪士尼乐园，以太平洋大道为中心，灯红酒绿，吸引着赌徒、小偷、妓女和骗子，还有来自贫民窟的年轻人，渴望来此一醉方休，享受一夜风流。其他地区也有犯罪危险，譬如唐人街，胡同里污秽不堪，利于职业杀手隐藏，橱窗挂着死鸭子，恶臭的地下室经营着鸦片烟馆。

1906年4月18日，大地震洗劫

> **“哈米特尽情讴歌了美国大碰撞——个人荣誉与腐败的碰撞，机遇和宿命的碰撞。”**
>
> **——詹姆斯·艾尔罗伊，《卫报》(2007)**

旧金山，引发了持续三天的大火，摧毁了28000多栋建筑。然而，这也给规划者留下了一张空白画卷去重塑这座城市，更高、更美，不利因素也更少。1915年，旧金山迎来了凤凰涅槃般的巴拿马太平洋万国博览会。这次博览会占用了城市北部，也就是现在的海港区。

1921年，哈米特夫妇搬进埃迪街620号（市府大厦北边）——一座月租45美元并配有家具的公寓。这时的旧金山市区电车缆车纵横，据说还要在海湾入口风景优美的金门海峡建桥，虽说许多人觉得这根本不可能。

私家侦探视角

颇有意思的是，人们在阅读哈米特以旧金山为场景的小说时所获得的城市图景，绝大部分都是他在埃迪街公寓拍脑袋的产物。小说提到了许多特定地标——譬如卡尼街旧司法大楼，在那里，私家侦探和警探相互嘲讽；又如电报山，大陆侦探社的无名侦探爬到山顶“扫视”一幢蛋黄色的房屋；再如毗邻唐人街的朴茨茅斯广场，一个嫌疑犯“趴在草地上，点燃黑色烟斗，沮丧地朝（罗伯特·路易斯）史蒂文森纪念碑张望，可能并没有发现目标”。游客可以去埃利斯街63号约翰烧烤店，品尝那里的排骨、烤土豆和番茄片，《马耳他之鹰》中描写萨姆·斯佩德经常来这家餐馆享用这些美食。如今，约翰烧烤店作为仅存的萨姆·斯佩德用餐地，已经挂上一块醒目的猎鹰图案匾牌。但是，哈米特几乎没有再现旧金山的历史，也不涉及当时这座城市的发展经历。他描述的旧金山，是人们通过在街上走来走去，与出租车司机、久站脚酸的女服务生和电梯操作员聊天等切实行动而获得的认知产物，而非纸上得来的浅显印象。这是从私家侦探视角观看的城市，也是哈米特早期在那里的生活体验。

当年他工作的平克顿国民侦探事务所的办公室在詹姆斯·弗拉德大厦的三楼。这是一座位于马基特街和鲍威尔街的12层宏伟建筑（建于1904年），正门拐角即是约翰烧烤店。他在旧金山做私家侦探期间，曾调查过“索诺玛”号远洋班轮125000美元失窃案（但令人失望的是，这笔巨额财富已在他登船前往夏威夷继续调查之前被找到）。他也声称曾为世界知名无声电影喜剧演员罗斯科·“大胖”·阿巴克（Roscoe ‘Fatty’ Arbuckle, 1887—1933）收集法律辩护资料。1921年9月，阿巴克被指控犯有过失杀人罪，起因是他在自己的联合广场圣弗兰西斯酒店套房举行“狂欢派对”时，一位名叫弗吉尼亚·拉佩的年轻女演员兼模特病倒去世，死因是膀胱破裂导致的腹膜炎。在进行了三场轰动性的审判后，该喜剧演员终于被判无罪（但因所谓丑闻，其事业大受影响）。哈米特认定阿巴克已经遭受“当地几个腐败报童”和旧金山地方检察官马修·布拉第的联合陷害，而布拉第是《马耳他之鹰》中恃强凌弱的地方检察官布莱恩的故事人物原型。“阿巴克太棒了，”哈米特后来写道，“所以遭人陷害，有人想把他拉下马。”

新的生涯

然而，哈米特身体太虚弱，无法充当罢工破坏者，也无法参加长时间监视；而且，旧金山的弥天大雾也无益于他的肺康复。因而27岁时，他最终离开了平克顿侦探事务所，并于

萨姆·斯佩德的屏幕形象

萨姆·斯佩德在书中是高个、金发碧眼的形象，而亨弗莱·鲍嘉（Humphrey Bogart, 1899—1957）并不具备这些特征。然而，他扮演的萨姆·斯佩德已成为这位私家侦探的典型形象，正所谓“演员成就角色，角色也成就演员”。

电影

《马耳他之鹰》（*The Maltese Falcon*, 1931），罗伊·德尔鲁斯（Roy Del Ruth, 1893—1961）执导，里卡多·科尔特斯（Ricardo Cortez, 1900—1977）主演。

《马耳他之鹰》（1941），约翰·休斯顿（John Huston, 1906—1987）执导兼合作编剧，亨弗莱·鲍嘉出演萨姆·斯佩德。该影片已被公认为黑色电影经典。

《撒旦遇见女士》（*Satan Met a Lady*, 1936），喜剧，大致改编自哈米特小说，萨姆·斯佩德一角改为特德·谢恩；该角色由沃伦·威廉（Warren William, 1894—1948）扮演，搭档贝蒂·戴维斯（Bette Davis, 1908—1989）。

舞台剧

2005 年，《马耳他之鹰》率先获准由长滩莎士比亚剧团改编成舞台剧上演。两年后，同一家剧团又进行了第二次改编。

2007 年，文艺复兴剧院阿尔法舞台又在阿拉巴马州亨茨维尔上演了另一个版本。

广播剧

2009 年，BBC 广播公司制作了一部广播剧，由汤姆·威尔金森（Tom Wilkinson, 1948—2023）出演萨姆·斯佩德。

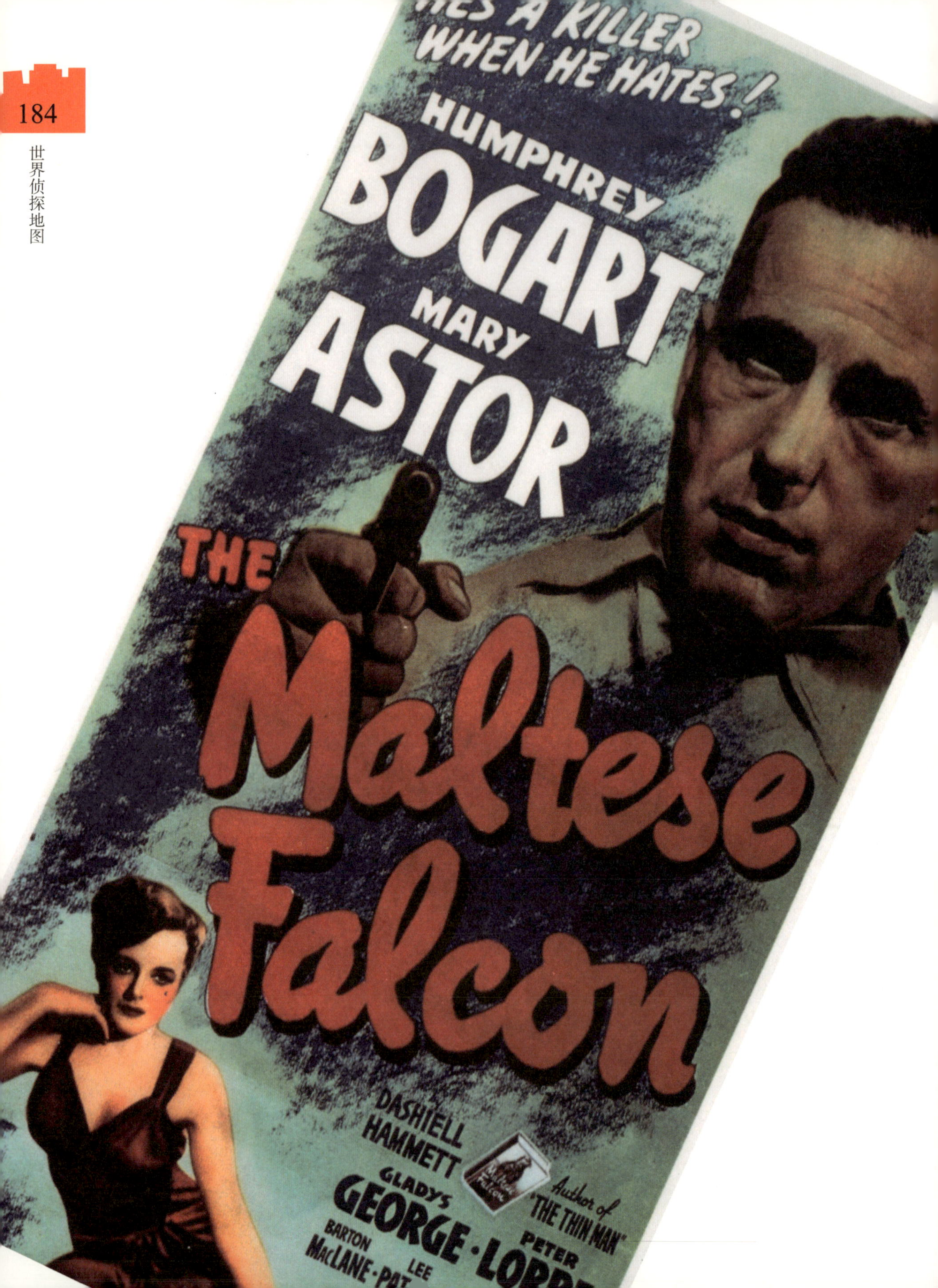
A KILLER
WHEN HE HATES!
HUMPHREY
BOGART
MARY
ASTOR
THE
Maltese
Falcon
DASHIELL
HAMMETT
Author of
"THE THIN MAN"
GLADYS
GEORGE
PETER
BARTON
MacLANE
LEE

1922年初在萨特街向一所秘书学校报名学习打字。此外，他也开始频繁出入旧金山公共图书馆新古典主义主要分馆（1917年成立，现为亚洲艺术博物馆，位于拉金街和麦卡利斯特街市政厅对面），每天花数小时大量阅读。“他自小没受过多少教育，根本不知道如何选择书籍，”黛安·约翰逊（Diane Johnson, 1934—　）在《达希尔·哈米特传》（*Dashiell Hammett: A Life*, 1983）一书中回忆道，“所以全选过来，每一本都读，每当被打动就知道看到好书了，就异常兴奋”。

鉴于所撰写的案例报告赢得了赞誉，哈米特受到鼓舞，决心开始更有挑战性的作家生涯。他阅读了当时的侦探小说，如卡罗尔·戴利（Carroll John Daly, 1889—1958）、范·戴恩（S.S. Van Dine, 1888—1939）的作品，觉得十分荒唐，推测自己的实际经历也许可以帮助自己更上一个台阶。事实证明的确如此。1922年，哈米特的一些侦探小说开始发表在文学期刊《新潮派》（*The Smart Set*），之后他又转战另一本更侧重冒险、推理的小说杂志《黑色面具》（*Black Mask*）。正是在该杂志，1923年，在始于《再次纵火》（以彼得·科林森为笔名）的系列小说中，哈米特首次推出了大陆探员，此人年约40，矮小，“肥胖、强硬、固执”。哈米特坦言该人物塑造基于他的平克顿侦探事务所老板詹姆斯·怀特。当年在巴尔的摩时，怀特曾教他如何时刻保持警觉，如何独立判断，如何制造假身份，以及如何暗中跟踪嫌疑犯（“尽可能远；不要试图躲避；无论发生什么都要自然；不要正视其目光。”1924年问世的短篇小说《背叛迷局》中，大陆探员如此建议）。

哈米特的身体一直没有康复，肺结核病时常发作，有时甚至非常严重，因此不得不将妻子和两个女儿送出城，以防传染。加上他长期酗酒、嗜烟如命，身体变得十分虚弱，有时要借助椅子才能在公寓里行走。为了弥补写作稿费收入的不足，他还为市中心珠宝店撰写广告。尽管有创作更“严肃”小说的冲动，但在《黑色面具》编辑约瑟夫·肖的鼓动下，哈米特还是继续致力于侦探小说创作。1927年11月，《黑色面具》

“在我的编辑生涯中，从未读过像最后一期连载这样紧张、激动，富于震撼力的故事。这是一部伟大的作品。”

——《黑色面具》杂志编辑约瑟夫·肖

（Joseph T. Shaw, 1874—1952）谈《马耳他猎鹰》

开始连载他的第一部长篇小说《血色收获》(*Red Harvest*)，这是一个带有血腥味的故事，描述大陆探员想要清扫腐败的西部矿业小镇——"毒药城"。紧接着，他写了一些中篇小说，汇集成为长篇《戴恩诅咒》(*The Dain Curse*)，其中充满了各种悬疑情节，包含谋杀、抢劫，并涉及旧金山邪教。两部长篇都于1929年以书籍形式出版。

《马耳他之鹰》

1930年，哈米特出版《马耳他之鹰》，赢得了广泛的赞誉。评论家亚历山大·伍尔科特（Alexander Woollcott, 1887—1943）称之为"迄今美国最伟大的侦探小说"。《新共和》杂志（*The New Republic*）也赞其"光彩夺目，引人入胜"，而美国国民讽刺杂志《法官》(*Judge*)则献上了最具慧眼的喝彩，说哈米特"采用了铅管和毒箭双管齐下的妙招，是独自冲锋陷阵的王牌杀手，此后即便范·戴恩（塑造了博学、风度翩翩的业余侦探菲洛·万斯）都要降低身段，甘拜下风"。

在《马耳他之鹰》中，哈米特放弃了之前小说的第一人称叙事，代之以第三人称的有限视角，让读者同侦探主角萨姆·斯佩德一道，发现故事的转折，亲历故事的险境，且仅从语言对话和面部表情领悟这位私家侦探对案情及周围同伴的想法。视角的转变让这部小说更容易被搬上大银幕。

该书内容惊悚，所有故事情节都围绕着追寻一尊黄金宝石镶嵌的猎鹰形状的塑像，以及这样一个无价之宝如何让人们陷入疯狂残杀的深渊而展开。斯佩德和搭档迈尔斯·阿切尔是在完全不知情的情况下加入追寻猎鹰塑像队伍的。起初布里吉特·欧肖尼西雇请两人帮助追寻弗洛伊德·瑟斯比，据说此人已经拐走了她的妹妹，但实际上这一切都是谎言，欧肖尼西是个假名，瑟斯比和其他三个人都在寻找塑像。

《马耳他之鹰》是哈米特最具个人色彩的一部小说。萨姆·斯佩德，这位其貌不扬、人品不佳的旧金山私家侦探，居然想勾引阿切尔的妻子，但也没有坏到坐视这位搭档被害的地步。这个角色无疑比大陆侦探社探员更像作者。斯佩德不仅好色（哈米特在婚姻中也对妻子不忠），而且拥有哈米特的真实名字。甚至斯佩德的家庭住址也是哈米特创作《马耳他之鹰》时的居住地址——邮政街891号，从1926年到1929年他一直住在这里。在此

> **"我已经很久没有因警方的不合作而掉泪。"**
>
> **——萨姆·斯佩德，《马耳他之鹰》**

期间，他还写了《血色收获》和《戴恩诅咒》。作为哈米特的粉丝，出租车司机唐·赫伦（Don Herron）可以带领游客进行长达 4 小时的哈米特旧金山回忆之旅，包括游览约翰烧烤店和弗拉德大厦等景点。

哈米特回忆之旅的其他景点包括布里特街、布什街南部和斯托克顿街西部的胡同小巷，迈尔斯·阿切尔正是在那里被谋杀，尸体翻滚到斯托克顿隧道，现在此地立有一块纪念牌。

哈米特晚年生活

哈米特住在旧金山时还完成了一部描述政治腐败的优秀长篇，题为《玻璃钥匙》（*The Glass Key*），1930 年春在《黑色面具》杂志连载，但彼时他已离开这座城市，来到纽约，随后去了好莱坞，因为终于有人把他的小说搬上大银幕了。这一年，他遇见比自己小十几岁的米高梅影业公司审稿人、才华横溢的剧作家莉莉安·海尔曼（Lillian Hellman, 1905—1984）。

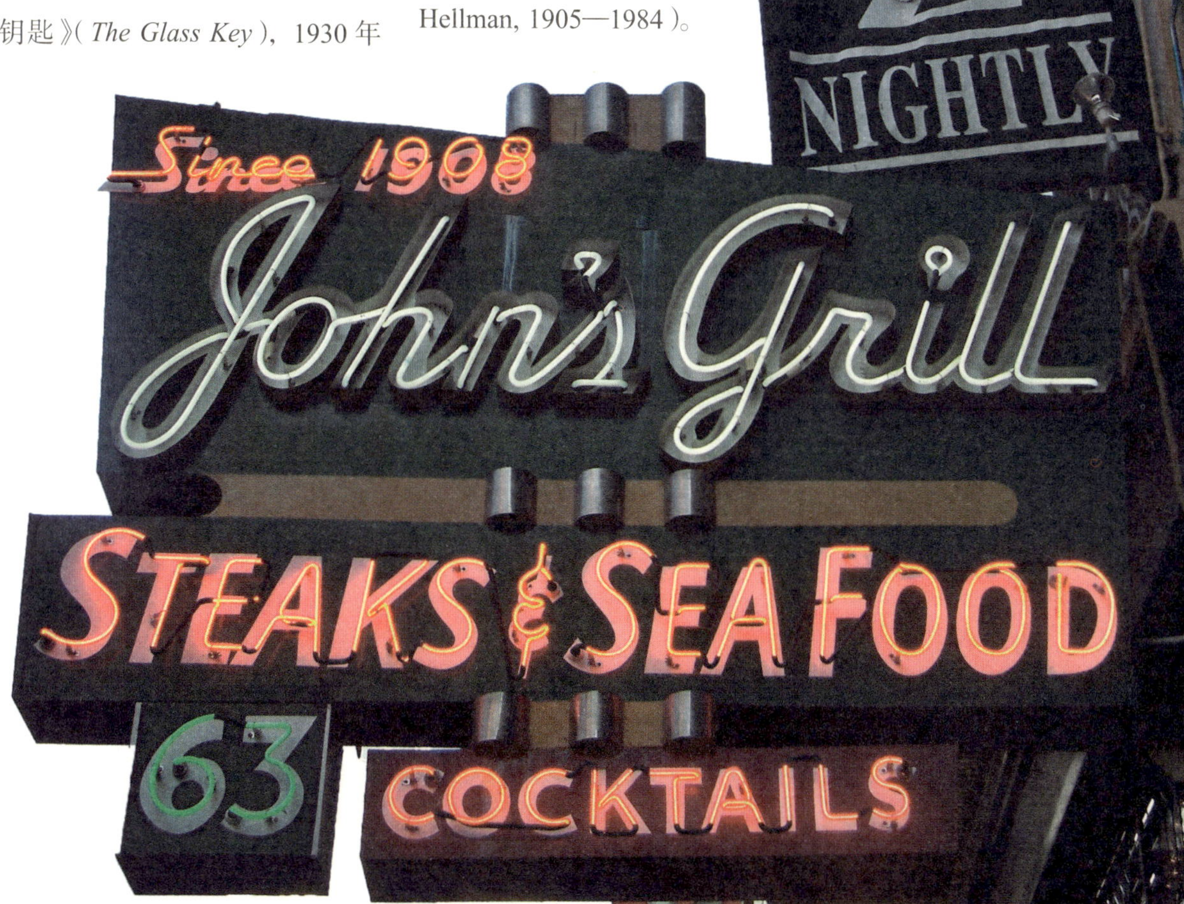

影片中的旧金山

尽管达希尔·哈米特已经将旧金山的声誉推到了前所未有的高度，但同时代的犯罪和推理小说家依旧不断地以旧金山作为自己作品的故事场景。特别值得一提的有埃德加获奖小说家、“但丁·曼库索”（Dante Mancuso）的塑造者多梅尼克·斯坦斯贝里（Domenic Stansberry, 1952— ），“马什·坦纳系列”（Marsh Tanner series）的作者斯蒂芬·格林利夫（Stephen Greenleaf, 1942— ），“凯特·马丁内利系列”（the Kate Martinelli novels）的作者劳里·金（Laurie R. King, 1952— ），“莎伦·麦科恩系列”（Sharon McCone series）的作者马西娅·马勒（Marcia Muller, 1944— ），“尼娜·雷利系列”（Nina Reilly series）的作者佩里·奥肖内西（Perry O'Shaughnessy），“埃文·德莱尼系列”（Evan Delaney novels）的作者梅格·加德纳（Meg Gardiner, 1957— ），“迈克·戴利和罗斯·费尔南德斯系列”（Mike Daley and Rose Fernandez series）的作者谢尔登·西格尔（Sheldon Siegel, 1958— ），等等。

不过，对于大多数读者而言，他们留存在心中的旧金山印记无疑还是银幕上的。谁能忘记在经典动作片《布利特》（*Bullitt*, 1968）中，史蒂夫·麦奎因（Steve McQueen, 1930—1980）驾驶着“福特野马”沿着这座城市的起伏街道上下飞驰？又有谁能忘记在希区柯克的《眩晕》（*Vertigo*, 1958）中，詹姆斯·斯图尔特（James Stewart, 1908—1997）对一位女子的深情、绝望的寻找？还有谁能忘记在唐·西格尔（Don Siegel, 1912—1991）的《肮脏的哈利》（*Dirty Harry*, 1971）中，克林特·伊斯特伍德扮演的卡拉汉探长和众多私家侦探？所有这些迥然不同的城市人物形象，将永存人们的脑海。此外，值得一提的还有美国电视连续剧《旧金山街头》（*Streets of San Francisco*），共120集，于1972年至1977年间播出。

两人从未结婚，但海尔曼声称他们自1931年一直在一起，直至哈米特于1961年去世，享年66岁。20世纪30年代中期，哈米特通过墨西哥式的快捷手续与妻子离婚，之后还继续抚养妻女。他鼓励海尔曼继续编剧，并让她创作以诺拉·查尔斯为主角的剧本，这个有钱又睿智的女主角出现在哈米特最后一部小说《瘦男人》(*The Thin Man*, 1934）中。

但不幸的是，此时作者的创作火花似乎快要熄灭了。他与画家亚历克斯·雷蒙德（Alex Raymond, 1909—1956）一起推出了连环漫画《密探X-9》(直至20世纪90年代中期，依然为多家报刊所选用），又为广播公司塑造了愤世嫉俗的侦探人物布拉德·鲁尼恩——又名胖仔。与此同时，萨姆·斯佩德也在广播剧和电影银幕中获得了新生——有三部电影改编自《马耳他之鹰》。达希尔·哈米特的写作生涯到此结束，但其成就足以让旧金山记住他的名字，并巩固他的美国侦探小说之父的地位。正如20世纪40年代钱德勒在他的著名作品《谋杀的简单艺术》(The Simple Art of Murder）中所说：哈米特“把谋杀还给了那些出于种种原因而犯下这种罪行的人，而不仅是提供一具尸体；所使用的手段也多种多样，而不仅仅是人为的决斗手枪、毒箭和热带鱼。”

抑或借用另一位得益于哈米特开创性贡献的罗斯·麦克唐纳的话，“我们都是从哈米特的黑色面具下走出来的人”。没有比这更有价值的遗产了。

有用的网址和地址

达希尔·哈米特之旅

每天中午从富尔顿街和拉金街拐角出发

www.donherron.com

约翰烧烤店

提供现做饮料、斯佩德正餐或正式酒会

www.johnsgrill.com

亚洲艺术博物馆

这座宏伟建筑以前是旧金山公共图书馆的主要分馆，哈米特曾在那里自学如何写畅销书

www.asianart.org

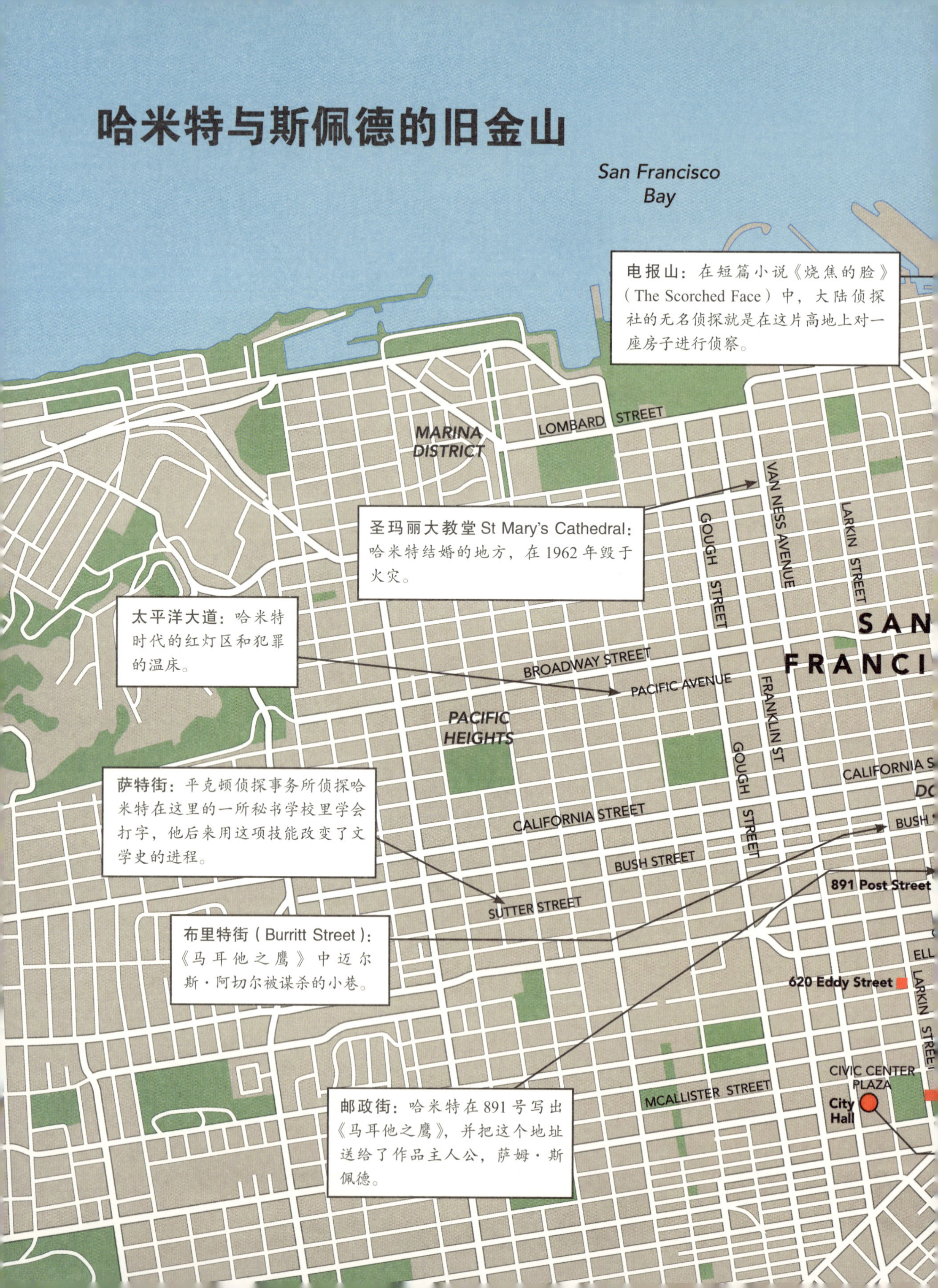
哈米特与斯佩德的旧金山
San Francisco Bay
电报山：在短篇小说《烧焦的脸》（The Scorched Face）中，大陆侦探社的无名侦探就是在这片高地上对一座房子进行侦察。
MARINA DISTRICT
LOMBARD STREET
圣玛丽大教堂 St Mary's Cathedral：哈米特结婚的地方，在1962年毁于火灾。
GOUGH STREET
VAN NESS AVENUE
LARKIN STREET
SAN FRANCI
太平洋大道：哈米特时代的红灯区和犯罪的温床。
BROADWAY STREET
PACIFIC AVENUE
FRANKLIN ST
PACIFIC HEIGHTS
GOUGH STREET
CALIFORNIA S
萨特街：平克顿侦探事务所侦探哈米特在这里的一所秘书学校里学会打字，他后来用这项技能改变了文学史的进程。
CALIFORNIA STREET
BUSH
BUSH STREET
891 Post Street
SUTTER STREET
布里特街（Burritt Street）：《马耳他之鹰》中迈尔斯·阿切尔被谋杀的小巷。
ELL
620 Eddy Street
LARKIN STREET
CIVIC CENTER PLAZA
City Hall
MCALLISTER STREET
邮政街：哈米特在891号写出《马耳他之鹰》，并把这个地址送给了作品主人公，萨姆·斯佩德。

唐人街：一个狭窄拥挤的街区，聚集了妓院、非法赌场和鸦片窝点，枪手和形形色色的罪犯皆混迹于此。
斯托克顿隧道：此处有一块纪念牌，标示迈尔斯·阿切尔的尸体从隧道口滚下斜坡后停留的位置。
史蒂文森纪念碑：在短篇小说《背叛迷局》中出现。
圣弗兰西斯酒店：在这里，一场狂欢派对导致年轻女明星弗吉尼亚·拉佩死亡，无声电影喜剧演员罗斯科·“大胖”·阿巴克名誉扫地。
约翰烧烤店：《马耳他之鹰》中萨姆·斯佩德用餐的小饭馆。
马基特街：詹姆斯·弗拉德大厦所在地，第三层是平克顿国民侦探事务所在旧金山的分部。
市政厅以及对面的亚洲艺术博物馆：在哈米特生活的时代，后者是旧金山公共图书馆的主要分馆。
埃迪街：1921 年，哈米特夫妇租下这里的带家具公寓（620 号）；正是在这里的一张书桌前，哈米特为他作为作家的声誉奠定了基础。
THE EMBACADERO
San Francisco Bay
TELEGRAPH HILL
POWELL STREET
COLUMBUS AVENUE
BROADWAY STREET
CHINATOWN
PORTSMOUTH SQUARE
Hall of Justice
POWELL ST
STOCKTON TUNNEL
KEARNY STREET
BAY BRIDGE
Burritt Street
Hunter-Dulin Building
UNION SQUARE
St Francis Hotel
John's Grill
James Flood Building
MARKET STREET

德克兰·伯克

德克兰·休斯与埃德·罗伊的都柏林

“都柏林”源于爱尔兰方言，有“黑色池塘”之意。尽管意义不俗，但历来的爱尔兰犯罪小说家尚未将其用作私家侦探小说标题。德克兰·休斯（Declan Hughes，1963— ）承袭达希尔·哈米特、雷蒙德·钱德勒、罗斯·麦克唐纳的传统，塑造了都柏林私家侦探埃德·罗伊。

都柏林是爱尔兰共和国首都，自西至东横跨利菲河。公元841年，利菲河入口附近的维京勇士突袭两岸，创建了这座城市。如今，城区本身变化不大，北以皇家运河为界，南与大运河接壤，两条运河外界则杂乱地伸展着郊区住宅。尽管市中心由东向西延伸不超过五六英里，但大都柏林区包含卫星城镇，约120万人口，从北部的英兹伸展到南部的布雷，直线距离约20英里。

都柏林私家侦探

作为如此规模的城市，都柏林无福消受大量的私家侦探。这也许是因为，迄今为止，都柏林与其说是一个城市，不如说是多个村落的集合体，很大程度上不具备大城市的隐匿性。一般而言，只要发生严重犯罪，就会知道谁是罪犯。在一个奉行谢默斯·希尼（Seamus Heaney, 1939—2013）的“无论你说什么，等于什么都没说”的后殖民国家，人人都知道，有警察即可，无须私家侦探。

不过，在介绍德克兰·休斯的埃德·罗伊之前，还得提及另外两个作家塑造的私家侦探人物。文森特·班维尔（Vincent Banville, 1940— ）笔下的约翰·布莱恩，活跃在都柏林市中心北部的污秽贫民窟，以卡布拉区为基地，在奥康奈尔街“主干道旁边的小街”设有办公室，向雷蒙德·钱德勒的菲利普·马洛表达了一种幽默的敬意。他最早出现在以爱尔兰经济跨越式发展为背景的《设计死亡》（*Death by Design*, 1993）中；随

后出现在《死亡：苍白骑手》(*Death: The Pale Rider*, 1995）和《教会法》(*Cannon Law*, 2001）里。

而阿林·亨特（Arlene Hunt, 1972— ）的《虚假意图》(*False Intentions*, 2005）中，则出现了由莎拉·奎格利和约翰·肯尼组成的私家侦探搭档。两人以都柏林市中心南部为基地，“在韦克斯福德街一幢破旧建筑的顶层设有一间办公室。”亨特比班维尔更直截了当，不太在意致敬，笔下侦探身处经济繁荣巅峰时期，行动范围更加灵活。约翰·布莱恩只是偶尔冒险去北区之外的地方，而奎格利和肯尼不得不在探案过程中来回奔波于城市各处，全因经济大繁荣带来了更多非法财富，罪犯们更容易隐藏，对生命也愈加不敬，侦探的活动天地也因此变得宽阔。在班维尔的《教会法》中，布莱恩好不容易才（短暂地）踏入南部乡村威克洛；而在亨特的《失踪，推测已亡》(*Missing, Presumed Dead*, 2008）里，约翰·肯尼乘飞机去伦敦断案已属平常。

埃德·罗伊的南部

德克兰·休斯塑造的埃德·罗伊首次出现在《错误的血渍》(*The Wrong Kind of Blood*, 2006）中，该小说的故事场景大部分设置在虚

德克兰·休斯

德克兰·休斯曾在都柏林三一学院学习**英文和哲学。**

他创作的第一部戏剧《我无法开始》(*I Can't Get Started*)描述了达希尔·哈米特和莉莉安·海尔曼的恋情，并称前者为“侦探小说界的巴赫”。

他推崇罗斯·麦克唐纳为文学大师；其余对他有影响的作家包括伊恩·兰金、乔治·佩莱卡诺斯、丹尼斯·莱哈尼和詹姆斯·伯克。

最喜爱的作曲家：吉恩·西贝柳斯（Jean Sibelius, 1865—1957）、古斯塔夫·马勒（Gustav Mahler, 1860—1911）、沃恩·威廉姆斯（Vaughan Williams, 1872—1958）、德米特里·肖斯塔科维奇（Dmitri Shostakovich, 1906—1975）、安东·布鲁克纳（Anton Bruckner, 1824—1896）……以及“伦敦狼人”沃伦·泽文（Warren Zevon, 1947—2003）。

拟的都柏林南郊湾景地、城堡山和西菲尔德（这些村落大致对应现实生活中比较富裕的都柏林郊区达尔基、基利尼和邓莱里）。埃德·罗伊是爱尔兰的过去、现在和未来三者碰撞的产物，其姓名涵义为一种割草皮的铁锹，剧作家约翰·西格（John Synge, 1871—1909）的《西方世界的花花公子》（*The Playboy of the Western World*, 1907）中的男主角克里斯蒂·马翁曾用以"杀害"自己的父亲。埃德·罗伊于爱尔兰经济风暴猛烈之际从洛杉矶回到都柏林，是爱尔兰首次反向移民大潮中，众多回归爱尔兰的经济流亡者之一。

然而，当年埃德·罗伊熟悉的都柏林已变得面目全非，尤其是南郊，变化特别大。离市中心五六英里处几乎是一个理想之国，没有过去，但有未来。利菲河是重要的城市南北分界线。北岸通常是劳工阶级、贫困人士的集聚地，而南岸则有较多的中产阶级，比较富裕。作为爱尔兰国民议会所在地的伦斯特大厦，位于利菲河南岸基尔代尔街。不过，基尔代尔伯爵詹姆斯·菲茨杰拉德（James

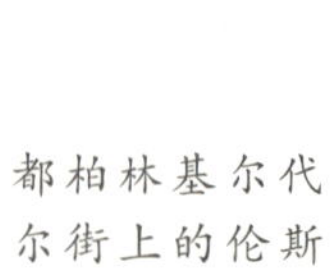
都柏林基尔代尔街上的伦斯特大厦

> “罗斯·麦克唐纳式的血腥暴力，不适合胆小者，但强烈推荐。”
>
> ——德克兰·休斯书评，摘自 http://www.thrillingdetective.com

Fitzgerald, 1722—1773）1745 年下令建造这幢大厦时，这一带还比较陈旧。伯爵惯于出风头，处处追求时尚，而且说到做到，于是时尚、财富、权势纷纷涌入都柏林南部，并再未离开，只是随着时代变迁，延伸至更南的区域。

德克兰·休斯以虚拟的都柏林南郊湾景地、城堡山和西菲尔德为场景，描写财富对富裕家庭几代人的道德、精神和心理的影响。可以想象，这些影响很大程度上将人性消耗殆尽。那些居住在“乔治王时期豪宅和维多利亚时期城堡”（《错误的血渍》）的富人，尽管远离传统意义上的高犯罪率的城市贫民窟，但在攫取、保护财富时的歹毒、无情和残忍，丝毫不比老城区罪犯逊色。

埃德·罗伊长期居住外国，为了安葬母亲，回到都柏林，由此购买了采石场的家庭住宅。采石场也是虚构的区域，融合了现实中的都柏林郊区桑迪科夫和格拉斯瑟尔的上流社会特征，其中的私人住宅规模不大，离格拉斯瑟尔地方政府仅一步之遥。由此埃德·罗伊跨越了许多交叉的社会关系和地理界线：作为归国移民，尽管属于本地人，却拥有外来者的视角；出生在持续向上的富裕阶级家庭，对劳工阶级和中产阶级的风俗及交流方式都非常了解。此外，他本人社会流动性强，有足够的适应能力，能顺势而动，将资金注入不断被侵蚀的旧财富地标。

埃德·罗伊曾冒险去市中心会见母亲的律师。这是他逗留都柏林南部期间，对市中心的一次短暂游览。离伦斯特大厦不远，有三一学院（德克兰·休斯和埃德·罗伊的母校）和圣斯蒂芬公园，两者属于比较古老、雅致的都柏林，而毗邻的利森街是一条“绿树成荫的宽阔大街，排满了维多利亚时代和爱德华时代的独栋别墅”（《错误的血渍》），并向南穿越大运河，朝博斯桥镇和都柏林皇家学会伸展。

爱尔兰版洛杉矶

回到都柏林南部，埃德·罗伊开始在郊外

“德克兰·休斯不怕带着文献资料到处游走，不怕享受生活，尤其是，不怕好好写作。”

——安妮·恩莱特（Anne Enright，1962— ），《卫报》（2008）

挨个漫游。如同在洛杉矶，他开着父亲的沃尔沃，“那是一辆弧形旧轿车，漆着赛车绿，尾部垂直，车内皮革呈棕褐色”（《错误的血渍》）。出于案情调查的需要，他也会出入一些富人场所，如皇家航海俱乐部和卡斯尔希尔高尔夫俱乐部。

> ……浮华的湾景地和城堡山是“富人的海滨城郊”，汇集着爱尔兰顶尖摇滚明星、电影导演、大律师和高级总裁的豪华别墅，构成了记者口中的高级飞地。

对于埃德·罗伊而言，都柏林南部不啻爱尔兰版洛杉矶，虽说他没有公开作此比喻。在这里，原先散落的村庄湾景地（达尔基）、城堡山（基利尼）和西菲尔德（邓莱里），已连接成一个整齐的卫星城镇。“绿树成荫的宽阔大街”的意境可能比不上雷蒙德·钱德勒笔下的著名大道，但在《错误的血渍》中，德克兰·休斯已将谋杀带出胡同小巷，放置进客厅了。

准确地说，《错误的血渍》中受害者尸体是在尚未竣工的西菲尔德市政厅被发现的，德克兰·休斯把谋杀场景设置在该大楼大堂的水泥地面。经济繁荣导致了暴发户的产生，他们有能力居住在都柏林最理想的区域，但事实证明，如此的社会流动存在着极

迈尔基湾景地附近的海岸

银幕和舞台上的德克兰·休斯

电影《苏格兰飞人》(*The Flying Scotsman*, 2006)，由道格拉斯·马金农(Douglas Mackinnon)执导，埃德·罗伊的塑造者与约翰·布朗(John Brown)、西蒙·罗斯(Simon Rose)联合编剧，讲述了自行车运动员格拉尔米·欧伯利自制单车，两次打破世界纪录的故事。

德克兰·休斯在成为侦探小说家前，是都柏林阿比剧院的签约作家，之后仍继续创作戏剧，有七部原创戏剧由怪诞奇缘剧团上演。

舞台剧

《我无法开始》(*I Can't Get Started*, 1990)
《掘火者》(*Digging for Fire*, 1991)
《爱情与瓶子》(*Love and A Bottle*, 1991)
《清晨》(*New Morning*, 1993)
《万圣节之夜》(*Halloween Night*, 1997)
《千面迷城》(*Boomtown*, 1999)
《战栗》(*Shiver*, 2003)

大的隐患。正如埃德·罗伊在察看另一幢建造中的大楼时所敏锐指出的，“他们似乎在建造帕特农神庙，实际上不过是给另一幢购物中心打地基”。

变味的体育比赛

在《血的颜色》(*The Colour of Blood*, 2007）中，埃德·罗伊因调查需要，离开了都柏林南部的工作基地，去了更远的南郊，但案情性质相同：非法获利助长了人性泯灭。他到了罗恩府邸，这是一座“维多利亚式的豪华庄园”，位于桑福德村之南的都柏林山脉。在这里，西菲尔德橄榄球俱乐部成了新的财富图腾，取代甚至还常常强化了对航海和高尔夫的“信仰”。

而在《垂死的物种》(*The Dying Breed*, 2008）里，这种“信仰”又变成了赛马，埃德·罗伊活动范围向南进一步延伸，西进“基尔代尔开阔平原”，亦即爱尔兰赛马的“信仰中心”。这里的图腾是虚构的泰瑞尔斯考特乡村俱乐部（也有可能以现实生活中位于威克洛郡的“贝尔艾尔骑马俱乐部”为原型），而毗邻村落居住着“各种与时代格格不入和形形色色的一事无成者，他们不可能在新的充满活力的爱尔兰有所作为”。

改弦易辙

这等于默认在爱尔兰经济成功的表面之下，实际上掩盖着大量裂缝。而《所有死亡的声音》(*All the Dead Voices*, 2009）则对这些裂缝予以放大。

如今的克罗克公园

"……刚读完德克兰·休斯的《血的颜色》，我已是他的粉丝了。"
——彼得·汤谢德（Peter Townshend，1945— ）"谁人"乐队吉他手

小说中，埃德·罗伊的调查突然转向，朝北回到了都柏林市区中心。作者甚至一开始就描写了北部的托尔卡公园，这是谢尔本足球俱乐部的主赛场。一个男人冲进球场，他可不是来踢足球的，而是拿起机枪就开始扫射。这种扫射让人们想起爱尔兰历史上曾被称为"血色星期天"的恐怖袭击。1920年11月21日，英国军队向克罗克公园盖尔足球赛场的球迷开火，造成14位平民死亡。

此次大屠杀是为了报复当天早些时候爱尔兰共和军杀害12名英国特工和2名准军事人员的行为。《所有死亡的声音》大部分内容都在叙述北爱尔兰"麻烦"的余波，前共和党准军事部队把不义之财洗白，可以光明正大地在富人和名人青睐的老牌餐馆用餐：

> 经济列车可能正在加速驶离，但如果你只在圣斯蒂芬公园的沙纳汉牛排馆吃饭，肯定毫无察觉。当然，你要是每晚都有钱吃沙纳汉牛排，也许满不在乎，因为无论冬日有多长，你都储备够了能量以度过经济寒冬。

然而，埃德·罗伊不独是在调查地理方向上发生了变化（《所有死亡的声音》又将他带回了南郊布莱克罗克，并且去了更远的威克洛丘陵），而且他把侦探所搬出了采石场的家，决定在都柏林市中心设置一间办公室，该办公室位于霍尔斯街，临近梅瑞恩广场。表面上，他终于安定，固定一处，但实际上奔波不可避免。"我住在车内，"埃德·罗伊说，"依靠车轮滚动，有事即时处理，实在不行才回家。"

对于既是本地人又是外来者的埃德·罗伊，一个不争的事实是，他此时见到的都柏林，已不再是当年的家乡。城市扩容自不必说，最近又被推入经济大发展的洪流，正"就势发展，尽可能维持现状"，但也不得不承认，它不再是家，而是一个与邻居争相比富的战场，已经堕落到了为"凯尔特之虎"的残羹剩菜进行生死搏杀的地步。

回家

正因为意识到这点，在《迷失女孩之城》(*The City of the Lost Girls*, 2010) 中，埃德·罗伊离开都柏林，前往洛杉矶追踪一个电影制片商朋友，他可能是谋害年轻女孩的变态杀手。这次案情调查来了一个大循环，从现实的"贝尔艾尔"到虚构的"贝莱尔"，再回到现实的"爱乐之城"，象征着经济大飞跃时代的都柏林，尽管渴望自我壮大，但只是苍白模仿。

也许这无法避免。因为埃德·罗伊本来就以挖土的"铁锹"命名，所以最终要回到斯佩德、马洛和阿切尔的城市，也意味着当代都柏林发展看似轰轰烈烈，但毕竟基础薄弱。也许将来埃德·罗伊还会去都柏林。即便他不会，那么套用乔治·萧伯纳（George Bernard Shaw, 1856—1950）的一句话，德克兰·休斯不但能从"凯尔特之虎"大兴土木的建筑工地挖出尸骨，还能让它们跳起欢快的吉格舞。在此过程中，他已经为爱尔兰做出了一定的贡献，并为自己建立了相当高的文学声誉。在众多欣赏德克兰·休斯的《所有死亡的声音》的读者当中，有一位是"欧元犯罪网站"(*Euro Crime*) 的米歇尔·佩克汉姆（Michelle Peckham），她称赞该书"将故事的不同线索巧妙地编织在一起，每一个字都有寓意，所以阅读并享受吧，不过要当心，否则或许会错过什么哦！"

有用的网址和地址

文学之旅，始于帕内尔广场的都柏林作家博物馆

www.dublintourist.com/walks_around_dublin/literary_dublin.shtml

爱尔兰首都文学源泉之旅

www.dublinpubcrawl.com

都柏林顶级餐厅之一

www.shanahans.ie

都柏林犯罪小说中的地标
奥康奈尔街：文森特·班维尔笔下的主人公约翰·布莱恩的办公室在一条无名小街上，远离都柏林主干道。
邓莱里（Dun Laoghaire）：都柏林的港口，休斯的埃德·罗伊系列小说中的西菲尔德。
基利尼：位于爱尔兰首都市郊的小镇，休斯小说中的城堡山。
威克洛山：约翰·布莱恩在《教会法》中到过的城外最远的地方；他的大部分调查都在都柏林市内进行。
Swords
M1
CLOGHRAN
PORTMARNOCK
TYRELLSTOWN
M50
BALLYNUN
SANTRY
COOLOCK
HOWTH
M50
R121
M1
Royal Canal
Phoenix Park
DUBLIN
River Liffey
Grand Canal
Dublin Bay
WALKINSTOWN
RANELAGH
M50
DUN LAOGHAIRE
TALLAGHT
STILLORGAN
GLASTHULE
SANDYCOVE
R113
DALKEY
KILLINEY
M50
BOHERNABREENA
St Ann's
COUNTY WICKLOW
Wicklow Hills
BRAY

帕内尔广场：步行游览文学都柏林的起点。

克罗克公园：爱尔兰国家体育场；1920年，英国军队枪杀了14名正在观看一场盖尔足球比赛的观众，这里是惨案发生地。

托尔卡公园：谢尔本足球俱乐部的主场，也是《所有死亡的声音》开头的谋杀案现场。

北岸：虽然所有的泛论都是错误的，但这里被普遍认为是贫困工薪阶层区。

三一学院 Trinity College：德克兰·休斯和埃德·罗伊都在这里获得大学学位。

《所有死亡的声音》中提到的一流餐厅——沙纳汉牛排馆（Shanahan's Steakhouse）的位置。

霍尔斯街：在《所有死亡的声音》中，洛伊把他的侦探所从家里搬到了这里，靠近梅瑞恩广场。

桑迪科夫：被德克兰·休斯化用为采石场，埃德·罗伊的老家。

韦克斯福德街：阿林·亨特的《虚假意图》中，私人侦探组合莎拉·奎格利和约翰·肯尼的办公室所在地，办公室位于一栋老楼的顶层。

南岸：自18世纪以来一直是都柏林的时髦街区。

达尔基：都柏林市郊富人区，德克兰·休斯小说中的湾景地。

DUBLIN
Tolka Park
(Shelbourne FC)
NORTHSIDE
CABRA
N3
Royal Canal
CABRA ROAD
Croke
Park
N CIRCULAR RD
N CIRCULAR RD
E WALL RD
M1
Parnell
Square
O'CONNELL
STREET
CHURCH
ST
Trinity
College
River Liffey
Leinster
House
HOLLES
STREET
CORK ST
St Stephen's
Green
Merrion
Square
WEXFORD
STREET
LEESON
STREET
BALLSBRIDGE
R131
Grand Canal
SOUTHSIDE
N81
N11
IRISH
SEA

迈克尔·卡尔森

罗斯·麦克唐纳与卢·阿切尔的南加利福尼亚

加利福尼亚堪称美国梦终极地。1865年，著名报人霍勒斯·格里利（Horace Greeley, 1811—1872）倡导美国民众“西进”，但他们一路来到太平洋，发现再无陆地，便回过头，沿加利福尼亚海岸线散布开来。

美国侦探小说的发展也大体遵循了从东海岸到太平洋海岸的相同轨迹。虽然它的渊源是西部小说，但根基在纽约贫民窟和芝加哥黑社会，并于加利福尼亚到达顶峰。两大巨匠达希尔·哈米特和雷蒙德·钱德勒均选择加利福尼亚作为创作背景，这并非巧合。旧金山是哈米特的“大陆探员”探案的主要城市，也是萨姆·斯佩德追踪“马耳他之鹰”之地。哈米特继承了有瑕疵侦探在上流社会探案的传统手法，同时让他的私家侦探奔走在海滨雾蒙蒙的小巷、唐人街和诺布山富人区，品尝甚至欣赏个中滋味和艰辛。而钱德勒基于个人经验，把加利福尼亚作为人生失败后的凤凰涅槃之地。

好莱坞在洛杉矶创造了新贵，罩有很薄的体面面纱；正是面纱与背后腐败之间的反差，提供了加利福尼亚小说的构架。移民拿着街边买的地图，揣着好莱坞电影梦，涌向这片阳光普照的土地；与此同时，洛杉矶也在发展，推动发展的精神也在传播——城市无中心，可以任意扩展，公路延伸至新近供应淡水的干旱区域。淡水也许给城市带来了生机，新建高速公路也会变成它的骨骼，但海洋依然是城市的灵魂，反映了它的梦想。而加利福尼亚最优秀的侦探小说似乎发生在高速公路和海岸线之间的阴暗区域。

作为首府的洛杉矶

20世纪四五十年代，自信满满的好莱坞誓言要将沉睡的洛杉矶打造成纽约或芝加哥。罗斯·麦克唐纳如此描述当时的洛杉矶：

……某种意义上，也是我们

国家的首府……在这个地方，我们的孩子学会了怎样做梦、做什么梦。在这里，刚刚发生的，或者说，即将发生的，都要降临在我们身上。

这种观念被融入了当时一些优秀的侦探电影和小说之中。这些虚构作品大部分以乡村为背景，与城市隔绝，迷失自我和品行不端者往往会去那里静思、避世，或者度假。著名影星罗伯特·米彻姆（Robert Mitchum, 1917—1997）和伯特·兰卡斯特（Burt Lancaster, 1913—1994）就是这样玩失踪，试图在小镇修车库以另一种身份生活，看是否碰巧被曾去过洛杉矶旅行的人认出。

钱德勒把圣莫尼卡之类的地方——距洛杉矶市中心仅15英里——都看成是不同的甚至遥远的城市。那时，这个城市专供洛杉矶人建造避暑别墅，乘船去国际水域赌博。在钱德勒眼中，此地表面是旅游胜地，骨子里腐败透顶，马洛就是在这里遇劫，被丢弃在回洛杉矶的偏僻公路上。圣莫尼卡看起来不错，但实际上就像许多趋之若鹜的加利福尼亚定居者一样，光鲜表皮下隐藏着不可告人的秘密。

罗斯·麦克唐纳正是利用南加利福尼亚这一特征作为卢·阿切尔系列小说的起点，通过卢·阿切尔

卢·阿切尔

离异；吸烟；饮酒（午饭后）；置有点三八警用手枪，但不常佩戴。

爱好包括下国际象棋和独自钓鱼消遣，有人描述他（《黑钱》，*Black Money*, 1966）是“一个中年男子，孤独地躺在黑暗中，而生活节奏如汽车在高速公路上飞驰”。

这个侦探主角，审视了新加利福尼亚文化的二维本质，诠释了企图逃避过去但其实很容易被过去影响的主题。卢·阿切尔居住在洛杉矶西部一幢普通公寓，侦探事务所坐落于日落大道8400号，距哈珀大道仅几个街区。哈珀大道以1966年保罗·纽曼（Paul Newman, 1925—2008）主演的电影《哈珀》（*Harper*）命名，影片中有类似卢·阿切尔的男主角。不过，卢·阿切尔本人是“天使之城”的移民，出生于别的城市，在长滩长大，玩过冲浪，也因开车惹过麻烦。但有趣的是，罗斯·麦克唐纳的经历正好相反：出生于加利福尼亚洛斯盖多斯，成长于加拿大，后来定居在圣巴巴拉。该城市位于洛杉矶西北部约100英里处，是卢·阿切尔探案的南加利福尼亚大片区域的中心，18部卢·阿切尔系列小说的第6部《巴巴拉野蛮海岸》（*The Barbarous Coast*, 1956）因此得名。

罗斯·麦克唐纳的《大冲击》（*The Drowning Pool*, 1950）主要描写作为近海石油钻探基地的威尼斯海滩和作为富人休闲居住地的太平洋角之间的鲜明对比。小说中，卢·阿切尔的足迹遍及南北，南至棕榈泉（钱德勒嘲讽其为“棕毛泉”），北至旧金山（也是罗斯·麦克唐纳定居圣巴巴拉之前的居住地）。《睡美人》（*Sleeping Beauty*, 1973）再次呈现了近海石油钻探的主题。故事情节围绕着井架泄漏事故展开，创作原型是1969年发生在圣巴巴拉近海的联盟A钻井平台的爆裂事件。到这时，罗斯·麦克唐纳的创作已与加利福尼亚生态运动紧密挂钩。他生动地描述了如今的繁忙街道已无法骑车入城的景象。与此同时，迪士尼乐园在阿纳海姆风靡一时。游乐场工程体现了生活可以完美设计成一场美国梦——有郊外别墅、停在车库的汽车、爸爸妈妈和两个孩子，还有他们的自

睡美人城堡，位于阿纳海姆迪士尼乐园中心

行车和冲浪板。从这种意义上说，如果海洋是南加利福尼亚的灵魂，那么沃特·迪士尼是它的心脏。

南加利福尼亚的生活状况

后来的南加利福尼亚的优秀犯罪小说家当中，有人直接与迪士尼乐园、环球影城之类的主题公园发展挂钩，其结果改变了植根于都市文明的马洛 / 阿切尔式的俏皮私家侦探创作传统。个中原因不难理解。随着人口的快速增长，城市的关联性变得松散。以前私家侦探可以坐在洛杉矶西部办公室接待边远地区的顾客，现在则越来越行不通了。即是说，洛杉矶的人口增长和均匀分布，给罗斯·麦克唐纳的创作带来了一个细微的艺术难题。譬如《再见》(*The Goodbye Look*, 1969) 描写了一所远在洛杉矶城外的大学，不难看出，这所大学即是洛约拉马利蒙特大学。然而在现实生活中，这所大学离洛杉矶国际机场不远，早就被不断扩大的城区所接纳。

不过，对于南加利福尼亚作家新秀而言，城区范围不是问题。最有趣的是 1953 年生于斯长于斯的杰弗逊·帕克 (T. Jefferson Parker, 1953—)。他的小说描写了生长在南加利福尼亚的美国人的特殊状况，尽管城区范围业已扩大。

如果说洛杉矶反映了好莱坞梦，那么杰弗逊·帕克最初探案的奥兰治县，以及后来探案的更南边的圣地亚哥，就折射出不同人群的生活状况，他们均因数十年来好莱坞镜像中歪曲的自我而备感压力。杰弗逊·帕克的首部小说《拉古那热》(*Laguna Heat*, 1985) 是对罗斯·麦克唐纳小说的惊人超越。该小说以过去的影响不可避免为主题，场景设置在作者本人居住的海滨城镇，体现了他对奥兰治县进一步郊区化的了解，即城区没有明显的中心，而是仅仅被迪士尼版美国梦的共同需求维系在一起。

杰弗逊·帕克的《洛杉矶亡命徒》(*LA Outlaws*, 2008）的核心内容在于弘扬加利福尼亚精神。苏珊娜·琼斯，一个洛杉矶学校的八年级历史老师，在同一个时间，开同一辆高级轿车（在一路畅通，车子不出问题的情况下），到城外的瓦利森特呆上1小时40分钟，目的是在阿沃卡多高速公路（15号高速公路的支线）和地狱峡谷的交叉路口拦路打劫。她摇身一变成了21世纪公路女强盗艾莉森·穆里埃塔，亦即有着“墨西哥的罗宾汉”之称的淘金大盗乔金·穆里埃塔（Joaquin Murietta, 1829—1853）的直系后裔。小说始于洛杉矶东部一起命案，地点在10号公路和710号公路的交汇处，接下来故事情节开足马力加速前行，呈现门牌模糊的旅馆、马里奥特机场、托伦斯酒店、废品工厂、垃圾食物餐厅等一系列场景。一切都令人赏心悦目。更有趣的是，杰弗逊·帕克“抢走”了洛杉矶县副治安官查理·胡德，让他成为自己系列小说的中心人物——县治安官负责洛杉矶城区之外（以及某些卫星城市）的犯罪案件，形同在伦敦和布赖顿之间巡逻，只是情况要复杂得多。

对加利福尼亚汽车文化感兴趣的读者可以阅读菲利普·里德（Philip Reed, 1952—　）的万花筒小说《猎鸟犬》（*Bird Dog*, 1997）和《漂泊车手》(*Low Rider*, 1998)。两者的故事主角均是前汽车推销员哈罗德·道奇；后者一开始呈现405号高速公路，街头小混混竖起大拇指称赞道奇的1964年产、300马力、浅黄绿色的英帕拉。加利福尼亚人以座驾来定义财富，道奇最终目睹了令人发指、荒诞可笑的贪婪和犯罪。

因果有报

杰弗逊·帕克的最优秀小说当属《加州女孩》(*California Girl*, 2004)。小说带领读者重回动荡的1968年，年迈的警察主角尼克·贝克尔不得不再访自己首次承办的命案调查现场。接下来故事追溯得更远，1954年贝克尔兄弟在圣克莱门特（理查德·尼克松的西部白宫所在地）的成长经历阐述了一个道理，人生不过是高中生活的无休止重复。帕克最擅长细述美国50

“罗斯·麦克唐纳的文学成就赶上并超越了他的前辈……他开始……探究作品的抽象深度，不仅描述犯罪，而且，用他的话来说，描述‘悲伤’。”

——托比亚斯·琼斯（Tobias Jones, 1972—　），《卫报》(2009)

屏幕上的罗斯·麦克唐纳

罗斯·麦克唐纳的小说带来了一些令人难忘的电影和表演，尤其是保罗·纽曼（Paul Newman, 1925—2008）的表演。

电视剧

《地下人》（*The Underground Man*, 1974），由彼得·格雷夫斯（Peter Graves, 1926—2010）扮演卢·阿切尔。

《阿切尔》（*Archer*, 1975），6集电视连续剧，哈利·本杰明（Harry Benjamin）、杰西卡·沃尔特（Jessica Walter, 1941— ）等出演。

电影

《哈珀》（*Harper*, 1966），依据《移动目标》（*The Moving Target*, 1949）改编，威廉·戈德曼（William Goldman, 1931—2018）编剧，保罗·纽曼、劳伦·巴考尔（Lauren Bacall, 1924—2014）领衔主演。

《大冲击》（*The Drowning Pool*, 1975），保罗·纽曼主演。

《双重否定》（*Double Negative*, 1980），依据《三条道路》（*The Three Roads*, 1948）改编，迈克尔·沙拉津（Michael Sarrazin, 1940—2011）、安东尼·珀金斯（Anthony Perkins, 1932—1992）主演

《蓝城》（*Blue City*, 1986），贾德·尼尔森（Judd Nelson, 1959— ）、戴维·卡鲁索（David Caruso, 1956— ）主演。

《犯罪行为》（*Criminal Behavior*, 1992），依据《弗格森事件》（*The Ferguson Affair*, 1960）制作的电视电影，法勒·福西特（Farrah Fawcett, 1947—2009）出演被杀手跟踪的律师。

《西海岸的狼》（*The Wolf of the West Coast*, 2002），依据《名叫阿切尔》（*The Name Is Archer*, 1955）中的短篇小说“负罪的金发女郎”（Guilt-Aged Blonde）改编，詹姆斯·福克纳（James Faulkner, 1948— ）出演侦探，但名字改为卢·米勒。

年来的历史变迁，也善于描绘与阶级差异格格不入的美国梦。谋杀发生在一家虚构的名为“圣日”的农业公司的废弃包装工厂，其商标是一个微笑女孩和她的橘子，象征着橘子在当地的重要分量。

领土争端

约翰·香农（John Shannon, 1943— ）描述寻觅失踪儿童的杰克·利菲系列小说，以展示阶级差异为核心主题，其中最受欢迎的有《悲伤的帕洛斯弗迪斯》（*Palos Verdes Blue*, 2009）。小说中，杰克·利菲与拉丁裔警察女友同住东洛杉矶，而前妻仍住在原来的雷东多海滩，她让杰克·利菲去老家圣佩德罗帮助一个朋友寻找失踪的女儿。其间，杰克·利菲再次调查了美丽的帕洛斯弗迪斯半岛的居民纷争，有圣佩德罗难缠的原住民，也有不安分的新来者，还有居住在山坡上的非法墨西哥劳工，眼不见，心不烦，直至当中的一个年轻人也想去卢纳达湾冲浪。还有什么比冲浪更容易纳入甜蜜的美国梦？沙滩男孩、迪克·戴尔、吉盖特、青春海滩宾果、改装赛车——这些都是浓缩的美国文化，如同包装袋上的冰冻橙汁、阳光和微笑。

布恩·丹尼尔斯，一位擅长冲浪的前警察，（在海浪不太高时）做了私家侦探，作为唐·温斯洛（Don Winslow, 1953— ）的男主角在《黎明侦察》（*The Dawn Patrol*, 2008）中粉墨登场，其中的非法移民同样居住在简陋的小木屋，也同样得到当地一些有同情心人的怜悯。小说始于一个本应如期作证的被杀脱衣舞女，又一次颠覆了传统洛杉矶侦探的形象。丹尼尔斯的太平洋海滩冲浪，将其本土化，成为具有新型硬汉形象的新一代私家侦探。唐·温斯洛也在《杀手的冬天》（*The Winter of Frankie Machine*, 2006）里融合了多种类型元素，同名主人公是一位职业杀手，隐退后在圣地亚哥的海洋沙滩码头开了一家鱼饵店。难怪罗伯特·德尼罗（Robert DeNiro, 1943— ）要在即将改编上映的电影中担任这一主角。唐·温斯洛的尼尔·凯里系列小说的场景设置在纽约，

> **“在加利福尼亚，没有什么是上升的海平面无法治愈的。”**
>
> **——卢·阿切尔**

《欢乐岛》(*Isle of Joy*, 1996）以不寻常的笔调刻画了20世纪50年代的纽约，但他被人忽视的优秀作品《加利福尼亚的火与生》(*California Fire and Life*, 1999）是对南加利福尼亚的轰然一击，深刻、无情地揭示了文化物质主义的反文化本质。《狗的力量》(*The Power of The Dog*, 2005）堪称唐·温斯洛当下的巅峰之作，是一部记录30年禁毒战争的雄伟史诗，场景聚焦于南加利福尼亚和墨西哥边境。故事男主角阿特·凯勒曾是中央情报局特工，现为缉毒局效力，他在圣地亚哥的巴里洛根长大，把边界当成不过是地图上的一条线而已。这部小说把读者带回到了牛仔时代，那些牛仔带着偷来的牛群或资助革命的金钱跨越边境，有着比较浪漫的情感。唐·温斯洛没有回避禁毒战争涉及的政治，描写了尼加拉瓜反政府武装以及政府声称阻止其犯罪的状况，但他也同时将故事扎根于物欲横流、追逐美国梦的南加利福尼亚。

梦的破灭充斥着罗斯·麦克唐纳以及上面所提到的南加利福尼亚犯罪小说家的作品。所有人都受到雷蒙德·钱德勒的影响，或许只是缺乏这位大师的浪漫而已，不过他们描述了以迪士尼为中心的城市建设中这样那样的弊端，其敏锐性并不逊色。

有用的网址

南加利福尼亚发现之旅，始于西南部城市阿纳海姆

www.graylineanaheim.com

卢·阿切尔家乡探秘

www.longbeachtours.net

游览钱德勒的“棕毛泉”和麦克唐纳的《大冲击》中的一个场景

www.palmspringstours.net

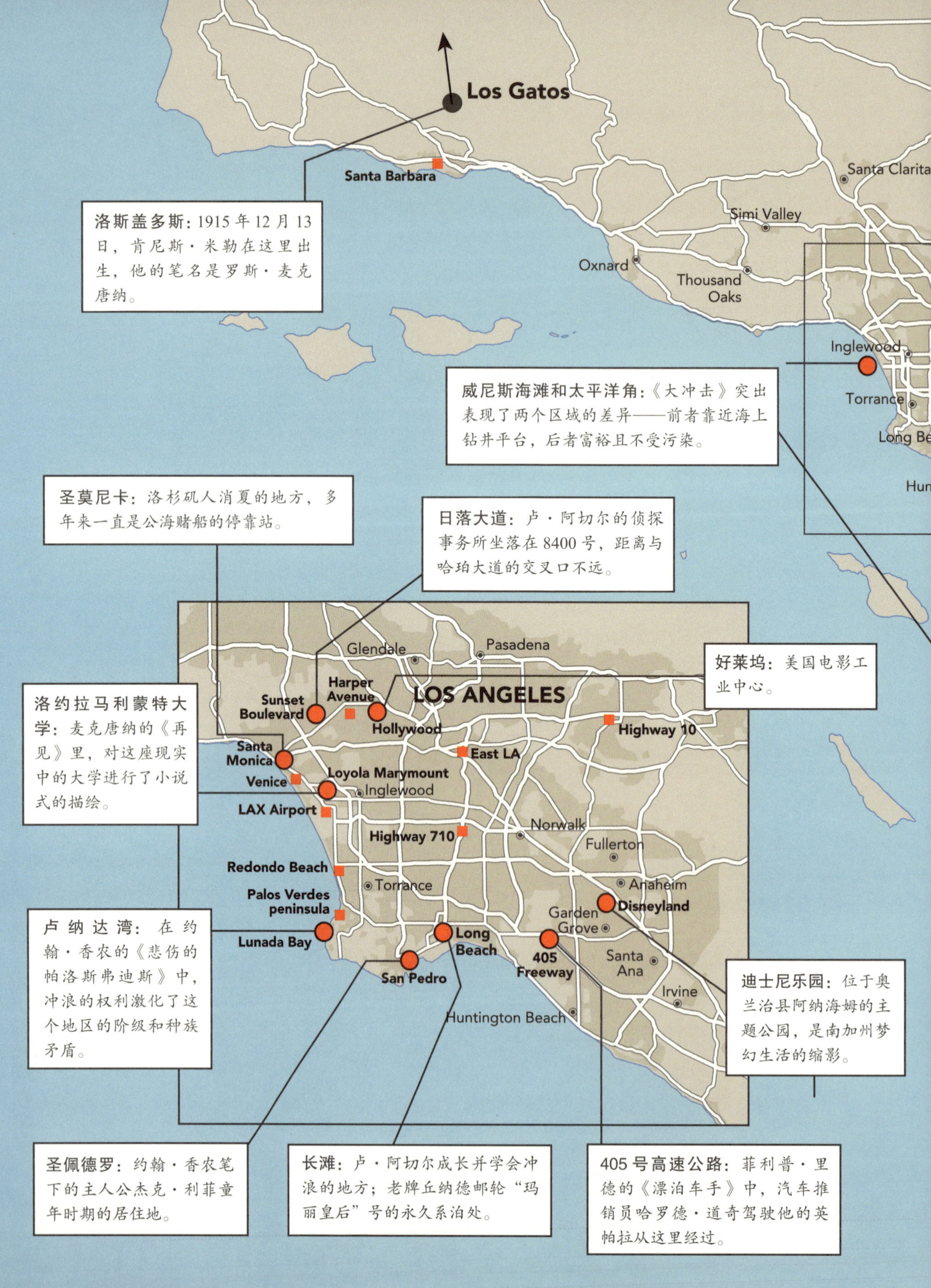

Los Gatos
Santa Barbara
Santa Clarita
Simi Valley
Oxnard
Thousand Oaks
Inglewood
Torrance
Long Be
Hun
洛斯盖多斯：1915 年 12 月 13 日，肯尼斯·米勒在这里出生，他的笔名是罗斯·麦克唐纳。
威尼斯海滩和太平洋角：《大冲击》突出表现了两个区域的差异——前者靠近海上钻井平台，后者富裕且不受污染。
圣莫尼卡：洛杉矶人消夏的地方，多年来一直是公海赌船的停靠站。
日落大道：卢·阿切尔的侦探事务所坐落在 8400 号，距离与哈珀大道的交叉口不远。
好莱坞：美国电影工业中心。
洛约拉马利蒙特大学：麦克唐纳的《再见》里，对这座现实中的大学进行了小说式的描绘。
Glendale
Pasadena
Harper Avenue
Sunset Boulevard
LOS ANGELES
Hollywood
Highway 10
East LA
Santa Monica
Loyola Marymount
Venice
Inglewood
LAX Airport
Highway 710
Norwalk
Fullerton
Redondo Beach
Torrance
Anaheim
Palos Verdes peninsula
Disneyland
Garden Grove
Lunada Bay
Long Beach
405 Freeway
Santa Ana
San Pedro
Irvine
Huntington Beach
卢纳达湾：在约翰·香农的《悲伤的帕洛斯弗迪斯》中，冲浪的权利激化了这个地区的阶级和种族矛盾。
迪士尼乐园：位于奥兰治县阿纳海姆的主题公园，是南加州梦幻生活的缩影。
圣佩德罗：约翰·香农笔下的主人公杰克·利菲童年时期的居住地。
长滩：卢·阿切尔成长并学会冲浪的地方；老牌丘纳德邮轮“玛丽皇后”号的永久系泊处。
405 号高速公路：菲利普·里德的《漂泊车手》中，汽车推销员哈罗德·道奇驾驶他的英帕拉从这里经过。

南加利福尼亚犯罪小说地标

戴维·斯图尔特·戴维斯

柯南·道尔与夏洛克·福尔摩斯的伦敦

福尔摩斯探案小说的故事场景当然在伦敦，由该人物的塑造者柯南·道尔呈现。他在爱丁堡长大，因而能从局外人的视角，帮助读者了解维多利亚时代英国首都的巨大变迁。

确实，柯南·道尔是生活在汉普郡南海城期间创作了第一部福尔摩斯小说《血字的研究》(*A Study in Scarlet*, 1887)，其中场景描写基于他几次访问伦敦的回忆。

强大的团队

维多利亚时期的伦敦是大英帝国的中心，也是夏洛克·福尔摩斯的狩猎场，虽说他经常涉足周边郡县。这位大侦探的活动基地是市中心贝克街221B的楼上，与华生医生合租的公寓。两人首次见面时，华生刚从阿富汗返国，带着微不足道的退役金。他描述此时的伦敦如同“一个巨大的污水坑，虹吸了所有的帝国闲人和懒汉”。

华生为了节省开支，希望与人合租。一天中午，他在皮卡迪利广场标准酒吧用餐，偶遇老战友斯坦福德，求助此事。老战友领他去了圣巴塞洛缪医院，与一位同样在寻找合租者的不凡年轻人会面，此人即是夏洛克·福尔摩斯。其时福尔摩斯正在医院实验室做研究，“用棍子不停敲打解剖室实验者……验证死后会产生何种瘀伤”。“我认为你去过阿富汗。”夏洛克·福尔摩斯对华生说的第一句话展现了他的惊人推理能力，接下来的故事便众所周知了。

当然，福尔摩斯小说创作于柯南·道尔的同时代，因而作者并没有过多地在人物时代特征方面下功夫，而是注重细节描绘，即在文本中插入了大量的地点、交通、礼仪、服饰之类的描写，藉此自然地呈现伦敦多种不同的具体场所，为这位大侦探的案情调查提供丰富多彩的背景。

小说中，柯南·道尔巧妙地利用了这座城市因无序发展所造成的悬殊对比。于是读者可以看到，在《歪唇男人》(The Man with the Twisted Lip, 刊于 1891 年 12 月《斯特兰德杂志》) 中，福尔摩斯装扮成乞丐住进了虚构的上斯旺达巷，这里名为“金色酒吧”，实为鸦片馆，“隐匿在沿河北到伦敦桥东一排高码头后面的污秽胡同”。然后，他又去白厅鲍尔购物中心，在迪奥奇尼斯俱乐部的豪华包厢探望了自己的兄弟米克罗夫特。首部中篇福尔摩斯小说《血字的研究》描写破败不堪的布里克斯顿一幢废弃房屋里发生的谋杀案，而在《第二块血迹》(The Adventure of the Second Stain, 1904) 中，福尔摩斯破案的地点是声名显赫的“欧洲部长”——英国政府核心人物特里劳尼·赫普的豪宅。

发展中的首都

在许多读者心目中，福尔摩斯的世界是一条雾蒙蒙的鹅卵石街道，两旁房屋十分陈旧，煤气灯忽明忽暗，如幽灵般闪光。但事实恰恰相反。福尔摩斯在伦敦生活的年代，大约从 1878 年到 1904 年，堪称这座城市有史以来变化最大的时期。维多利亚时代 (1837—1901) 开始时只有煤气灯、电报、音乐盒，但

众多犯罪案件

福尔摩斯出现在 56 个短篇和 4 部中长篇作品中。这 4 部中长篇是:《血字的研究》《四签名》(*The Sign of Four,* 1890)、《巴斯克维尔的猎犬》(*The Hound of the Baskervilles,* 1902) 和《恐惧谷》(*The Valley of Fear,* 1915)。所有福尔摩斯小说，除了四部中长篇，以及福尔摩斯第一人称述说的《苍白的士兵》(The Blanched Soldier, 1926) 和《狮鬃毛》(The Lion's Mane, 1926)，都是以华生医生为第一人称。此外，《马斯格雷夫仪式》(The Musgrave Ritual, 1893) 和《格洛丽亚·斯科特》(The Gloria Scott, 1893) 是由福尔摩斯讲给华生听，然后华生以第三人称视角叙述。

> **“福尔摩斯是最令人欣慰的文学偶像。尽管他不能有效阻止犯罪或惩罚罪犯，但永远可以解释犯罪发生的原因、过程和结果。”**
>
> **——《泰晤士报文学副刊》(*Times Literary Suppliment*, 2007)**

终结时已有电力、汽车和留声机，并非一成不变。而且变化实际始于年轻的维多利亚女王登基，甚至福尔摩斯小说中提到的许多场所都相对较新。譬如皮卡迪利广场的标准酒吧，因其拜占庭风格远近闻名，1874年完工，仅仅7年之后华生便与老战友斯坦福德在此进行了决定命运的会面。同年，服务于大东方铁路线的利物浦街车站开通，福尔摩斯在此登上前往诺福克的火车，开始了被华生称为“跳舞的人”(The Adventure of the Dancing Men, 1903)的案情调查；也是从这里，华生踏上了搜寻“退休颜料商”(The Adventure of the Retired Colourman, 1926)的徒劳无功之旅。

小说中提到的其他相对较新的建筑包括下议院(1847)、国王十字车站(1852)、圣詹姆斯音乐厅(1858)和圣潘克拉斯酒店(1872)。当然，柯南·道尔意在通过怀旧的金色迷雾，让读者看到历史古迹，这些古迹在年轻的福尔摩斯和华生眼中却有全新感。这就是伦敦，如同这个胸怀壮志的大侦探，渴望在世界留下特殊印记。

面对未来

福尔摩斯居住在伦敦期间所经历的最大城市变化当属它的外貌。19世纪最后20年，整座城市焕然一新，高楼不断涌现，为大都市居民呈上美丽风景线。其中包括阿尔德盖特车站，亦即大都会铁路线(1884)的东部终点站。正是在这附近，人们发现了《布鲁斯·帕丁顿计划》(The Adventure of the Bruce-Partington Plans, 1912)中卡多根·韦斯特的尸体。还有约瑟夫·巴扎尔吉特(Joseph Bazalgette, 1819—1891)精心设计的哈默史密斯桥，在《六尊拿破仑胸像》(The Adventure of the Six Napoleons', 1904)中有所提及。

这段时期，伦敦也建造了数不清的酒店，为前来游览的众多游客提供

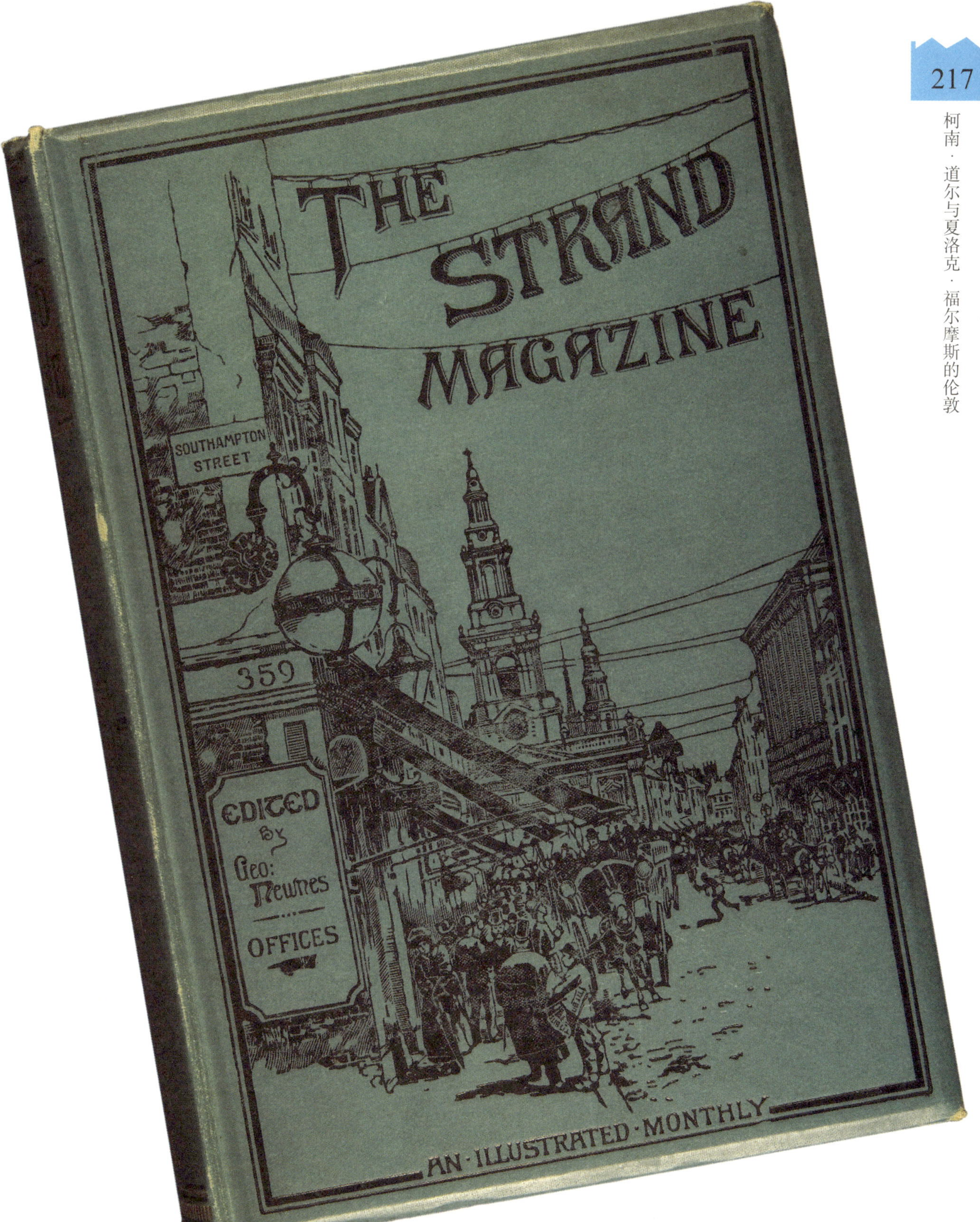
THE STRAND MAGAZINE
SOUTHAMPTON STREET
359
EDITED BY Geo: Newnes
OFFICES
AN·ILLUSTRATED·MONTHLY

> “一个犯罪案件，越是平淡无奇，就越难侦破。”
>
> ——夏洛克·福尔摩斯，“博斯克姆山谷之谜”
>
> （“The Boscombe Valley Mystery”，1891）

住宿。特拉法加广场的格兰德酒店，以偌大的拱形门面为标志，于1880年开业，是诺森伯兰酒店的原型。《巴斯克维尔的猎犬》中的亨利·巴斯克维尔爵士还在下榻诺森伯兰酒店时，弄丢了自己的靴子。再顺着诺森伯兰大道往前走，即到了大都会酒店（1885），它也许在《蓝宝石案》（The Adventure of the Blue Carbuncle，1892）中作为四海酒店的原型，莫卡伯爵夫人的宝石就在那儿被盗。

事实上，这座城市那时看起来就像一个巨型建筑工地，因而在《四签名》中，福尔摩斯能够通过分析修路状况，判断华生去过威格莫尔街邮局：

> 据我观察，你的鞋面沾有一点红泥。对面正在修路，他们把掘出的泥土堆在便道，进邮局的人不可避免地会沾上泥土。泥土呈现特殊的淡红色，据我所知，周围其他地方都没有。

房屋变迁

福尔摩斯居住在贝克街期间，最重要的一幢新建大楼是伦敦大都会警察总部。该大楼位于围海填土形成的“维多利亚堤岸”，由建筑师诺曼·肖（Norman Shaw, 1831—1912）设计，用达特姆尔高原犯人开采的花岗岩筑造，被同时代的作家艾伦·赫伯特（Alan Herbert, 1890—1971）誉为“最好的警察大楼”。1890年警察入驻，取名伦敦警察厅。

这幢颇享盛名的大楼开始办公时，福尔摩斯正去法国处理“最后一案”（The Final Problem，1893）——一起关系法国政府生死存亡的案件。不久，他在莱辛巴赫瀑布与邪恶的莫里亚蒂教授相遇。福尔摩斯消失了三年，被推测已经死亡，这便是每个福尔摩斯粉丝都知道的“伟大的中断”。或许福尔摩斯心想，既然有了新建的先进的警察总部，以及莱斯特雷德、格雷格森、霍普金斯等探长，缺了自己也未尝不可。但事实并非如此。1894年福尔摩斯在伦敦重新露面，发现这些探长正为案情调查一筹莫展——此前备受尊敬的罗纳德·阿代尔在公园巷公寓被狙击手塞巴斯蒂安·莫兰上校用气枪射死，《空屋》（The Adventure of the Empty House，1903）描述了这一事件。

有趣的是，杜莎夫人蜡像馆曾是夏洛克·福尔摩斯的近邻。1884年之前，它位于贝克街54—56号，后来搬迁至现在的场所，即街角的马里波恩路，共移走400尊蜡像。你可以想象这位大侦探在客户稀少时，去贝克街221B隔壁逛蜡像馆的情景。或许正

屏幕上的福尔摩斯

在不计其数的福尔摩斯的影视剧中，以下演员是其中最有名的。

电影

约翰·巴里摩（John Barrymore, 1882—1942），《夏洛克·福尔摩斯》（*Sherlock Holmes*, 1922）

迈克尔·凯恩（Michael Caine, 1933—　），《没有线索》（*Without a Clue*, 1988）

约翰·克里斯（John Cleese, 1939—　），《所知文明终结的奇怪案例》（*The Strange Case of the End of Civilization as We Know It*, 1977）

彼得·库克（Peter Cook, 1937—1995），《巴斯克维尔的猎犬》（*The Hound of the Baskervilles*, 1978）

彼得·库辛（Peter Cushing, 1913—1994），《巴斯克维尔的猎犬》（1959）

小罗伯特·唐尼（Robert Downey, Jr., 1965—　），《夏洛克·福尔摩斯》（2009）

克里斯托弗·李（Christopher Lee, 1922—2015），《福尔摩斯和死亡项链》（*Sherlock Holmes and the Deadly Necklace*, 1962）

瓦西里·利瓦诺夫（Vasily Livanov, 1935—　），5部电影（1979—1986）

雷蒙德·马西（Raymond Massey, 1896—1983），《斑点带子案》（*The Speckled Band*, 1931）

贝西·罗斯本（Basil Rathbone, 1892—1967），14部电影（1939—1946）

电视剧

汤姆·贝克（Tom Baker, 1934—　），《巴斯克维尔的猎犬》（1982）

杰瑞米·布雷特（Jeremy Brett, 1933—1995），《福尔摩斯历险记》（*The Adventures of Sherlock Holmes*, 1984—1994）

本尼迪克特·康伯巴奇（Benedict Cumberbatch, 1976—　），《夏洛克》（*Sherlock*, 2010）

彼得·库辛（Peter Cushing, 1913—1994），《夏洛克·福尔摩斯》（1965—1968）和《死亡面具》（*The Masks of Death*, 1984）

鲁伯特·埃弗雷特（Rupert Everett, 1959—　），《福尔摩斯和丝袜案》（*Sherlock Holmes and the Case of the Silk Stocking*, 2004）

斯图尔特·格兰杰（Stewart Granger, 1913—1993），《巴斯克维尔的猎犬》（1972）

查尔顿·赫斯顿（Charlton Heston, 1923—2008），《血钉十字架》（*The Crucifer of Blood*, 1991）

弗兰克·兰格拉（Frank Langella, 1938—　），《夏洛克·福尔摩斯》（1981）

罗杰·摩尔（Roger Moore, 1927—2017），《福尔摩斯在纽约》（*Sherlock Holmes in New York*, 1976）

现代伦敦侦探

尽管以伦敦为场景的福尔摩斯小说已成为家喻户晓的经典，但后来的犯罪小说家还是创作了不少基于现代伦敦场景的侦探小说。下面列举一些近年来塑造的现代侦探人物：

马克·比林厄姆（Mark Billingham, 1961— ）塑造的汤姆·索恩。他是伦敦北部的一个警探，善于挖掘罪犯的邪恶心理。见《血统》（*Bloodline*, 2009）。

马克·蒂姆林（Mark Timlin, 1950— ）塑造的尼克·沙曼。他是伦敦南部的一个私家侦探，放荡不羁，经常陷于暴力冲突，在据此改编的电视连续剧中，克莱夫·欧文（Clive Owen, 1964— ）曾短暂扮演这个角色。见《布里克斯顿的枪手》（*Guns of Brixton*, 2010）。

德里克·雷蒙德（Derek Raymond, 1931—1994）塑造的无名警探。他任职于伦敦西区波兰街的一个警署，为受害者主持正义，进行冷酷报复。见《我是朵拉·苏亚雷斯》（*I Was Dora Suarez*, 1990）。

约翰·米尔恩（John Milne, 1952— ）塑造的伦敦单腿警探吉米·詹纳，后成为一个私家侦探。见《爸爸的女孩》（*Daddy's Girl*, 1982）

主流小说家朱利安·巴恩斯（Julian Barnes, 1946— ）以“丹·卡瓦纳”为笔名塑造的警察杜菲。这是又一个“先锋人物”，有不光彩的过去，行走在法律和犯罪之间。见《小提琴城》（*Fiddle City*, 1981）。

莉莎·科迪（Liza Cody, 1944— ）塑造的安娜·李，出现于6部长篇小说以及据此改编的由伊莫根·斯塔布斯（Imogen Stubbs, 1961— ）主演的电视连续剧，被认为是英国犯罪小说史上第一个成功的现代女侦探。见《头案》（*Head Case*, 1985）。

是闲逛时想到可以利用蜡像帮助调查，这在之前提及的《空屋》和《王冠宝石案》(The Adventure of the Mazarin Stone，1921）中都有所体现。

整个福尔摩斯探案生涯见证了构筑城市交通的旧路网的不断翻新，其中最重要的新道路就是连接维多利亚车站和威斯敏斯特教堂的维多利亚大街。福尔摩斯在许多场合到过维多利亚车站，尤其在《最后一案》中，他装扮成意大利老牧师，以逃离莫里亚蒂的魔掌。

新道路的涌现意味着福尔摩斯对这座城市的认知需要不断修正和更新，然而他有能力应对挑战。这体现在《四签名》中，他和助手搭乘出租马车从伦敦西区前往被形容为“南伦敦滚滚沙漠”的旺兹沃思大道的时候。华生如此描述：

> 起初我还认识我们走的路，但过了不久，由于车速较快，天气有雾，加上自己对伦敦了解有限，就完全迷失了方向，只知道我们好像行驶了很长时间。但夏洛克·福尔摩斯从不会出错，当出租马车快速驶过广场，进出错综复杂的街道时，他都能小声报出名字。

华生的“了解有限”体现了一般人想跟进城市道路变化还相当困难。福尔摩斯对方位的准确判定，突出了他与环境变革齐进的卓越能力。

城市景观

当时伦敦大部分主要景点都在福尔摩斯系列小说中有所涉及。《蓝宝石案》(The Blue Carbuncle，1892）描述了福尔摩斯因调查需要光顾考文特花园集市；而《黄面人》(The Adventure of the Yellow Face，1893）讲述了福尔摩斯和华生在海德公园悠闲漫步；《第二块血迹》和《布鲁斯·帕丁顿计划》分别展示了外交部和海军部；如果外出就餐，这对搭档喜欢在河滨大街辛普森餐厅“吃些营养餐”。虽然没有记录表明福尔摩斯曾经光临摄政街皇家咖啡馆，但《临终侦探》(The Adventure of the Dying Detective，1913）表明他正是在该咖啡馆门口遭到职业杀手的攻击。

音乐在福尔摩斯的生活中扮演了重要的角色——他有一架小提琴，并且拉得很棒。几篇小说都描述了他参加音乐会的情景。譬如，在《红圈会》(The Adventure of the Red Circle，1911）中，福尔摩斯和华生共同出席了柯芬园剧院举办的瓦格纳独奏会；而在《红发俱乐部》(The Adventure of the Red-Headed League，1891）中，福尔摩斯在圣詹姆斯音乐厅观看了著名西班牙小提琴家帕布罗·德·萨拉萨蒂（Pablo de Sarasate, 1844—1908）的表演；还有在《巴斯

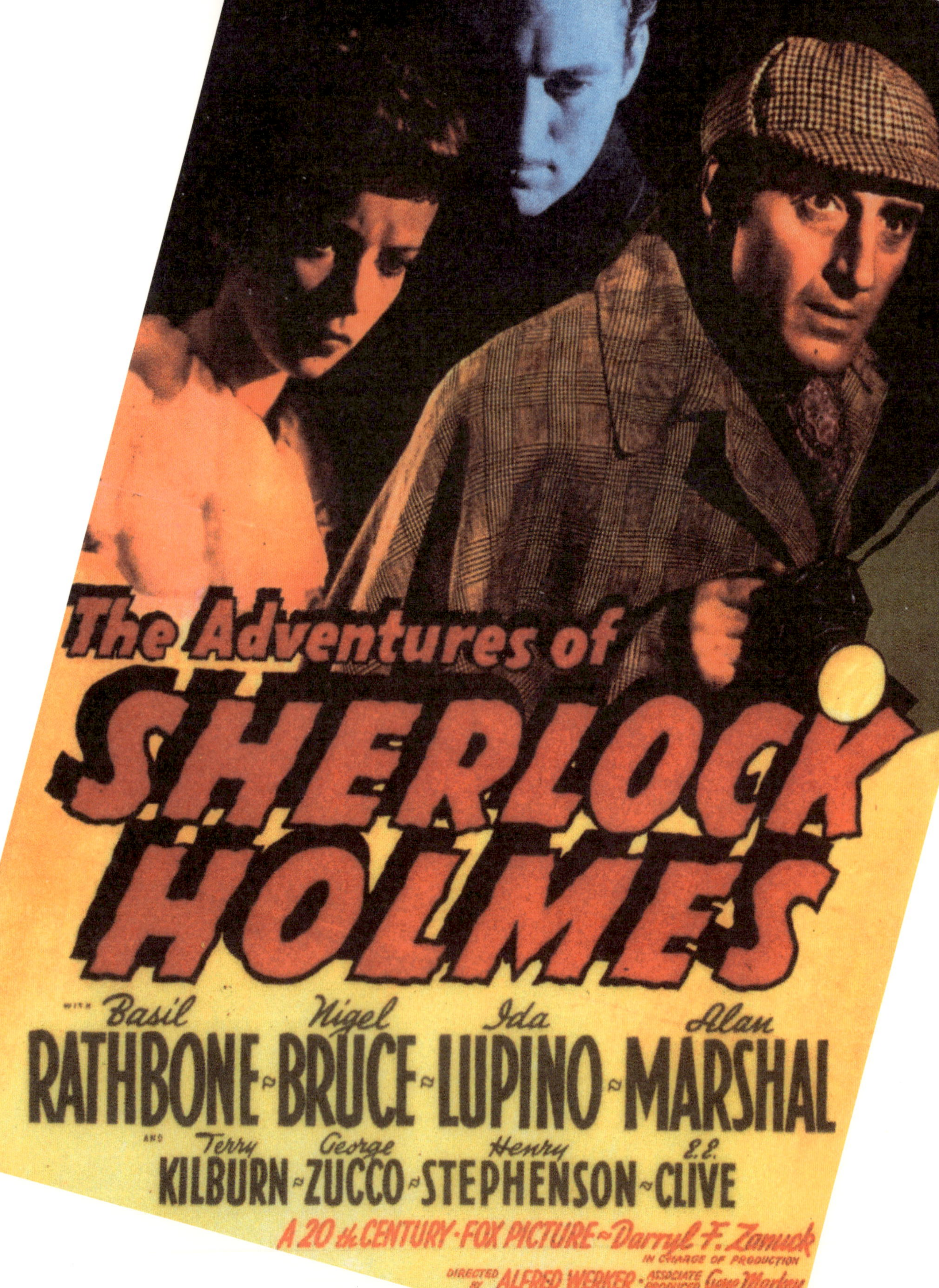
The Adventures of
SHERLOCK HOLMES
with Basil RATHBONE · Nigel BRUCE · Ida LUPINO · Alan MARSHAL
and Terry KILBURN · George ZUCCO · Henry STEPHENSON · E.E. CLIVE
A 20th CENTURY-FOX PICTURE ~ Darryl F. Zanuck
IN CHARGE OF PRODUCTION
DIRECTED BY ALFRED WERKER · ASSOCIATE PRODUCER Gene Markey

> **“我多次说过，排除了一切不可能因素，剩下的就是事实真相，不管有多荒谬。”**
>
> **——夏洛克·福尔摩斯，《四签名》(1890)**

克维尔的猎犬》的末尾，这对贝克街搭档去观看了贾科莫·梅耶贝尔（Giacomo Meyerbeer, 1791—1864）的歌剧《胡格诺派教徒》(*Les Huguenots*)——剧院的名字没有提及，但很可能是柯芬园皇家歌剧院，它已于1856年一场大火后重建。

节奏的变化

到了20世纪初期福尔摩斯退休的时候，他生活和工作了23年的伦敦已经变得与当年他刚来时大不相同。那时他大学毕业，暂居蒙塔古大街，“在大英博物馆拐角”租房，开始挂牌做私家侦探。职业生涯终结，很大程度上意味着，他不得不在一个变革的时代画上一个句号。福尔摩斯年轻时陶醉于变革的漩涡，但随着老年临近，觉得自己像一条离水之鱼。在《狮鬃毛》(The Adventure of the Lion's Mane，1926）中，他形容自己的退休是从“阴暗的”伦敦“撤退到”苏塞克斯高地。而在《硬纸盒》(The Adventure of the Cardboard Box，1892）里，华生对年岁较轻的福尔摩斯也有着完全不同的描述：

> 他喜欢像蜘蛛一样蛰伏在五百万人的正中心，蛛丝往四面八方延伸，穿透每个人，任何未解之案的状况或疑点都无法脱逃。

曾经拥有的灵感，后来却变成沮丧。随着年龄的增长，福尔摩斯有了常人那种非常人性化的感觉：变化的步伐太快，夺走了我们自认为拥有的坚实土地。伦敦有了汽车、电影院、明亮的电灯和平坦的柏油路，让福尔摩斯反倒感到不自在了。退休去乡下后，大侦探开始养蜂，后来还写了一本权威的养蜂著作。

有用的网址

福尔摩斯伦敦之旅

www.londonhorrortours.co.uk

伦敦贝克街福尔摩斯展览馆

www.sherlock-holmes.co.uk/home.htm

世界最知名蜡像馆，至今仍像福尔摩斯时代一样受欢迎

www.madametussauds.com/London

贝克街221B：福尔摩斯的住所。
圣詹姆斯音乐厅：在《红发俱乐部》中，福尔摩斯在这里参加了一场音乐会。
威格莫尔街：在《四签名》中，福尔摩斯从沾在华生鞋面上的红泥推断出他去过这里的邮局。
海德公园：伦敦最大的绿地之一，曾在《黄面人》中出现。
公园巷：在《空屋》中，福尔摩斯调查了贵族罗纳德·阿代尔在公寓内被谋杀的案件。
蓓尔美尔街：是虚构的第欧根尼俱乐部的所在地，也是现实中许多类似俱乐部的所在地，包括在儒勒·凡尔纳的《八十天环游地球》（1873）中斐利亚·福克的出发地和终点——“改良俱乐部”。
标准酒吧：华生在这里遇到老战友斯坦福德，并经他介绍认识了福尔摩斯。
Regent's Park
Lord's Cricket Ground
MAIDA VALE
PARK ROAD
Madame Tussaud's (Current)
EDGWARE ROAD
MARYLEBONE ROAD
221B Baker St
BAKER STREET
WESTWAY A40(M)
Madame Tussaud's (Original)
WEST END
Post Office
Paddington
WIGMORE STREET
OXFORD STR
REGENT STREET
BAYSWATER ROAD
SOHO
Café Roya
MAYFAIR
PARK LANE
Criterion Ba
PICCADILLY
St.James Hall
Hyde Park
The Serpentine
Green Park
PALL MA
Buckingham Palace
KENSINGTON ROAD
KNIGHTSBRIDGE
EXHIBITION ROAD
GROSVENOR PLACE
BROMPTON ROAD
VICTORIA STREET
Victoria
CHELSEA
KING'S ROAD
Pimlico
CHELSEA EMBANKMENT
River Thames
TOTTENHA
POLAND STREET
Eus
LO

柯南·道尔与福尔摩斯的伦敦
蒙塔古大街：福尔摩斯大学毕业后的住所（关于他就读的是剑桥大学还是牛津大学，评注者们持不同意见）。
利物浦街车站：大东方铁路线终点站，出现在《跳舞的人》和《退休颜料商》中。
《红圈会》中的犯罪现场。
圣巴塞洛缪医院：福尔摩斯和华生初次见面的地点。
格兰德酒店：被认为是《巴斯克维尔的猎犬》中亨利·巴斯克维尔爵士住过的诺森伯兰酒店的原型。
伦敦警察厅（原址）：由诺曼·肖设计，在1967年之前是伦敦大都会警察总部，在这之后，警察总部迁到了维多利亚车站附近的百老汇大街。
旺兹沃思大道：《四签名》中“南伦敦滚滚沙漠”的一部分。
King's Cross
Pancras Hotel
PENTONVILLE ROAD
EUSTON ROAD
GUILFORD ST
MONTAGUE ST
British Museum
HIGH HOLBORN
KINGSWAY
Covent Garden Theatre
COVENT GARDEN
SHAFTESBURY AVE
Royal Opera House
FLEET STREET
St Bartholemew's Hospital
LONDON WALL
St Paul's Cathedral
Liverpool Street
Aldgate
VICTORIA EMBANKMENT
River Thames
THE STRAND
Trafalgar Square
Charing Cross
NORTHUMBERLAND AVE
Admiralty Arch
Grand Hotel
Waterloo East
Waterloo
SOUTHWARK
WHITEHALL
New Scotland Yard (Original)
House of Commons
LAMBETH ROAD
River Thames
WANDSWORTH ROAD

莎拉·温曼

劳伦斯·布洛克与马特·斯卡德的纽约

纽约城有800万人口，每个人都有自己的故事，而劳伦斯·布洛克（Lawrence Block, 1938—　）据说已经讲完了其中一大半。考虑到他纵横文坛50多年，极其高产，这种说法虽然夸张，但也八九不离十。

其他的作家在自己的犯罪小说代表作中，只是挖掘出纽约的恐怖本质，而布洛克令人称奇的是，一而再再而三地回到自己挚爱的城市，并且每次都能给读者提供新意。

布洛克早期的通俗小说——以本名或不同笔名出版，最近被大众出版机构“悬疑犯罪”（Hard Case Crime）陆续重印——让读者得以窥视劳工阶级习以为常、中产阶级不置可否的纽约阴暗角落。《蜜糖戒断》（*A Diet of Treacle*, 2008）最初以谢尔顿·洛德（Sheldon Lord）的笔名出版（布洛克的平装本小说大部分用此笔名），表面上描述一个普通少女向往第14街黑暗、腐朽的地下生活，实际展示了在“无名”（Cafe Wha?）、“维瓦尔迪”（Vivaldi）等咖啡馆聚集的“垮掉的一代”对社会的不满。不难看出，在当时，布洛克是格林威治村的一员，即便今日，他还会不时回到那里。

布洛克笔下描述的并不全是纽约的真实写照，比如以曼哈顿的聪明窃贼兼书店老板伯尼·罗登巴尔为侦探主角的诙谐、隽永的系列小说。伯尼的世界多少高于真实的纽约，从没有展示地铁晚点的琐碎抱怨，也不涉及街道飞奔的老鼠和乱弃的啤酒瓶。相反，读者看到的纽约仿佛已变成夏洛克·福尔摩斯的贝克街221B（见214—225页），或幻化成佩勒姆·沃德豪斯（Pelham Wodehouse, 1881—1975）和雷克斯·斯托特（Rex Stout, 1886—1975）的结合体，假如两人有机缘共同为杰尔姆·克恩（Jerome Kern, 1885—1945）创作百老汇音乐剧的话。这里还是伦纳德·伯恩斯坦（Leonard Bernstein, 1918—1990）的芭蕾舞剧《自由的想象》（*Fancy Free*, 1944）中的纽约，除了总有无价之宝随时被偷走，或是总有一些麻烦的凶杀案，导致可怜的伯尼一直卷入其中。

如果你想了解纽约的全貌，可以阅读布洛克2003年的杰作《小镇》（*Small Town*）。小说如同一个破碎的万花筒，忽高忽低，时东时西，从哈得逊河到罗斯福路，上到布朗克斯，下到巴特里，既有开阔的空地，也有昏暗的角落，既有令人震惊的性渴求，也包含了连环杀手为报复911事件而进行的暴力、痛苦的犯罪。将这部时常混乱不堪、令人喘不过气的小说连接在一起的不是某一个人，而是曼哈顿。它张开手臂，热烈欢迎那些外来者、长居此地的人、生活安逸的上等阶级、酒店里维持生计的伙计、不计代价寻找性伴侣的女性，以及拼命逃离中西部寻求同类的文身大学生。在暴力和死亡、性和宗教的大背景下，布洛克用那些激发了自己文学火焰的元素谱写了一曲爱的乐章。

PASSPORT
United States of America
劳伦斯·布洛克其人
1938年生于纽约布法罗
毕业于俄亥俄州**安提阿学院**
在以本名发表处女作《你不能输》（*You Can't Lose*）之前，写过几年**软色情作品**。
主要爱好：自助游，他和妻子几乎游览了世界上90%的国家。

斯卡德和他的恶魔

然而，布洛克的纽约最纯真的升华来自马特·斯卡德。“升华”一词名副其实。斯卡德，一位跨越了30年，出现在20本小说中的反英雄人物，花了太多时间喝酒，早期小说中他一口气喝完两杯波旁威士忌，后期小说中还参加嗜酒者互戒会。在《八百万种死法》（*Eight Million Ways to Die*, 1982）的尾声，马特·斯卡德戒酒12天，在地下室碰面时向众人宣布：“我叫马特，是个酗酒者。”然后，他开始哭泣。

时间倒退一些。1976年《父之罪》（*The Sins of the Fathers*）问世时，读者和批评家都意识到有非同寻常之处，但又不能确切指出创新是什么。无疑，它仿效了硬派侦探小说大师达希尔·哈米特、雷蒙德·钱德勒和罗斯·麦克唐纳。也无疑，斯卡德像斯佩德、马洛和卢·阿切尔一样喜欢喝酒。此外，斯卡德无论在调查案件（肯定未经许可）还是在西57街醉酒，都同样备受心魔困扰。但小说中展示了更为阴暗、尖锐、沮丧的一面。这种绝望的基调延伸到后续的6部小说，直到斯卡德系列被叫停几年为止。之后，没有了酒精的迷惑和帮助，布洛克便不知如何再次带回这个角色了。

斯卡德回归于1986年出版的一部前传，也即更加优秀的《酒店关门之后》（*When the Sacred Ginmill Closes*），其情节衍生于前一年发表在《花花公子》上的优秀短篇小说《黎明时分》（By the Dawn's Early Light），此时读者可以真正体会斯卡德与酒精之间的过山车般的关系。他夜复一夜飞驰于酒吧之间，却像一只比GPS装置更精准归航的鸽子，永远都会回到最爱的去处——阿姆斯特朗酒吧。“天哪，我住在这儿。”斯卡德说，“我有房间可以睡觉，也有酒吧和饭店可以去，但那几年，吉米·阿姆斯特朗的酒吧就是我的家。”

场景变迁

阿姆斯特朗酒吧现实中确实存在，店主吉米60岁时死于心脏病，2002年关门停业。这时距离我第一次去纽约已过了一年多。我仅以加拿大侨民的身份爱着这座城市，可以摆脱父母对我天黑后独自出门的担心，也可以为911事件后第二天就能乘地铁而骄傲。我拜访了斯卡德的街坊，部分出于需

> **“我动笔的时候，计划要写三本书，也有预感一段时间内都会写斯卡德——但没想到花了25年，写了15本！”**
>
> **——劳伦斯·布洛克（2001）**

屏幕上的布洛克

依据劳伦斯·布洛克的小说改编的电影，以《窃贼》(*Burglar*, 1987)最有名，由乌比·戈德堡(Whoopi Goldberg, 1955—　)饰演伯尼·罗登巴尔，约翰·古德曼(John Goodman, 1952—　)饰演侦探尼斯旺德。此外是《八百万种死法》(1986)，编剧奥利弗·斯通(Oliver Stone, 1946—　)，导演哈尔·阿什比(Hal Ashby, 1929—1988)，杰夫·布里奇(Jeff Bridge, 1949—　)饰演马特·斯卡德。其他依据劳伦斯·布洛克的长、短篇小说改编的影视作品包括：

电影

《安提阿历险记》(*The Antioch Adventure*, 1967)

《噩梦蜜月》(*Nightmare Honeymoon*, 1973)

《八百万种死法》(1986)

《窃贼》(1987)

《梦中的克利夫兰》(*Cleveland in My Dreams*, 2005)

《蓝莓之夜》(*My Blueberry Nights*, 2007)，王家卫执导，裘德·洛(Jude Law, 1972—　)和诺拉·琼斯(Norah Jones, 1979—　)主演

《绅士协议》(*Gentlemen's Agreement*, 2009)

《异常劫持》(*Abnormal Abduction*, 2010)

电视剧

《诺丁的短裤》改编自《公路劫案》(*Nothin' Short of Highway Robbery*, 1985)

单本剧《意外的故事》改编自《此人之死》(*When This Man Dies*, 1987)

单本剧《阿尔弗雷德·希区柯克的礼物》改编自《梦中的布拉德福德》(*Bradford in My Dreams*, 2003)。

此外有《鸡皮疙瘩》系剧中的一集，故事发生在约克郡，主角是大卫·坦南特·里弗德，还有改编自《余波》(*The Aftermath*，2005)的一部有关扑克玩家的由九个故事组成的两集电视剧《蒂尔特》。

要（我要去的约翰·杰伊刑法学院研究生院，刚好离斯卡德租来的脏乱旅馆只有几个街区），部分由于时至今日它倔强的“地狱厨房”本质尚未减弱。

已关门停业的阿姆斯特朗酒吧被虚设在西边一个街区，斯卡德经常在那里喝得酩酊大醉，即便多年戒酒之后，他也不时回来。租用来办公的旅馆房间则可能在假日快捷酒店。那里的泰国餐厅，良莠不齐；大学生学期结束时在娱乐场所举行活动，很可能与那里还在加班的美国有线电视新闻网员工擦肩而过。随着小说系列的推进，斯卡德年龄增大，娶妻（前妓女伊莱恩·玛黛尔），定居，向街头工人学习技术，比先前糟糕的日子舒适多了。布洛克藉此记录了这座城市的中产阶级化进程、对金钱的着迷（贪得无厌），以及无法避免的暴力。纽约市长鲁迪·朱利安尼曾鼓吹增加街道巡逻警力就能将暴力行为从曼哈顿扫除。

斯卡德已于《繁花将尽》(*All the Flowers Were Dying*, 2005）中谢幕（至少目前来说如此）。鉴于他在狂人布洛

2007 年在维瓦尔迪咖啡馆里的基亚拉弦乐四重奏组

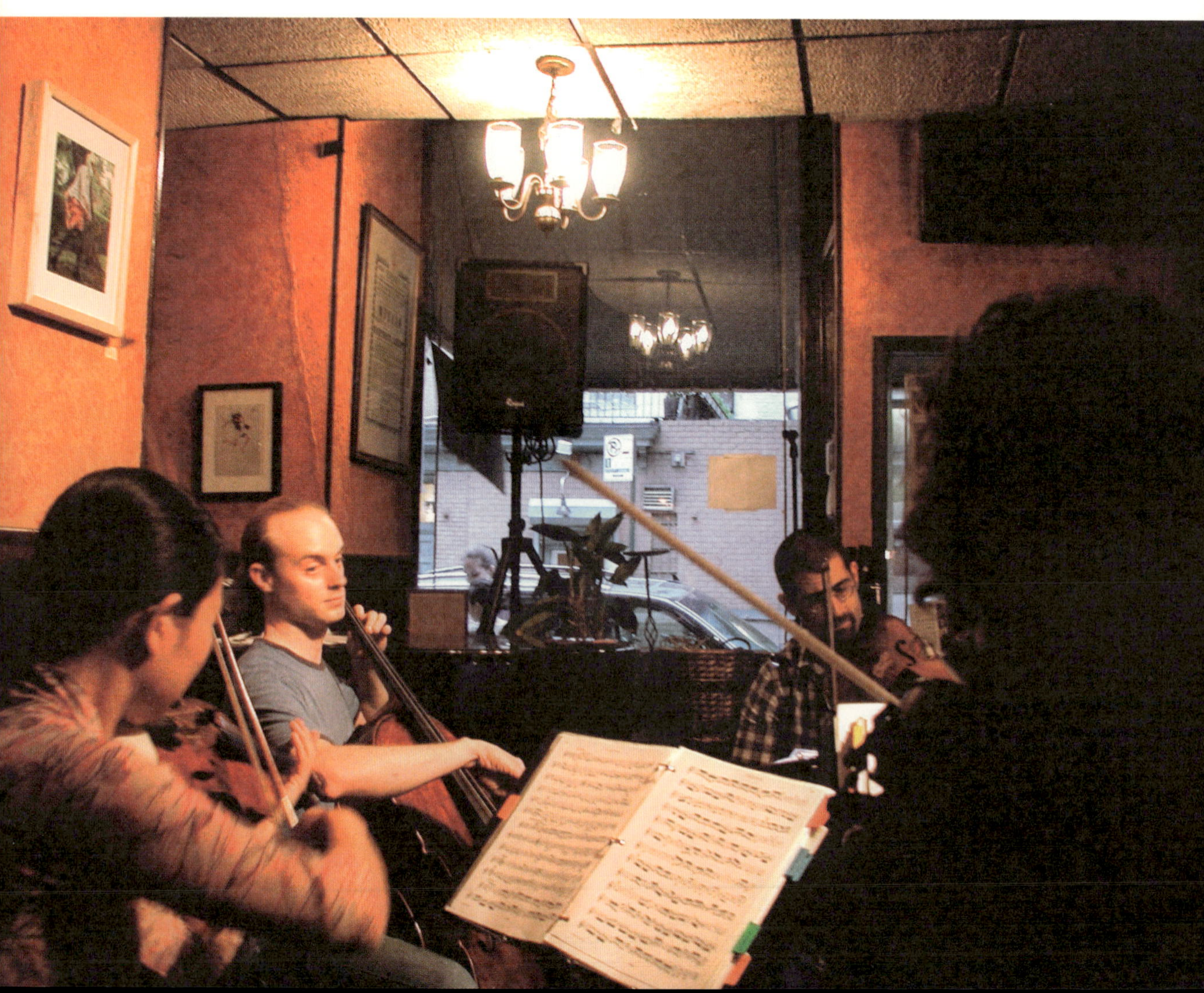

> “……我热衷于创作斯卡德——因为从不确定他接下来会做什么，这令我着迷。”
>
> ——劳伦斯·布洛克，《一月杂志》(*January Magazine*)访谈

克笔下受尽精神和情感伤害（典型的布洛克人物形象），也需要长时间休息，淡出公众视线，在幕后有所作为。我和许多读者一样，想知道斯卡德在2010年后的纽约的表现。其时，经济问题吞噬了华尔街，无家可归的人挤在中央公园的长椅上，食物价格上涨（无论怎样，都持续了一段时间），地铁里出现了持刀抢劫，时代广场也有携枪商贩。坦率说，他也许老了，无暇应对这些，准备将艰巨任务留给下一代，也无心参与网络社交，更希望休养生息，安度晚年。

但这轮不到我来操心，完全是劳伦斯·布洛克考虑的事情。尽管如此，我还是希望他在继续漫步于曼哈顿及其他街区之时，不要停止为我之类的读者描绘城市的美好未来，哪怕是微不足道的小事。

有用的网址和地址

《纽约时报》曼哈顿文学漫步之旅指南

http://travel2.nytimes.com/2006/05/14/travel/14going.html

无名咖啡馆

纽约麦克道格街115号，邮编NY 10012-1202

www.cafewha.com

维瓦尔迪咖啡馆

纽约琼斯街32号，邮编NY 10014

www.caffevivaldi.com

西区大街304号：纽金特的府邸，此人是《买卖泰德·威廉姆斯的贼》（The Burglar Who Traded Ted Williams）中的重要客户。
西区大街70号："红色火焰"餐厅，伯尼·罗登巴尔有时在这里喝咖啡。
西57街：斯卡德醉酒期间住宿的酒店所在地。
地狱厨房：在20世纪初，这个地区因贫穷、非法制酒和其他帮派活动而出名。如今这里已经成为吸引力十足的地段，即使按照曼哈顿的标准，这里的地价也颇为昂贵。
维瓦尔迪咖啡馆：琼斯街32号，在布洛克最初以谢尔顿·洛德为笔名出版的《蜜糖戒断》中，人们特别喜爱的去处。
无名咖啡馆：115号，在劳伦斯·布洛克的作品中，是"垮掉的一代"经常光顾的地方。
SECAUCUS
NEW JERSEY TURNPIKE
304 West End Avenue
70th/West End
John Jay College of Criminal Justice
Times Square
Hell's Kitchen
W.34TH STREET
Hudson River
HOBOKEN
BROADWAY
30th
Greenwich Village
Café Vivaldi
Café Wha?
11th and Broadway
JERSEY CITY
BROADWAY
Wall Steet
Liberty State Park
Battery Park
70th/W
11th and
Upper Bay

中央公园：在布洛克的作品中，这片巨大的绿地（比摩纳哥的面积更大）既是富人的游乐场所，也是穷人过夜的地方。
BROADWAY
CENTRAL PARK
5TH AVENUE
FDR DRIVE
Elaine's
MANHATTAN
Upper East Side
ASTORIA
GRAND CENTRAL PARKWAY
上东区：窃贼伯尼·罗登巴尔名下书店所在地。
NEW YORK
WOODSIDE
LONG ISLAND EXPRESSWAY
East River
30街和麦迪逊大街：伯尼·罗登巴尔在默里山社区的马丁格尔俱乐部见了一位客户。
时代广场：剧院区的中心，吸引了马特·斯卡德在调查中遇到的许多轻罪犯。
WILLIAMSBURG
伯尼和卡洛琳有时在这里一个叫 Bum Rap 的酒吧碰头。
布洛克与斯卡德的纽约

其他纽约侦探

纽约市及其主要行政区——曼哈顿、布鲁克林、布朗克斯、皇后区和斯塔滕岛处于世界的交汇点，其间的犯罪活动猖獗，在为数甚多的书籍中早已声名远扬。除劳伦斯·布洛克的小说外，在其他几位美国犯罪小说作家的作品里，该城也接受了全面而严酷的审视。

切斯特·海姆斯把精明的黑人侦探——科芬·埃德·约翰逊和格雷夫·迪戈尔·琼斯——置身于哈莱姆区的中心，时不时营造出充满火药味的氛围。参阅《哈莱姆之怒》（*A Rage in Harlem*, 1957）。

理查德·普莱斯——因其电影剧本及对电视剧《火线》的贡献而闻名——是城外行政区的桂冠诗人，在这些地区，贫穷与犯罪共同酿造了一幕幕惨剧。参阅《低级毒贩》（*Clockers*, 1992）。

艾德·麦克班恩是一位传奇作家，原名为埃文·亨特，创作了 50 多部的“87 分局书系”，其代表性作品也以纽约为背景。参阅《仇恨警察的人》（*Cop Hater*, 1956）。

多萝西·乌纳克曾是一名纽约警察，她的小说深刻反映了曼哈顿街头的现实。参阅《法律与秩序》（*Law and Order*, 1973）。

威廉·J. 考尼茨也曾是一名纽约警察，常行走在幽暗的街区，后将真实生活经历写成了小说。参阅《警察广场 1 号》（*One Police Plaza*, 1984）。

S.J. 罗赞是当代纽约最好的记录者之一，她出色地创作了以“探案二人组”——比尔·史密斯和莉迪亚·金——为主角的系列小说。参阅《中国交易》（*China Trade*, 1994）。

唐纳德·E. 韦斯特莱克以其本名塑造了不幸但机智的骗子多特蒙德和一群快乐的失败者角色，讲述他们在纽约街头悲喜交加的冒险故事。他也以理查德·斯塔克为笔名创作了“帕克系列”。参阅《盗宝群英》（*The Hot Rock*, 1970）。

小说里的国际犯罪

如果你的阅读清单上缺少更多异国情调犯罪小说，那么请考虑以下介绍的国际犯罪和推理类小说。

H.R.F. 基廷（Keating）的高特探长系列，场景设在印度孟买

从一开始起，顽强的高特探长就花了与抓捕罪犯同样多的时间来和尾大不掉、长期腐败的印度司法系统做斗争。他的妻子普罗媞玛尽职尽责，充满爱心，但她喜好争辩这一点叫人恼火。他们有个儿子，叫韦德。

参阅《高特探长首度探案》（*Inspector Ghote's First Case*, 2008）

沙米尼·弗林特（Shamini Flint）的辛探长系列，场景设在马来西亚

新加坡胖胖的辛探长被抽调到东印度群岛的吉隆坡、巴厘岛等地区调查严重罪案。虽然探长在同僚中不受欢迎，但是他的热情、古怪和辩才让他赢得了读者的喜爱。

参阅《匪夷所思的马来西亚谋杀案》（*A Most Peculiar Malaysian Murder*, 2009）

松本清张（Seicho Matsumoto）的今西探长系列，场景设在日本
主人公今西龙太郎是一名追求精神富足的探长，他的主要兴趣是园艺和俳句；办案过程有时会使他不愉快地接触到日本社会各个阶层的人，从最传统的到最西化的。
参阅《今西探案集》（*Inspector Imanishi Investigates*, 1989）
威廉·马歇尔（William Marshall）的黄线街系列，场景设在中国香港
该刑侦系列中的警察有出生于欧洲，在香港长大的总督察哈利·费弗；中美混血的高级督察克里斯多夫·奥伊；以及总好针锋相对的奥登和斯潘瑟。他们时不时遇到种种无法用常理解释的离奇罪案。这些小说是暴行、悬疑和幽默的巧妙组合。
参阅《稀薄的空气》（*Thin Air*, 1977）

菲利普·科尔（Philip Kerr）的伯尼·冈瑟系列小说，场景设在柏林

塑造的主人公冈瑟，曾是一战时期的老兵，后在魏玛共和国时期成了私人侦探。他专事寻找失踪人口——在希特勒掌权后，失踪人口数量急剧增长。二战后，他在维也纳继续着他的工作。

参阅《德意志安魂曲》（*A German Requiem*, 1991）

鲍里斯·阿库宁（Boris Akunin）的伊拉斯特·范多林系列以及佩尔吉亚姊妹系列，场景设在俄罗斯

主人公伊拉斯特·彼得洛维奇·范多林是位19世纪侦探。他从未见过自己的母亲，父亲则死于一次破产，因此他不得不在19岁时放弃了在莫斯科大学的学业，去当了一名警察。

参阅《冬季女王》（*The Winter Queen*, 2003）

佩尔吉亚是20世纪初生活在俄罗斯的一位擅于破案的修女。

参阅《佩尔吉亚和白色斗牛犬》（*Pelagia and the White Bulldog*, 2006）

马雷克·克拉耶夫斯基（Marek Krajewski）的艾伯哈德·莫克系列，场景设在波兰弗罗茨瓦

身为警察的莫克，工作上深受麻烦不断的家庭生活困扰。问题源于他年轻的妻子苏菲以及他好高骛远的侄子欧文。前者在外面浪的时间比在家里待着的时间多得多，而后者则拒绝像他父亲（莫克之兄）那样去铁路上工作，梦想以写诗为业。莫克有时候会让下属放下手上的正常工作去盯家人的梢，以向他报告两人的行踪。

参阅《布雷斯劳之死》（*Death in Breslau*, 2008）

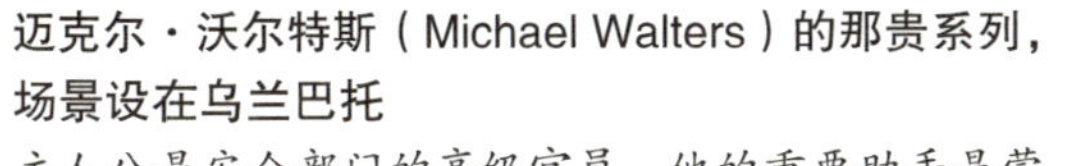

迈克尔·沃尔特斯（Michael Walters）的那贵系列，场景设在乌兰巴托

主人公是安全部门的高级官员，他的重要助手是蒙古国要案侦查部门的领导多里帕拉木。其间不断出现的次要人物德鲁·麦克里施是英国的刑事调查局官员。

参阅《影子行动者》（*The Shadow Walker*, 2006）

柯林·科特里尔（Colin Cotterill）的西里·派伯博士系列，场景设在老挝

塑造了一位七十多岁的老英雄形象。在20世纪70年代共产党执政后，他曾是该国唯一的验尸官。西里在护士迪堆和停尸房工作人员坎的协助下调查案件。

参阅《验尸官的午餐》（*The Coroner's Lunch*, 2004）

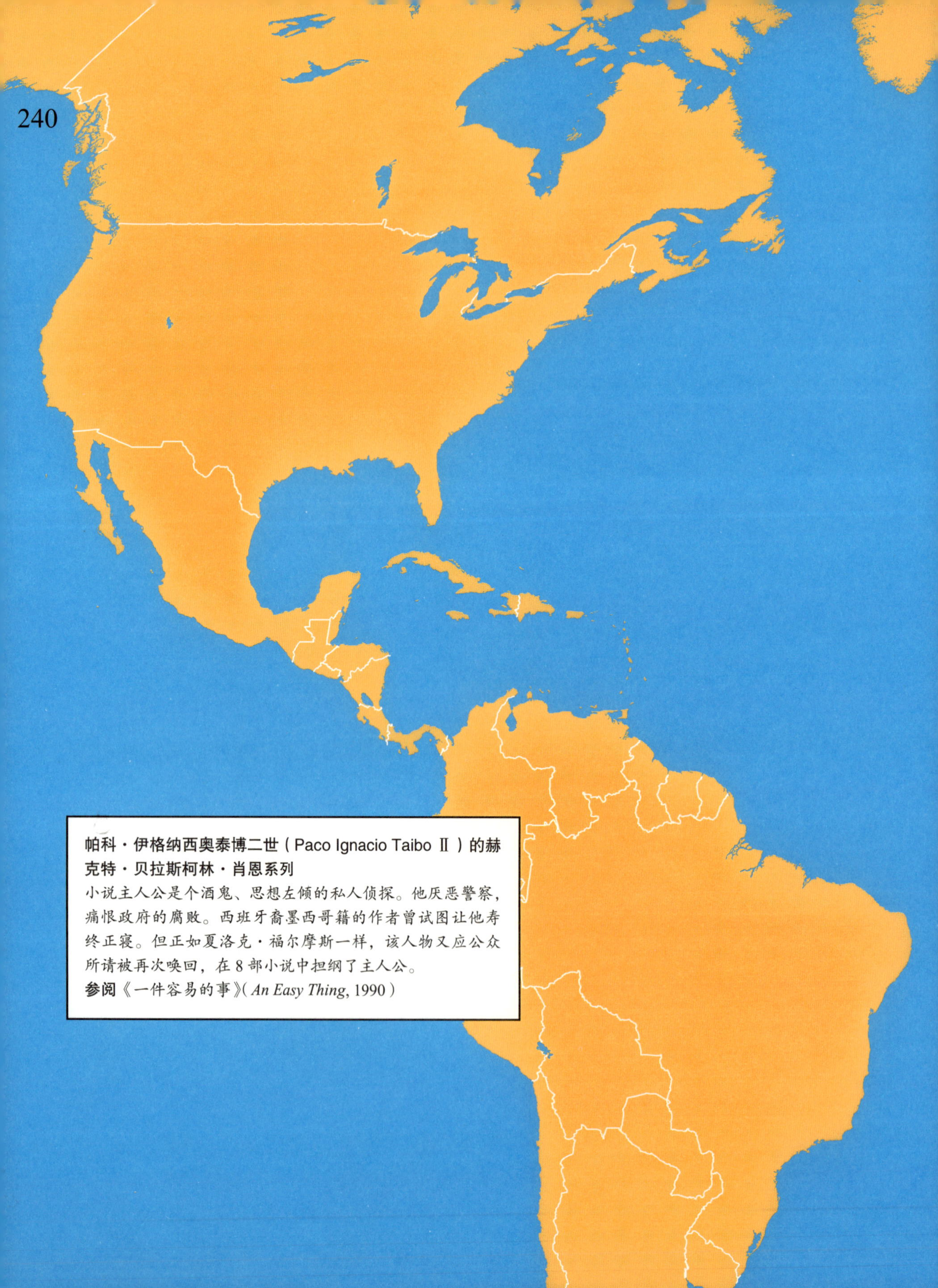

帕科·伊格纳西奥泰博二世（Paco Ignacio Taibo Ⅱ）的赫克特·贝拉斯柯林·肖恩系列

小说主人公是个酒鬼、思想左倾的私人侦探。他厌恶警察，痛恨政府的腐败。西班牙裔墨西哥籍的作者曾试图让他寿终正寝。但正如夏洛克·福尔摩斯一样，该人物又应公众所请被再次唤回，在8部小说中担纲了主人公。

参阅《一件容易的事》（*An Easy Thing*, 1990）

曼努艾尔・巴斯克斯・蒙塔尔万（Manuel Vázquez Montalbán）的佩佩・卡瓦略系列，场景设在巴塞罗那

主人公佩佩・卡瓦略是西班牙北方人，居住在这座民族主义气氛炽烈的加泰罗尼亚首府之城。他曾是共产主义者，也做过美国情报局的特工，是个特立独行的私家侦探。其思想与作为常常与20世纪末的西班牙当局相冲突。对卡瓦略的堂吉诃德而言，他的桑丘永远是可靠的双踏板车。

参阅《中央委员会谋杀案》（*Murder in the Central Committee*, 1984）

亚历山大・麦考尔・史密斯（Alexander McCall Smith）的拉米索妈妈系列，场景设在博茨瓦纳

女侦探接手的案件从奶牛失踪到丈夫离家出走无奇不有，小说描摹了非洲乡村生活的细枝末节。曾在津巴布韦待过不少日子的作者（苏格兰人）认为，这些内容常常为旅行者所忽视。

参阅《第一女子侦探所》（*The No.1 Ladies' Detective Agency*, 1998）

迈克尔・斯坦利（Michael Stanley）的库布侦探系列，场景设在南非

主人公之名在塞茨瓦纳语中是“河马”的意思，这精准地呈现了他的体形和个性——身材壮硕，看似温驯可人，一旦发作，便会成为不好对付的劲敌。

参阅《腐尸之死》（*A Carrion Death*, 2008）

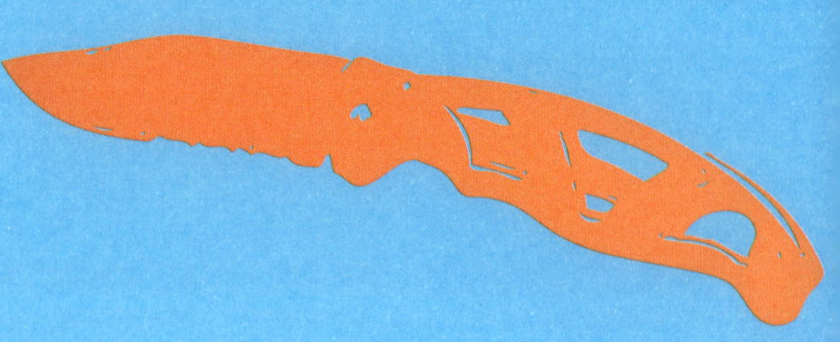

编写者介绍

主 编

马克西姆·雅库博夫斯基（Maxim Jakubowski）曾为出版业的编辑。1988年，马克西姆在伦敦开设了“第一谋杀书店”（Murder one bookshop）。他在犯罪、科幻和奇幻写作领域涉猎广泛，是《卫报》和《暂停》（*Time Out*）等报刊的专栏作家。其成书作品包括《黑色巴黎》（*Paris Noir*），《黑色伦敦》（*London Noir*）以及《最佳英国悬疑故事》（*Best British Mysteries*）。他在巴黎长大，现居伦敦。

撰稿人

迪克·阿德勒（Dick Adler）——《芝加哥论坛报》（*Chicago Tribune*）犯罪小说作家及书评人。

德克兰·伯克（Declan Burke）——《犯罪代价》（*Crime Pays*）的编辑，爱尔兰时报（*Irish Times*）的作者，创作了犯罪小说《八球布吉》（*Eight-ball Boogie, 2003*）和《大O》（*The Big O*，2007）。

迈克尔·卡尔森（Michael Carlson）——作家，《金融时报》（*Financial Times*）和《独立报》书评人。著有多本关于电影的书籍，《犯罪时间》（*Crime Time*）的电影编辑，第五频道美国体育节目主持人。

奥林·科吉尔（Oline Cogdill）——《神秘场景》（*Mystery Scene*）专栏作家，《南佛罗里达太阳哨兵报》（*South Florida Sun-Sentinel*）小说书评人。

戴维·斯图尔特·戴维斯（David Stuart Davies）——英国最知名的福尔摩斯专家，有十多部福尔摩斯题材的著作，也是"华兹华斯犯罪与恐怖小说排行榜"（Wordsworth's crime and horror list）的编辑。

马丁·爱德华兹（Martin Edwards）——英国犯罪小说作家，"CWA年度文选"编辑。

巴里·福肖（Barry Forshaw）——为《泰晤士报》（*The Times*）和《每日邮报》（*Daily Mail*）撰写书评，主编《犯罪时间》。

约翰·哈维（John Harvey）——钻石匕首奖得主，查理·雷斯尼克系列的创作者。还在BBC电视纪录片《沃兰德的瑞典》（*Wallander's Sweden*）中出镜。

金士顿·皮尔斯（J. Kingston Pierce）——《犯罪记录》（*The Rap Sheet*）编辑，并著有一本内容有关达希尔·哈米特与旧金山的书。

彼得·罗佐夫斯基（Peter Rozovsky）——《无疆界的侦探》（*Detectives Without Frontiers*）编辑，《费城时报》（*Philadelphia Times*）书评人。

莎拉·温曼（Sarah Weinman）——《洛杉矶时报》《纽约时报》以及《巴诺书店评论》（*Barnes & Noble Review*）美国书评人。

地图、图片和文本使用许可

地图

由Encompass Graphics Ltd制作 (www.encompass-graphics.co.uk)

图片致谢名单

A Journey around my skull: p.165; Ian Allen: p.126; Dominic Alves: p.142; AMK1211: p.227; Mark Anderson: p.174; Seth Anderson: p.45; John Armagh: p.171; Brandon Bankston: p.49; Mike Baird: p.206; Scott Bauer: p.13; Greg Beaver: p.230; Linda Iske Bergman: p.84; Peter Bond: p.210; Steve Cadman: p.113; Cathy257: p.194; Allie Caulfield: p.98; Leandro Neumann Ciuffo: p.36; Corbis: p.22 (Bettmann), p.146 (Philip Gould) , p.178左上 (John Springer Collection), p.204 (Bettmann); David Coggins: p.15; Dennis in Amsterdam: p.226左下; Laurence Edmondson: p.55; Ezicman: p.122; FEMA: p.147下 (Andrea Booher); Rodrigo Ferrgrezi: p.193; Salvatore Freni: p.119; Athena Gassoumis: p.226左上; William Gathoye: p.120; Getty Images: p.64, p.116; Chip Griffin: p.102; Gryffindor: p.164; HarperCollins Publishers: p.192; Jason Hickey: p.130; Ruben I : p.66; David Iliff: p.138—139; Intangible Arts: p.132; Istockphoto: p.80 (James Harrop), p.99 (Laurin Johnson), p.107 (Juanmonio), p.128 (Cheng Chang); Loren Javier: p.187; Jazza5: p.108; Jblesage: p.44; Jorchr: p.88; Kiwinz: p.137; Florent Lansard: p.160; Library of Congress: p.28, p.96下, p.180, p. 214, p.215; Loloieg: p.78, p.182; Thoralkur Ludviksson: p.54; Mark Kelland: p.16; Michael Maggs: p.217; Hynek Maravec: p.18; Annie Mole: p.216; JC Murphy: p.198; William Murphy: p.196; Michael Nyika: p.161; Orion Publishing Group: p.14; Leonardo Palotta: p.181; Press Association: p.96上; Pruneau : p.77; © Ian Rankin: p.12; Rex Features: p.23 (ITV), p.25 (SNAP), p.32 (Action Press), p.42 (Susannah Ireland), p.43 (SNAP), p.68 (Charles Ommaney), p.76 (John Lawrence), p.136 (Andrew Hasson), p.158, p.168 (Julian Calder) , p.169 (ITV), p.179 (SNAP), p.184 (SNAP), p.207 (Everett Collection), p.222 (SNAP), p.235上 (Everett Collection), p.235下 (ITV); The Random House Group: p.53, p.106, p.112; Ronald Grant Archive: p.29; Ryanfb: p.83; Anneli Salo: p.52; Stock.xchng: p.33 (Sanja Gjenero), p.87 (Gayle Lindren), p.117 (Ramzi Hashisho), p.127 (Zvone Lavric), p.152 (Craig Toocheck), p.205 (Guillermo Ossa); Topfoto: p.178左下 (The Granger Collection); Travelling Fools of America: p.148; Philip Zaulig: p.201.

撰稿人

引言
雷蒙德・钱德勒与菲利普・马洛的洛杉矶
詹姆斯・伯克与戴夫・罗比乔的新奥尔良
©2010 马克西姆・雅库博夫斯基

伊恩・兰金与雷布斯探长的爱丁堡
唐娜・莱昂与布鲁内蒂警探的威尼斯
亨宁・曼克尔与沃兰德的瑞典
彼得・詹姆斯与罗伊・格雷斯的布赖顿
乔治・西默农与梅格雷探长的巴黎
©2010 巴里・福肖

萨拉・帕莱斯基与 V.I. 沃肖斯基的芝加哥
©2010 迪克・阿德勒和马克西姆・雅库博夫斯基

阿诺德・英德里达松与埃伦迪尔的冰岛
安德里亚・卡米内里与蒙塔巴诺的西西里
©2010 彼得・罗佐夫斯基

约翰・麦克唐纳与特拉维斯・麦吉的佛罗里达
©2010 奥林・科吉尔

科林・德克斯特与莫斯探长的牛津
埃利斯・彼得斯与卡德法尔修士的什罗普郡
©2010 马丁・爱德华兹

乔治・希金斯与埃迪・科伊尔的波士顿
罗斯・麦克唐纳与卢・阿切尔的南加利福尼亚
©2010 迈克尔・卡尔森

约翰・哈维与查理・雷斯尼克的诺丁汉
©2010 约翰・哈维

乔治・佩莱卡诺斯的华盛顿
劳伦斯・布洛克与马修・斯卡德的纽约
©2010 萨拉・温曼

达希尔・哈米特与萨姆・斯佩德的旧金山
©2010 金士顿・皮尔斯

德克兰・休斯与埃德・罗伊的都柏林
©2010 德克兰・伯克

柯南・道尔与夏洛克・福尔摩斯的伦敦
©2010 戴维・斯图尔特・戴维斯

场景、作家与书目一览

波士顿
(pp 96–105)
George V. Higgins
A Change of Gravity
The Friends of Eddie Coyle
The Mandeville Talent

Dennis Lehane
Mystic River
Shutter Island

Robert B. Parker
The Godwulf Manuscript

布赖顿
(pp 136–145)
Graham Greene
Brighton Rock

Patrick Hamilton
The West Pier

Peter James
Dead Man's Footsteps
Dead Simple
Dead Tomorrow
Looking Good Dead
Not Dead Enough

芝加哥
(pp 42–51)
Sara Paretsky
Fire Sale
Ghost Country
Hardball
Indemnity Only
Scene of the Crime

都柏林
(pp 192–203)
Vincent Banville
Cannon Law
Death by Design
Death: The Pale Rider

Declan Hughes
All the Dead Voices
The City of the Lost Girls
The Colour of Blood
The Dying Breed
The Wrong Kind of Blood

Arlene Hunt
False Intentions
Missing, Presumed Dead

爱丁堡
(pp 12–21)
Ian Rankin
A Question of Blood
Black and Blue
Dead Souls
Exit Music
Fleshmarket Close
Knots and Crosses
Let It Bleed
Mortal Causes
Resurrection Men
Set in Darkness
Strip Jack
The Black Book
The Complaints
The Falls
The First Stone
The Hanging Garden
The Naming of the Dead

佛罗里达
(pp 64–75)
Tom Corcoran
Chasin' the Wind

Tim Dorsey
Florida Roadkill
Torpedo Juice
Triggerfish Twist

Carolina García-Aguilera
Bitter Sugar

Douglas Fairbairn
Street Eight

James Grippando
Born To Run
The Pardon, The

Archibald Clavering Gunter
Don Blasco of Key West

James W. Hall
Under Cover of Daylight

Carl Hiaasen
Florida *Tourist Season*

Jonathon King
The Blue Edge of Midnight

Paul Levine
To Speak for the Dead

Jeff Lindsay
Darkly Dreaming Dexter

John D. MacDonald
Bright Orange for the Shroud
Deep Blue Goodbye
Pale Gray for Guilt
Soft Touch
The Empty Copper Sea

Barbara Parker
Suspicion of Innocence

Bob Truluck
Street Level

Elaine Viets
Dead End Job

Charles Willeford
Miami Blues

冰岛
(pp 52–63)
Arnaldur Indridason
Arctic Chill
Hypothermia
Silence of the Grave
Tainted Blood
Voices

Yrsa Sigurdadottir
Last Rituals

伦敦
(pp 214–225)
Mark Billingham
Bloodline

Liza Cody
Head Case

Sir Arthur Conan Doyle
A Study in Scarlet
The Hound of the Baskervilles
The Sign of Four
The Valley of Fear

Dan Kavanagh
Fiddle City

John Milne
Daddy's Girl

Derek Raymond
I Was Dora Suarez
Mark Timlin
Guns of Brixton

洛杉矶
(pp 22–31)
Raymond Chandler
Farewell My Lovely
The Big Sleep
The High Window
The Lady in the Lake
The Little Sister

Robert B. Parker
Poodle Springs

新奥尔良
(pp 146–157)
James Lee Burke
Black Cherry Blues
Dixie City Jam
Heaven's Prisoners
Last Car to Elysian Fields
The Neon Rain

纽约
(pp 226–237)
Lawrence Block
A Diet of Treacle
All the Flowers Were Dying
Eight Million Ways to Die
Small Town
The Sins of the Fathers
When the Sacred Ginmill Closes

William J. Caunitz
One Police Plaza

Chester Himes
A Rage in Harlem

Ed McBain
Cop Hater

Richard Price
Clockers

S.J. Rozan
China Trade

Dorothy Uhnak
Law and Order

Donald E. Westlake
The Hot Rock

诺丁汉
(pp 106–115)
John Harvey
Cold in Hand
Hard Cases
Last Rites
Lonely Hearts
Rough Treatment
Wasted Years

Alan Sillitoe
Saturday Night and Sunday Morning

牛津
(pp 76–85)
Adam Broome
The Oxford Murders

Edmund Crispin
The Moving Toyshop

Colin Dexter
Daughters of Cain
Death is Now My Neighbour
Last Bus to Woodstock
The Dead of Jericho
The Jewel That Was Ours
The Secret of Annexe 3

Michael Innes
Death at the President's Lodging

Guillermo Martinez
The Oxford Murders

J.C. Masterman
An Oxford Tragedy

Robert Robinson
Landscape with Dead Dons

Dorothy L. Sayers
Gaudy Night

巴黎
(pp 158–167)
Georges Simenon
Introducing Inspector Maigret
Lock 14
Maigret and the Idle Burglar
Maigret in Montmartre
Maigret in New York
Maigret in Retirement
Maigret Returns
Maigret Right and Wrong
Maigret Sets A Trap
Maigret's Memoirs
Maigret's Mistake
Maigret's Special Murder
Quand J'Étais Vieux
The Case of Peter the Lett
The Man Who Watched the Trains Go By

旧金山
(pp 178–191)
Dashiell Hammett
Red Harvest
The Dain Curse
The Glass Key
The Maltese Falcon
The Thin Man

什罗普郡
(pp 168–177)
Ellis Peters
A Morbid Taste for Bones
A Rare Benedictine
Death and the Joyful Woman
Monk's Hood
One Corpse Too Many
Rainbow's End
Raven in the Foregate
Saint Peter's Fair

西西里
(pp 116–125)
Andrea Camilleri
August Heat
The Paper Moon
The Shape of Water
The Wings of the Sphinx
Voice of the Violin

Giuseppe Tomasi di Lampedusa
The Leopard

Leonardo Sciascia
To Each His Own
The Day of the Owl

南加利福尼亚
(pp 204–213)
Ross Macdonald
Black Money
The Barbarous Coast
The Drowning Pool
The Goodbye Look

T. Jefferson Parker
California Girl
LA Outlaws
Laguna Heat
Philip Reed
Bird Dog
Low Rider

John Shannon
Palos Verdes Blue

Don Winslow
California Fire and Life
Isle of Joy
The Dawn Patrol
The Power of the Dog
The Winter of Frankie Machine

瑞典
(pp 86–95)
Henning Mankell
Before the Frost
Faceless Killers
Firewall
Italian Shoes
One Step Behind
Sidetracked
The Fifth Woman
The Man Who Smiled
The Pyramid
The White Lioness

威尼斯
(pp 32–41)
Donna Leon
A Sea of Troubles
A Venetian Reckoning
Death at La Fenice
Death in a Strange Country
Doctored Evidence
Friends in High Places
Quietly in Their Sleep
Suffer the Little Children
The Anonymous Venetian
The Girl of His Dreams
Through a Glass Darkly
Wilful Behaviour

华盛顿
(pp 126–135)
George Pelecanos
A Firing Offense
The Night Gardener
The Sweet Forever
The Way Home

译后记

窃以为，犯罪小说的魅力在于作者所结构的虚实相合、不完美却也迷人的世界。它们客观真实，声色不露地让丰沛的想象力安居其间；它们扑朔迷离，任凭奇思妙想铺陈人性、烛幽人世。读者眼前的此书，似乎就是对这类迷人天地的独特诠释。无疑，本书编者以及各篇作者都是犯罪小说的拥趸，熟稔各自“领命作文”的主角——那些声名卓著的犯罪小说作家以及他们笔下卓尔不群、享誉世界的大侦探们——并且，对这般杰出虚构人物所生活其中的真实空间了然于胸。读者仿佛由一群风格迥异、兀自精彩的导游所携，踏上纸面之旅，耳聆妙语穿街走巷，目随所指登堂入室，对诸多知名小说的人物、场景、情节之种种高妙处，自当会心会意，怡然一粲。

需特别说明的是，本书译稿由老友、外国通俗文学研究专家黄禄善教授校改，格非而匡正，令全稿焕然一新，笔者在此深表敬意，谨致谢忱。此外还要特别感谢上海三联书店责编匡志宏女史，她工作细致认真，业精行成，种种鼓励、支持，令本人感佩钦服。译事不易，笔者自知浅陋，凡译文错舛处，当恭请读者赐教指正。

逸青

2024 年 3 月 18 日